Sigrid Weber (Hrsg.)

Die Bildungsbereiche im Kindergarten

Sigrid Weber (Hrsg.)

Die Bildungsbereiche im Kindergarten

Basiswissen für Ausbildung und Praxis

HERDER

FREIBURG · BASEL · WIEN

4. Auflage

Gedruckt auf umweltfreundlichem,
chlorfrei gebleichtem Papier
Umschlaggestaltung und Konzeption:
R·M·E Roland Eschlbeck/Rosemarie Kreuzer
Umschlagfoto: Albert Josef Schmidt, Freiburg

© 2005 Verlag Herder Freiburg im Breisgau
www.herder.de
Satz: Barbara Herrmann, Freiburg
Druck und Bindung: fgb · freiburger graphische betriebe 2006
www.fgb.de
ISBN-13: 978-3-451-28143-3
ISBN-10: 3-451-28143-0

Inhalt

Sigrid Weber

Vorwort

Nicht erst seit den neueren Erkenntnissen aus Hirnforschung, Entwicklungs- und Kognitionspsychologie wissen wir, dass Lernerfahrungen in der frühen Kindheit spätere Bildungsprozesse nachhaltig beeinflussen. Bereits Reformpädagoginnen und -pädagogen haben auf diesem Gebiet Bedeutsames geleistet. Ob man von „Entwicklungsfenstern" wie Wolf Singer oder von „sensiblen Phasen" wie Maria Montessori spricht: Es geht darum, dass der Mensch in keinem Lebensalter neuen Erfahrungen so neugierig und offen gegenüber steht, nie mehr in so kurzer Zeit so viel Neues in sich aufzunehmen vermag wie in der frühen Kindheit. Kinder im Kindergartenalter sind enorm motivierte Lerner, die mit einer riesigen Kapazität Wissen erwerben und es verarbeiten können.

In einem eigentümlichen Widerspruch zu diesen Erkenntnissen steht die Tatsache, dass der Kindergarten lange Zeit in der Öffentlichkeit kaum in seiner Funktion als Bildungseinrichtung wahrgenommen wurde. Das änderte sich erst mit der Veröffentlichung der PISA-Studie: Deutschland erreichte im internationalen Vergleich z. B. der Leseleistung von Schüler/innen nur den 21. Platz und blieb damit unter dem OECD[1]-Durchschnitt! Diese nationale Kränkung und die Gefährdung der internationalen Wettbewerbsfähigkeit Deutschlands rückten den Kindergarten als Bildungsinstitution wieder ins Blickfeld des öffentlichen Interesses. Die Reform des Kindergartens steht heute auf der politischen Tagesordnung.

Damit ist ein wichtiges Ziel erreicht, an dem engagierte Erzieher/innen und Wissenschaftler/innen bereits seit Jahren arbeiten. Die Erfahrung aus der Bildungsreform der siebziger Jahre lehrt uns jedoch, diesen Prozess mit einem wachen pädagogischen Auge zu begleiten. Denn damals beschränkten sich die bildungspolitischen Bemühungen weitgehend auf die Einführung von Vorschulklassen in einigen Bundeslän-

---

[1] Organisation für Wirtschaftliche Zusammenarbeit und Entwicklung

dern, in den Kindergärten wurden Vorschulmappen und Lernkästen eingeführt. Die Inhalte konzentrierten sich auf den kognitiven Bereich und standen eher im Dienste gesellschaftlicher Verwertungsinteressen – Bildung ist schließlich ein Wirtschaftsfaktor –, als dass sie ganzheitliche und an den Erfahrungswelten der Kinder orientierte Ziele verfolgt hätten. Deshalb muss es heute darum gehen, pädagogisch und psychologisch begründete Bildungskonzepte für den Elementarbereich durchzusetzen, die sich am Wohl und an den Bedürfnissen von Kindern orientieren. Das vorliegende Buch will einen Beitrag dazu leisten.

Ausgangspunkt der Darstellungen der Bildungsbereiche im Kindergarten ist das eigenaktive Kind, das sich in der Interaktion mit seiner Umwelt *bilden will* und hierfür sowohl Freiräume für spontane Aktivitäten als auch gezielte Unterstützung und Anregungen durch Erwachsene braucht. Dazu muss das Kind in all seinen Erfahrungs- und Lebensbereichen gesehen werden; denn hier macht es seine grundlegenden Bildungserfahrungen. Die Bildungsbereiche sind deshalb von der Erfahrungswelt des Kindes her zu bestimmen.

Leitgedanke ist dabei auch das Prinzip der Chancengleichheit: Kinder aus allen sozialen Gruppierungen müssen die Möglichkeit haben, ihre Bildungspotenziale zu entwickeln. Und schließlich geht es um ein primäres Bildungsziel: jedem Kind die Voraussetzungen dafür zu schaffen, dass es sich zu einem mündigen Menschen zu entwickeln vermag, der sich in der Welt orientieren, selbstbewusst und verantwortungsvoll sein Leben gestalten und mit den Herausforderungen dieser Gesellschaft umgehen kann.

Expertinnen und Experten aus Wissenschaft und Praxis stellen vor diesem Hintergrund die Vielfalt, Besonderheit und Bedeutung von zehn elementaren Bildungsbereichen im Kindergarten vor, begründen sie aus entwicklungs- und kognitionspsychologischer Perspektive und vermitteln erste Ansätze für die methodisch-didaktische Umsetzung.

Wahrnehmung ist der Schlüssel für alle Bildungsprozesse. Wer mit allen Sinnen seine Umwelt wahrnimmt, kann sie differenzieren, strukturieren und Erkenntnismuster aufbauen. Deshalb eröffnet ein Beitrag zur *Ästhetischen Erfahrung als Grundlage frühkindlicher Bildung* diesen Band. Ausgehend vom eigentlichen Wortsinn des Begriffes „Ästhetik" – mit den Sinnen wahrnehmen –, zeichnet Gerd E. Schäfer die Entwicklung der Wahrnehmungsfähigkeiten des Kindes nach. Denn dies ist die Voraussetzung dafür, dass das Kind kreativ und zunehmend differenzierter die es umgebende und durchdringende Wirklichkeit erkennen und denkend und gestaltend verändern kann.

In unserer eher von Rationalität geprägten Gesellschaft bekommen Gefühle nur selten den Raum, der ihnen zustehen sollte. Dabei sind Gefühle ein wichtiges Erkenntnis- und Ausdrucksinstrument. *Emotionale Kompetenz* bedeutet, die eigenen Gefühle ernst zu nehmen, sich über seine Gefühle bewusst zu sein, sie zum Ausdruck bringen zu können und die Emotionen anderer zu verstehen. Julia Schneewind macht deutlich, dass diese Fähigkeiten wesentlich für den Aufbau eines positiven Selbstkonzeptes, die Gestaltung sozialer Beziehungen und nicht zuletzt für das kognitive Lernen sind.

Der Mensch ist ein soziales Wesen und als solches auf ein Gegenüber angewiesen. Das trifft in besonderer Weise auf das Kind zu. Abhängig von der Qualität seiner Beziehungserfahrungen kann es sich in seinem sozialen Umfeld selbstbewusst und sicher bewegen, schöpft Zuversicht, die Herausforderungen, die sich ihm tagtäglich stellen, zu bewältigen und vermag zunehmend soziale Verantwortung zu übernehmen. Sigrid Ebert beschreibt in ihrem Beitrag zur *sozialen Bildung*, wie Kinder ihre sozialen Fähigkeiten entwickeln und wie man sie darin unterstützen kann. Wichtig ist es vor allem, ihnen positive Bindungs- und Interaktionserfahrungen sowie ein reichhaltiges Sozialleben zu ermöglichen.

In der frühen Kindheit ist der Körper ein tragendes Medium der Ich-Entwicklung und Selbständigwerdung, Lernen erfolgt über das Zusammenspiel von Wahrnehmung und Bewegung. Renate Zimmer hebt in ihrem Beitrag die Bedeutung der *Bewegungserziehung* für die kindliche Entwicklung hervor und vermittelt die didaktischen Prinzipien für ihre Umsetzung. Als Konsequenz ihrer Ausführungen ergibt sich die Forderung, Bewegung als pädagogisches Prinzip im Kindergarten zu verankern.

Wie ein Kind seine Fähigkeiten entwickeln kann, hängt auch sehr stark davon ab, wie es von seiner Umwelt wahrgenommen wird und welche Fähigkeiten ihm zugeschrieben werden. Wenn wir unbekannten Menschen begegnen, suchen wir zunächst nach Merkmalen, die uns eine Orientierung erlauben, wie z. B. das Geschlecht, Hautfarbe, gesprochene Sprache, die Kleidung oder körperliche Eigenheiten. Das Problem dabei ist, dass diese Bilder oft nicht neutral in unserem Bewusstsein verankert sind, sondern immer auch Erwartungen, Bewertungen, Vorverurteilungen enthalten. So erhält z. B. ein Akademikerkind unabhängig von seinem individuellen Verhalten oft Erfolgsaussichten „auf Vorschuss", während bei einem Kind aus einer Migranten- oder sozial schwachen Familie eher mit schwierigeren Entwicklungsverläufen gerechnet wird. Christa Preissing macht in ihrem Beitrag zur *vorurteilsbewussten Bildung* deutlich, dass Vorurteile dieser Art das Selbstkonzept der Kinder, die zur Gruppe der Ausgegrenzten und Diskriminierten gehören, beschädigen. Denn sie sprechen ihnen von vornherein die Fähigkeit ab, in dieser Gesellschaft etwas zu werden. Vorurteilsbewusste Bildung setzt deshalb zunächst einen intensiven Reflexionsprozess der Erzieher/innen voraus, um dann in einem zweiten Schritt die Kindergartenarbeit so zu gestalten, dass Kinder möglichst unbelastet von Vorurteilen und selbst vorurteilsfrei aufwachsen können.

Neben den Vorurteilen sind es aber auch reale soziale Ungleichheiten, die die Bildungschancen für Kinder beschneiden. Ausgangspunkt für Michaelas Ulichs Beitrag *Literacy und sprachliche Bildung* ist die Tatsache, dass in der Bundesrepublik Kinder aus gut situierten Familien über weitaus größere sprachliche Kompetenzen und damit auch über entsprechend bessere Bildungschancen verfügen als Kinder aus sozial und materiell schlechter gestellten Familien oder solchen mit Migrationshintergrund. Eine intensive Sprachförderung, vor allem von benachteiligten Kindern, ist deshalb elementarer Bestandteil der Bildungsarbeit im Kindergarten. In einer exemplarischen Auseinandersetzung mit den Möglichkeiten des Mediums Bilderbuch zeigt die Autorin, welche Lernprozesse mit dem Bereich „Literacy" verbunden sind und wie Kinder darin pädagogisch unterstützt werden können.

Dass Bildungsprozesse in der frühen Kindheit immer unter einem ganzheitlichen Aspekt betrachtet werden müssen, wird insbesondere in dem Beitrag von Johannes Beck-Neckermann zum *musikalischen Spiel als Bildungserfahrung* deutlich. Denn beim Singen, Musizieren und musikalischen Gestalten geht es nicht nur um den Spaß und den Erwerb musikalischer Basiskenntisse. Gleichermaßen verfeinern die Kinder ihre

Wahrnehmungs- und Empfindungsfähigkeiten, erweitern ihre Möglichkeiten im kognitiven Verstehen, Sich-ausdrücken, Kommunizieren und in der Kreativität und erfahren sich in ihrer individuellen und ihrer sozialen Gestaltungskraft. Mit ausgewählten Methoden und Praxisbeispielen veranschaulicht der Autor seinen ganzheitlichen Ansatz.

Wir leben in einer Gesellschaft, die eine Flut an Informationen und Sinnangeboten bereithält. Um sich in dieser Komplexität und Unübersichtlichkeit behaupten zu können, ist Orientierungswissen gefragt. Bildung heißt deshalb auch, sich aktiv auseinander setzen, differenzieren, beurteilen und sich entscheiden zu können. Beim Thema „Kinder und Medien" schrecken jedoch einige Erwachsene zurück und würden die Kinder am liebsten von medialen Einflüssen abschotten. Aber: Medien sind Teil der kindlichen Lebenswelt und Kinder brauchen hierfür Orientierung und Orientierungswissen. Diesem Verständnis folgt Norbert Neuß in seinem Beitrag zur *Medienbildung in der frühen Kindheit*. Er favorisiert die aktive Begegnung und Auseinandersetzung des Kindes mit Medien und bezieht in diese Prozesse auch die Eltern ein. Nur auf diese Weise können sich Kinder in der Medienwelt orientieren und sich zu kritischen Konsumenten entwickeln.

Viele Erwachsene stehen kindlichen Fragen nach naturwissenschaftlichen Phänomenen oft ratlos gegenüber und bedauern, dass sie ihren Kindern nicht erklären können, warum z. B. ein Glas kaltes Wasser in der Sommerhitze beschlägt. Es ist vor allem die naturwissenschaftliche Didaktik der Schule mit ihrem unnötigen Formeldrill und ihrer Abstraktheit, die vielen die Freude an der Naturwissenschaft vergällt hat, so dass nur wenig Inhalte in Erinnerung geblieben sind. Gisela Lück verdeutlicht in ihrem Beitrag zur *naturwissenschaftlichen Bildung*, wie man die ursprüngliche Neugier und Freude von Kindern an naturwissenschaftlichen Phänomenen erhalten und fördern und damit ein Fundament für naturwissenschaftliche Bildungsprozesse legen kann. Das geeignete Medium hierfür ist das naturwissenschaftliche Experiment und seine Deutung, wobei die Kinder eigenaktiv und mit allen Sinnen verstehen und begreifen lernen.

Die Mathematik ist nur in wenigen Kindergärten ein Thema. Auch hier mögen es vor allem schlechte Erfahrungen aus der Schulzeit, zusätzlich vielleicht die Angst vor der Verschulung des Kindergartens sein, die dazu führen, dass Erzieher/innen mathematische Themen ausklammern. Wichtig ist es jedoch, sich an den Bildungsbedürfnissen der Kinder zu orientieren. Und diese zeigen durchaus auch mathematisches Interesse: Kinder können Stunden damit verbringen, Gegenstände zu ordnen, zu reihen, zu zählen und mit geometrischen Formen zu experimentieren. Ausgangspunkt des Beitrags von Klaus Hasemann zur *mathematischen Bildung* im Kindergarten ist, wie sich das mathematische Verständnis des Kindes entwickelt. In einem zweiten Schritt erläutert er, welche Methoden sich für die spielerische und experimentierende mathematische Bildung im Kindergarten eignen.

Bereits die kurze Darstellung der Bildungsbereiche zeigt, wie vielgestaltig die Bildungsarbeit im Kindergarten ist und welche Potenziale für die kindliche Entwicklung in ihr liegen. Bildung ist mehr als Wissen, mehr als kognitives Lernen. Mit Bildung eröffnen sich Wege, sich selbst und die Welt immer besser zu begreifen, zu gestalten und zu verändern.

Ich wünsche mir, dass sich die Leser/innen von den Beiträgen inspirieren lassen und in diesem Sinne den Kindergarten als Bildungseinrichtung weiterentwickeln. Das ist eine große Aufgabe, die viel Einfühlungsvermögen, Weiterbildung, aber auch politische Durchsetzungskraft verlangt. Denn wenn der Kindergarten in dem beschriebenen Sinne bilden will, müssen dafür auch die notwendigen Mittel zur Verfügung gestellt werden.

Bedanken möchte ich mich an dieser Stelle ganz herzlich bei allen Autorinnen und Autoren, die bereit waren, ihr Wissen in dieser Weise einzubringen und damit einen wichtigen Beitrag zur Verbesserung der Bildungsqualität in Kindergärten geleistet haben.

Freiburg, im Juli 2003

Sigrid Weber

Gerd E. Schäfer

Wahrnehmung, Gestalten, Denken – Ästhetische Erfahrung als Grundlage frühkindlicher Bildung

Die meisten Menschen verbinden Ästhetik mit Schönheit und Harmonie in Natur und Kunst. Mit der ursprünglichen Bedeutung des Begriffes hat dies jedoch nur wenig zu tun. Ästhetik kommt von dem griechischen Wort *aisthesis* und meint vielmehr „mit den Sinnen wahrnehmen". In diesem Sinn ist auch das hier vertretene Konzept ästhetischer Bildung zu verstehen. Im Vordergrund steht das Kind, das darin unterstützt werden soll, sich seine Wahrnehmungswelt mit allen Sinnen zu erschließen, sie zu differenzieren und zu strukturieren. Denn dies ist die Voraussetzung dafür, die Wirklichkeit denkend und gestaltend zu verändern.

Kinder sind von Anfang an notwendig kreativ

Bereits das Neugeborene eignet sich seine Um- und Mitwelt durch die Möglichkeiten an, die ihm mit der Geburt zur Verfügung stehen. Erste Erfahrungen differenzieren die Ausgangspunkte seiner Weltwahrnehmung und -verarbeitung. Daraus entwickeln sich verschiedene Formen des Welt- und des Selbstverständnisses, welche die Grundlage des kindlichen Bildungsprozesses ausmachen. Dabei benutzt das Kind die Mittel, die ihm seine Umwelt vorgibt, wie ein Bastler die Materialien in seinem Sinn verwandelt, die ihm zur Hand sind. Selbstbildung erfolgt daher im Rahmen und nach Maßgabe der Möglichkeiten, die dem Kind von außen zugetragen werden. Dieses Bild des aktiven, sich in Auseinandersetzung mit seinen Lebensbedingungen selbst entwickelnden Kindes, setzt voraus, das Kind von Anfang an als ein auswählendes und damit seine Welt- und Selbsterfahrung (be-)deutendes und gestaltendes Individuum zu betrachten.

Anders als für den Erwachsenen, ist die Welt dem Neugeborenen erst einmal neu. Er ist gänzlich damit beschäftigt, die Welt, die ihn umgibt, wahrzunehmen; Muster in ihr zu entdecken, die sich wiederholen, die er wiedererkennen und auf die er sich verlassen kann. Weil man ihm die Welt noch nicht erklären kann, ist er darauf angewiesen, aus seinen sinnlichen Erfahrungen zu erschließen, was wichtig, bedeutsam und für seine Entwicklung förderlich ist. Das heranwachsende Kleinkind erschließt sich auf diese Weise Schritt für Schritt neue Erfahrungsbereiche. Die sinnliche Wahrnehmung und das, was sich daraus klären lässt, ist also das Eingangstor der Welterfahrung; sich mit ihr vertraut zu machen, die erste Bildungsaufgabe des Kindes.

Dass das Wahrnehmen mit allen menschlichen Möglichkeiten entwickelt, teilweise auch erst gelernt, dass es differenziert und in Denken verwandelt werden muss, ist in den letzten Jahrzehnten in der Kognitionsforschung – u. a. in der Hirnforschung – deutlich geworden. Danach besteht die erste und wichtigste Denkleistung des kleinen Kindes darin, die Welt in verstehbaren Mustern wahrzunehmen, sie sinnlich zu begreifen und mit ihren Formen umzugehen. Kinder, die in eigener Aktivität ihre Welt zu erfahren trachten, sind daher vorwiegend damit beschäftigt, sie sinnlich zu erfassen, sie nachzuahmen, mit ihren Mustern zu spielen, sie fantasierend umzuformen und neu zu gestalten – Tätigkeiten, die als *ästhetische Tätigkeiten* angesehen werden können.

Die Bedeutung der sinnlichen Wahrnehmung

Grundlage und Ausgangspunkt dieser ästhetischen Welterfahrung ist die Bildung der sinnlichen Tätigkeit. Solange man dem Kind noch nicht die Erfahrungen anderer erzählen kann, weil es der Sprache noch nicht mächtig ist, bildet allein die Wahrnehmung und Deutung seiner konkreten Lebenserfahrungen den Ausgangspunkt seines persönlichen Wachstums.

Wahrnehmen ist ein breit angelegter, innerer Verarbeitungsprozess, an dem die Sinnesorgane, der Körper, Gefühle, Denken und Erinnerung beteiligt sind. Es gibt kein Wahrnehmen als einfaches Abbilden der Außenwelt. Wahrnehmen ist Wählen, handelndes Strukturieren, Bewerten, Erinnern und sachliches Denken in einem. Deshalb muss man es bereits als eine Form der inneren Verarbeitung, als eine Form des Denkens ansehen (wenn man Denken nicht nur auf rationales Denken beschränkt).

Dieser innere Prozess der Wahrnehmungsverarbeitung scheint, nach den Zeugnissen der Neurobiologie, so angelegt zu sein, dass er nicht unbedingt auf präzise Informationen über die wahrgenommene Wirklichkeit angewiesen ist. Das Gehirn filtert sich vielmehr die Informationen, die es braucht, aus verzweigten Bedeutungszusammenhängen heraus. Unklarheiten in den konkreten Wahrnehmungserfahrungen werden z. B. dadurch präzisiert, dass Wahrnehmung in der Alltagswirklichkeit vielsinnlich erfolgt: Es werden eben nicht nur visuelle, sondern auch akustische, körperliche, atmosphärische oder gefühlsmäßige Informationen gleichzeitig aufgenommen und verarbeitet, sodass sie sich gegenseitig verbessern können. Dadurch werden die benötigten Informationen verlässlicher. Andererseits strukturieren Erinnerungen aus vorausgegangenen Erfahrungen die augenblicklichen mit und ergänzen möglicherweise Lücken, manchmal zum Vorteil, manchmal allerdings auch zum Nachteil der aktuellen Wahrnehmung (eine Erinnerung kann z. B. die aktuellen möglichen Informationen überlagern oder einschränken).

Schließlich wissen wir aus Untersuchungen über frühe Sinneserfahrungen (vornehmlich visuelle und taktile), dass die frühe Entwicklung der Wahrnehmungsfähigkeiten auch auf äußere Anregung angewiesen ist. Ohne solche frühe Differenzierung von Wahrnehmungserfahrungen bleibt Wahrnehmung ungenau im Hinblick auf die spezifisch gegebene Umweltbedingungen. Wahrnehmen muss also – im Feinbereich – in einem gewissen Maß gelernt werden. Hohe Differenzierungen von Wahrnehmungserfahrungen (z. B. in künstlerischen Arbeitsbereichen) verlangen sogar eine lebenslange differenzierende Übung und Ausbildung.

Wir müssen dem Wahrnehmen also mindestens ebenso viel Aufmerksamkeit schenken wie dem Nach-Denken. Ein erster Schluss aus solchen Überlegungen: Kinder brauchen vielfältige und viel verzweigte sinnliche Erfahrungsmöglichkeiten. Ein isoliertes Üben von Einzelfunktionen berücksichtigt nicht, dass sich die verschiedenen sinnlichen Erfahrungsmöglichkeiten ergänzen. Was man mit mehreren Sinnen wahrgenommen hat, kennt man genauer als das, was man nur mit einem Sinn erfasst hat – dies ist z. B. ein Teil des Problems von Erfahrungen, die nur durch Medien vermittelt werden. Es fördert auch nicht das komplexe Zusammenspiel, das notwendig ist, damit ein Mensch aus seinen vielschichtigen Alltagsbedingungen das herauslesen kann, was er zur Wahrnehmung und Deutung seines Welt- und Selbsterlebens benötigt.

Die Bedeutung der Leiberfahrung

Die Wahrnehmung über die Körpersinne, die Tastempfindungen der Haut, die Wahrnehmungen der Raumlage, das Wohl- oder Missbefinden des eigenen körperlichen Zustandes und vermutlich auch die dazu gehörigen emotionalen Empfindungen sind mit der Geburt bereits so weit entwickelt und mit ersten Erfahrungen gesättigt, dass sich das Neugeborene an ihnen einigermaßen verlässlich orientieren kann.

So macht das kleine Kind seine ersten Welterfahrungen zunächst mit dem Mund. Über den Mund gehen die ersten aktiven Suchbewegungen des Säuglings, um etwas über die Welt zu erfahren. Und diese Welt ist eine Welt der Nahrung und was damit zusammenhängt. Ein paar Wochen später, wenn es satt und zufrieden ist, wird es die Augen und Ohren öffnen, um eine Weile mit hoher Aufmerksamkeit das zu verfolgen, was über diese Sinne einströmt. Doch ist es diesen Reizen noch mehr ausgesetzt, als dass es ihnen nachgehen könnte. Was aber mit seinem Körper passiert, im Badewasser, auf dem Wickeltisch, in den Armen der Mutter, an der Brust usw., das ruft seine unmittelbare körperliche Antwort hervor: Es wendet sich zu oder ab; es lässt etwas mit sich geschehen oder sträubt sich mit der ganzen Kraft seines Körpers. Und wenn der Widerstand nichts nützt, wird es schreien, so schreien, dass Erwachsene es kaum aushalten können, darauf nicht zu reagieren.

Dann wird es nach der Welt fassen, die ihm nahe kommt, später krabbeln, um etwas zu erreichen. Und immer wieder werden die Dinge in den Mund genommen und gekostet. Spiele entstehen zwischen Erwachsenen und dem Kind: Man hält ihm etwas vor die Nase, es greift, man zieht daran, es folgt, es lässt los, man hält es ein Stück weiter weg, es streckt sich, man kommt ihm entgegen, bis es zupacken kann usw. Die Welt, die das kleine Kind erfährt, ist eine sinnliche Welt, vor allem die eines Körpers in Bewegung. Sein erstes Weltbild ist ein sinnlich-körpermotorisches, ein sensomotorisches, wie es Piaget beschrieben hat. Sensomotorische Empfindungen bilden die Grundlage einer Sprache des Leibes. Sie strukturiert die grundlegenden primären Erfahrungen vor der Geburt und in der ersten Zeit nach der Geburt des Kindes. Doch die Sprache des Leibes endet nicht in der frühen Kindheit. Das sei wenigstens beispielhaft angedeutet.

Kinder leben in einer Handlungswelt (Werner 1959). Die Dinge, die sie dabei erfahren, sind keine „Dinge an sich", sondern „Dinge-in-einem-Handlungszusammenhang", „Aktionsdinge". Subjekte und Objekte sind in „Gesamtverhaltungsweisen" (ebd., S. 38) miteinander verbunden. „Wahrnehmungen existieren daher nur so weit, soweit sie Bestandteil eines vitalen Aktionszusammenhanges sind, in dem Gegenständliches und Zuständliches in einer untrennbaren komplexen Einheit bestehen" (ebd., S. 38) und mit Gefühlen verbunden sind (vgl. ebd., S. 41). Ein Bauklötzchen, zum Schlagen benutzt, mag als „Hau-Ding", ein Wägelchen als „Fahr-Ding" oder „Brmm-Brmm" bezeichnet werden.

Später, wenn Kinder beginnen die Wohnung zu verlassen um sich fernere Umwelten anzueignen, zeigt es sich, dass diese Verbindung von Körperbewegung und emotionaler Bedeutung für die Wahrnehmung der Umwelt fortbesteht. Je nach Alter, Aktionsradius und subjektivem Interesse bekommen „gleiche" Umwelten verschiedene Bedeutungen und werden auch unterschiedlich wahrgenommen.

Was für den Erwachsenen ein Kaufhaus mit seinen angehäuften Warenangeboten ist, zeigt sich für den Touristen u.U. als ein interessantes Feld, um die Menschen eines Landes im Spiegel ihrer Konsumgewohnheiten zu erfassen; ist für den Schulanfänger ein abenteuerliches Ziel, das er nur mit einer Kette öffentlicher Verkehrsmittel erreichen kann; gibt dem Vorschulkind Gelegenheit zum Untersuchen von öffentlichen Gebäuden, zum Verstecken, zu motorischen Abenteuern im Fahrstuhl und auf den Rolltreppen. Die Umwelten „verändern" sich, je nach dem Standpunkt, von dem aus sie gesehen werden (Muchow/Muchow 1935).

Die Bedeutung der emotionalen Wahrnehmung

Emotionen werden in diesem Zusammenhang als eine Art der Wahrnehmung betrachtet und nicht als Begleiterscheinungen von menschlichen Handlungen oder deren Antrieb. Gefühle geben uns Auskunft über Beziehungen und signalisieren uns deren spezifische Qualität. Liebe ist genauso eine vielfältige Beziehungsqualität wie Hass. Unsicherheit, Spannung, Unbehagen, Wehmut, Trauer, Freude, Begeisterung usw. zeigen uns, wie wir zu einer Sache oder Person stehen. Doch sie zeigen uns nicht nur die Qualität dieser Beziehungen, sondern gestalten sie auch und geben ihnen eine individuelle Bedeutung vor dem Hintergrund der Geschichte der Beziehungen, die ein Individuum bis zur Gegenwart durchlaufen hat. Gefühle haben daher eine unverzichtbare Wahrnehmungs- und Orientierungsfunktion.

Um die Bedeutung der Emotionen für das „Denken der Wirklichkeitserfahrungen" auszuloten, scheint es sinnvoll mit Damasio (1994, S. 183 ff.) zwischen primären und sekundären Gefühlen zu unterscheiden.

Unter primären Gefühlen sind Gefühle zu verstehen, wie sie durch unsere biologische Ausstattung mitgegeben sind. Sie werden durch bestimmte Reiz- bzw. Schlüsselmerkmale in der Welt – also durch eine Beziehungserfahrung – im Körper ausgelöst und lassen eine präorganisierte Reaktion ablaufen, z. B. Kampf oder Flucht. Eine Umgestaltung emotionaler Reaktionsmöglichkeiten über Erfahrung und Bewusstsein bezeichnet Damasio als sekundäre Gefühle. Man gewinnt damit „eine Flexibilität der Reaktionsfähigkeit, die auf der besonderen Geschichte Ihrer Interaktionen mit der Umwelt beruht" (ebd., S. 186). Primäre Gefühle werden durch die Beziehungserfahrungen, die ein Kind zu Personen zunächst, später auch zu Dingen erlebt, in sekundäre Gefühle verwandelt. Ohne ausreichende und zureichende Beziehungserfahrungen aus zwischenmenschlichen und sachlichen Beziehungen bleiben die Gefühle grob und unentwickelt.

Indem Gefühle die bisherigen Beziehungserfahrungen des Kindes in den augenblicklichen Umgang mit Dingen oder Menschen einbringen, können die neuen Situationen und Gegebenheiten im Licht der alten Erfahrungen emotional differenziert bewertet werden (Damasio 1994, Goleman 1995, Greenspan 1996, Stemme 1997). Wenn Gefühle grob und ungebildet bleiben, taugen sie mit fortschreitendem Alter immer weniger dazu, in den zunehmend komplexer werdenden und vom Verstand nicht überschaubaren Situationen eine solche hilfreiche Orientierung zu bieten. Sie stören dann nur noch und müssen beherrscht, d. h. ferngehalten werden. Eine Grundbildung der Gefühle muss daher bevorzugtes Anliegen aller Früherziehung – ob in der Familie oder in Institutionen – sein. Sie setzt ein ausreichendes Maß an geeigneten Beziehungserfahrungen voraus.

Die Entwicklung der Vorstellungswelt und Fantasie

Gegen Ende des ersten Lebensjahres beginnt das Kind zu zögern, wenn sich etwas Neues zeigt. Es stutzt, blickt ins Gesicht seiner Mutter, wie wenn es fragen wollte: „Soll ich oder soll ich nicht zugreifen?" Und wenn sie freundlich zunickt, wird es vielleicht zupacken. Macht sie ein abweisendes oder entrüstetes Gesicht, wird es dies vielleicht sein lassen. Was so selbstverständlich erscheint, weist aber auf einen Schritt im Denken hin, der das Kind unabhängiger im Handeln macht. Bisher hat es wahrgenommen und ohne Aufschub darauf reagiert. Nun zeigt es an, dass etwas in seinem Kopf passiert, dass nicht mehr unmittelbar gehandelt wird. Es muss so etwas wie eine Vorstellung von dem geben, was sich da abspielt, und diese Vorstellung ist vom Handeln unabhängig. Das Kind beginnt mit Hilfe seiner Vorstellungen zu denken. In diesem Sinne ist sein Denken ein vorgestelltes Handeln. Natürlich hat es im Laufe seines ersten Lebensjahres Erinnerungen gebildet – Erinnerungen an all das, was es erfahren und erlebt hat. Diese Erinnerungen sind zu Mustern geronnen, die man wieder erkennen und schließlich auch erwarten kann. Und nun können Vorstellungen und Erinnerungen miteinander verglichen werden.

Wenn Kinder dann im zweiten Lebensjahr anfangen, ihre Welterfahrungen in kleinen Rollenspielen nachzuvollziehen und umzufantasieren, dann können wir davon ausgehen, dass sie nicht nur Vorstellungen bilden, nicht nur bekannte Erfahrungsmuster erwarten, sondern das, was sie bereits kennen, zu neuen Handlungs- und Vorstellungsbildern zusammensetzen.

Kinder denken in Bildern. Wahrnehmungen rufen Bilder hervor. Bilder fügen sich zu Geschichten. Wahrgenommenes und Imagination greifen ineinander. Das ist keine Willkür, sondern folgerichtig: Im Denken des Kindes geht es noch nicht um den Gegenstand als unabhängiges Objekt, sondern um die Sache in ihrer Beziehung zu sich selbst. Das Kind sieht die Wirklichkeit ein wenig so, wie sie ist, und es sieht sie ein wenig so, wie sie ihm bedeutungsvoll erscheinen will. Es nimmt sie also auch als etwas wahr, das Gefühle, Gedanken, Vorstellungen in ihm anstößt, die über die Wahrnehmung selbst hinausgehen. Diese Doppelbödigkeit artikuliert sich in seinen Fantasien: Sie sind Wahrnehmungen der Wirklichkeit *und* Ausdruck der persönlichen Bedeutung dieser Wahrnehmung zugleich.

Aus Vorstellung (Imagination) wird Fantasie (Umdeutung der Wirklichkeit nach inneren Bildern). Trennen wir die Fantasien von den Wahrnehmungen der Wirklichkeit, weil wir glauben, eine objektive Weltsicht der Kinder anbahnen und unterstützen zu müssen, dann nehmen wir den Dingen ihre persönlichen Bedeutungshintergründe. Doch Kinder müssen die Wirklichkeit erst einmal in ihrer subjektiven Bedeutsamkeit erfahren, bevor sie die Bedeutung der Wirklichkeit als Wirklichkeit erfassen können und wollen. Wirklichkeit ist zunächst nicht als solche für das Kind wichtig, sondern als ein Element, das in einer engen Beziehung zu seinem subjektiven Leben und Erleben steht. Bevor z. B. Naturerfahrung nicht einen persönlichen, emotional bedeutsamen Wert darstellt, ist es nicht mehr als eine abstrakte, moralische Übung, über Umweltschutz zu reden, die allenfalls zu Lippenbekenntnissen führt. Umwelterziehung setzt eine starke gefühlsmäßige Beziehung zur natürlichen Umwelt voraus. Deren Grundlage sind vielfältige persönliche Erfahrungen und Erlebnisse in und mit Natur.

Kinder suchen daher Gelegenheit, ihre Welt- und Selbsterfahrungen mit ihren eigenen Fantasien zu verbinden, sie in erlebbare Szenen zu betten, sie in persönlichen Träumen auszuweiten und mit diesen Erfahrungen zu spielen. Spielen, Fantasieren und Gestalten sind die Prozesse, in denen dieses Potenzial der persönlichen Bedeutungen der Dinge ausgebreitet, ausprobiert und ausgearbeitet wird. Legt man Kinder frühzeitig auf ein so genanntes realistisches Bild von der Wirklichkeit fest, versagt man ihnen, ihren persönlichen Sinn mit dieser Wirklichkeit zu verknüpfen, von dem aus sie dann zu einer Ordnung der Dinge vordringen könnten. Wie die Zeichnungen kleiner Kinder kein Abbild der

Wirklichkeit, sondern Protokoll einer persönlichen Erfahrung mit einem Stück Realität sind, so zeugen kindliche Wahrnehmungen der Wirklichkeit von einem subjektiven Erfahrungsprozess, der sich u. a. in den imaginativen und fantasievollen Anreicherungen ihrer Wirklichkeitsvorstellungen ausdrückt.

Deshalb brauchen Kinder aber auch eine häusliche, urbane und natürliche Wirklichkeit, die ihren Fantasien und Vorstellungen Nahrung gibt. Das scheint mir der tiefere Sinn einer kinderfreundlichen Umwelt zu sein und damit eine Voraussetzung für ästhetische Bildungsprozesse. Fantasie, die aus der lebendigen Erfahrung von Wirklichkeit hervorgeht, bereichert Wirklichkeitserfahrung. Wo Imagination und Fantasie nicht an Wirklichkeitserfahrungen anknüpfen können, laufen sie Gefahr zur Ersatz- und Fluchtwelt zu werden.

Spielen und Gestalten

Bevor das Kind spielen kann, ahmt es nach. Nachahmung ist ein wichtiger Baustein der Kommunikation. Mit Hilfe der Imitation weitet das Kind seine Möglichkeiten ständig aus. Die so gespeicherten Erfahrungsmuster setzt es allmählich in neuer und individueller Weise zusammen. Der Wechsel zwischen Nachahmung und Veränderung ermöglicht dem Kind, aus immer wieder veränderten Blickwinkeln auf das zu sehen, was es erfahren hat. Über die Imitation versetzt es sich in andere hinein und verlebendigt deren Verhaltensmuster und die daran geknüpften Gefühle in sich selbst. Damit beginnt seine Fähigkeit zur Einfühlung. Indem das Kind im Spiel eine Zeit lang ein anderer als es selbst sein kann, gewinnt es Distanz zu sich selbst und vermag sich auch von außen wahrzunehmen.

Zunächst spielen Kinder etwas, das sie kennen. Insofern besteht ihr Spiel aus Bildern, die aus der Wirklichkeit kommen. Zunehmend behandeln sie diese Wirklichkeit so, wie sie ihren Wünschen entspricht. Sie simulieren die Wirklichkeit und tun so, als ob. Spiel bildet also einen Zwischenbereich zwischen äußerer und innerer Wirklichkeit: Indem sie sich im Spiel der Wirklichkeit hingeben, erfahren sie zum einen diese Wirklichkeit, ohne ihr gleich realistisch gerecht werden zu müssen.

Zum anderen tragen sie ihre Wünsche in diese Wirklichkeit hinein und verändern sie danach.

Weshalb brauchen Kinder ausreichend Gelegenheit zum *Spiel*?

- Im Spiel lernen Kinder nicht nur etwas über die Welt. Im Spiel nutzen sie die Möglichkeit, ihr Verhältnis zur Welt so einzurichten, dass sich die Notwendigkeiten der Wirklichkeit allmählich mit den persönlichen Bedürfnissen versöhnen lassen. Für diese Versöhnung brauchen Kinder Zeit.

- Die wesentlichen bildenden Momente des Spiels liegen nicht so sehr darin, dass die Kinder ihre körperliche und geistige Geschicklichkeit schulen, sondern in der Art und Weise der Welterfahrung, die Spielen ermöglicht.

- Im Spiel gebrauchen Kinder alle Formen körperlich-sinnlicher Erfahrung, sprachlichen Denkens, bildhafter Vorstellungen und subjektiver Fantasien sowie des sozialen Austausches und der Verständigung. Sie werden im Spiel in ein integriertes Geschehen verwandelt. Spiel geht also aus der Alltagssituation hervor und spaltet sie nicht in isolierte Funktionsbereiche auf.

- Im Spiel wenden sich die Kinder ihrer Umwelt freiwillig zu. Sie verbinden immer einen Sinn mit dem, was sie spielen. Sie können nicht sinnlos spielen – wohl aber sinnlos und oberflächlich etwas lernen.

- Das Spiel folgt dem Rhythmus des subjektiven Erfahrungsprozesses. Man kann Kinder durch äußere Zeitpläne aus diesem Rhythmus reißen oder sie darin unterstützen, ihn zu finden. Wo er gefunden wird, gestaltet sich Spiel als zeitliche Ordnung mit Anfang und Ende, Höhepunkten und Phasen des Dahingleitens, der Anspannung wie der Entspannung, des Alleinseins oder Zusammentreffens mit anderen. Im Spiel finden Kinder ihre eigenen Zeitgestalten, ihren eigenen Rhythmus.

- Am Spiel können sich Gleichaltrige – zuweilen auch Erwachsene – beteiligen, indem sie eigene Fassetten ihrer Wahrnehmungen und Handlungsmöglichkeiten im Rahmen gegenseitiger Verständigung anbieten.

- Für das Spiel brauchen Kinder Räume, die sich als Spielräume eignen.

Ebenso wie sie aus eigenem Antrieb spielen, gibt es eine ursprüngliche Lust der Kinder am *Gestalten*. Spielen und Gestalten sind oft nicht leicht voneinander zu trennen. Stärker als beim Spiel muss allerdings beim Gestalten das Material eine Berücksichtigung erfahren. Während sich das Spiel in völlig imaginären Wirklichkeitsbereichen vollziehen kann, muss das Gestalten entlang den Stoffen erfolgen, die man sich gewählt hat. Dabei nutzen Kinder, was sich ihnen gerade anbietet. Im Kindergarten sollten sie deshalb die Gelegenheit erhalten, ausgiebig mit möglichst vielen verschiedenen Materialien für ihre Gestaltungsabsichten zu experimentieren. Darauf aufbauend können sie – in der Regel erst im Schulalter – die Techniken zunehmend selbstständig nutzen, die ihnen die Erwachsenen zeigen.

Auch Sprechen lernen ist eine ästhetische Erfahrung

Auch das Sprechen lernen beginnt mit einer Bildung der Wahrnehmung. Eines der grundlegenden Probleme dabei besteht darin, dass Kinder Laute unterscheiden sowie Wörter und Sätze als Einheiten begreifen müssen. Das ist zunächst ein Wahrnehmungs-, genauer, ein ästhetisches Problem; denn es geht darum, das Wahrnehmungsvermögen so zu schulen, dass das kleine Kind dadurch in die Lage kommt, die spezifischen Klänge, Satzmelodien, Intonationsformen der Sprache zu erkennen, in die es hineingeboren wurde.

Das Problem des Sprechens beginnt nicht mit dem ersten Wort, sondern mit dem Erkennen der Laute. Jede Sprache, ja jeder Dialekt, hat seine eigenen Lautformen. Ein „a" wird im Deutschen anders ausgesprochen als im Englischen oder Französischen. Eine fränkisches „a" hört sich anders an als ein hessisches oder hamburgisches. Für einen Zuhörer, der in die Sprache nicht eingeführt ist – und dies sind Babys zunächst einmal –, klingen diese „a"-Laute alle unterschiedlich. Um seine Muttersprache zu erlernen, muss es daher erst einmal herausbekommen, welche Klangfarben dem „a"-Laut zuzuordnen sind und welche hingegen keine „a"s sind. Es gibt eine Lautreihe, in der sich z. B. der „a"-Laut allmählich in einen „o"-Laut verwandeln lässt. Rein akustisch gesehen ist dies ein kontinuierlicher Übergang. Dennoch machen wir an einer Stelle eine kategoriale Unterscheidung: Wir können sagen, bis hierher höre ich ein „a"; dies hier erkenne ich bereits als ein „o". Diese kategoriale Grenze ist nicht eindeutig, wenn wir die unterschiedlichen Dialekte mit einbeziehen. Für jede Sprachgruppe und für jedes Individuum ist jedoch eine solche Grenze hörbar.

Ähnliches gilt für das Erkennen von Wörtern. Bis zum letzten Drittel des ersten Lebensjahres haben Babys gelernt, dass es in ihrer Muttersprache bestimmte Betonungsmuster gibt, mit welchen man Worteinheiten identifizieren kann. Sie können dann bereits „Melodien" erkennen, welche die Wörter im kontinuierlichen Fluss der Sprache abgrenzen und identifizierbar machen. Darüber hinaus haben sie in diesem Alter eine Kenntnis erworben, welche Lautkombinationen in ihrer Muttersprache möglich sind. Und später, im zweiten Lebensjahr, noch bevor sie wirkliche zu sprechen beginnen, können sie Satzeinheiten unterscheiden, die ja auch durch ganz bestimmte Muster der Intonation, durch Satzmelodien strukturiert sind. Kinder sind also bereits Laut-, Wort- und Satzmusiker, noch bevor sie die ersten Wörter sprechen.

Zum Verständnis ästhetischer Bildung

Ästhetische Bildung hat nichts mit Kunst zu tun, sondern mit der sinnlichen Wahrnehmung und der Veränderung von Wirklichkeit mit Mitteln des Spielens und Gestaltens. Ästhetische Bildung ist daher in erster Linie Differenzierung und Bildung des Denkens der Wahrnehmung. Sie geht aus von allen Formen sinnlicher Wahrnehmung – bis hin zur Wahrnehmung der Sprache – und der Umformungen dieser Wahrnehmungserfahrungen durch Spielen und Gestalten. Jeder Sinnesbereich hat eigene Gestaltungs- und Spielformen: z. B. ist das Auge zuständig für alle Formen des bildnerischen Gestaltens; das Ohr für die des Gesangs, der Klänge, Geräusche und des Rhythmus'; die Körpersensorik, für die der (rhythmischen) Bewegung und des Tanzes. Emotionale Wahrnehmungen werden szenisch (z. B. in Rollenspielen) gestaltet. Sie begleiten aber auch alle anderen sinnlichen Gestaltungsformen.

Alle Gestaltungsformen bedienen sich der *Materialien*, der *Medien*, der *Werkzeuge* und *Instrumente*. Akustische Gestaltungsformen beispielsweise sind auf Instrumente angewiesen, die Geräusche oder Klänge hervorbringen. (Die Stimme ist eines dieser Instrumente.) Visuellen Gestaltungsformen liegt häufig der Gebrauch von grafischen, malerischen oder formenden Werkzeugen verbunden mit entsprechenden Materialien zugrunde. Es gibt darüber hinaus Medien, die sich mit der Bilderwelt und ihrer Gestaltung beschäftigen, wie Bilderbücher, Filme und z. T. auch Computerprogramme. Medienerziehung ist daher notwendigerweise ein Teil der ästhetischen Erziehung.

Ästhetische Bildung ist jedoch kein ausschließlich privater Differenzierungsprozess im Wahrnehmungsbereich. Mit den Materialien, die Kinder benutzen, mit den Formensprachen, in denen sie gestalten, gebrauchen und verwandeln sie Muster, die ihnen die Umwelt bietet. Diese erweitern ihr subjektives Repertoire an Differenzierungsmöglichkeiten.

Die *Kunst* ist eine Form, die Differenzierungspotenziale bis an die Grenzen zu treiben, welche auf der Basis gegebener kultureller Traditionen erreichbar sind. Dazwischen jedoch liegt das, was wir *Kultur der Kinder* nennen können – eigene Sprachbildungen, die aus der Interaktion der Gruppe der Gleichaltrigen hervorgehen. Sie richten sich nicht unbedingt am Vorbild der Erwachsenen aus. Kinderkulturen sind eigenständige Wege der Kinder und Jugendlichen, sich den kulturellen Traditionen zu stellen und sie eigen-sinnig zu verändern. Damit bilden diese – neben dem individuellen kreativen Potenzial – ein wesentliches soziales Potenzial zur produktiven kulturellen Weiterentwicklung.

Im ästhetischen Bereich begegnen Kinder aber nicht nur Bild-, Hör-, Bewegungs- oder Medienwelten der eigenen Kultur. Sie erleben eine kulturelle Vielfalt in ihrem Alltag, sei es durch ihre eigenen Reisen; sei es durch die Aufnahme unterschiedlicher europäischer und nichteuropäischer Traditionen in die eigene Kultur; sei es durch die Koexistenz verschiedener kultureller Traditionen im sozialen und lokalen Umfeld der Kinder. Diese Vielfalt schärft die Wahrnehmung von Unterschieden und besonderen Ausprägungen. Sie gilt es, als Möglichkeit zu nutzen, eigene und fremde kulturelle Sinnes- und Medienwelten so miteinander in Verbindung zu bringen, dass diese als Erweiterung des eigenen kulturellen Reichtums erlebt werden können.

Zwölf Thesen zur Bedeutung einer basalen ästhetischen Bildung

Aus den kognitionspsychologischen Betrachtungen lassen sich zwölf Thesen zu einer basalen ästhetischen Bildung formulieren, die im Folgenden dargestellt werden.

- Sinnliche Erfahrungen über die Fernsinne, den Körper und die Gefühle (Bion, 1990, spricht von Sinnesdaten emotionaler Wahrnehmung) bilden die Ausgangsbasis ästhetischer Erfahrung. Darauf baut ein „Denken" dieser Wahrnehmungserfahrungen mit Hilfe von Vorstellungen, Bildern, Imaginationen und Fantasien auf.

- Vielsinnliche Wahrnehmung und imaginatives Denken dieser Wahrnehmungserfahrung fasse ich als „ästhetische Erfahrungs-Bildung" zusammen. Sie besteht in der Differenzierung und Strukturierung von Wahrnehmung oder Vorstellungen sowie in der Bildung einer sinnlichen Ordnung der Welterfahrung im Kopf des Kindes. Ästhetische Erfahrung bildet damit den Ausgangspunkt aller Selbst- und Welterfahrung jedes neuen Erdenbürgers.

- Nur das, was auf diese Weise in die Vorstellungs-, Fantasie- und Denkweltwelt überhaupt eingeht, kann von einem Kind als eigenständige Erfahrung verarbeitet werden. Wo solche Erfahrungen fehlen, ist das Kind auf ein Kennenlernen aus zweiter Hand angewiesen. Deshalb scheint es sinnvoll, der Bildung dieser Wahrnehmungs- und Vorstellungstätigkeit genauso viel Aufmerksamkeit zu schenken wie dem urteilenden Denken.

- Wegen seiner grundlegenden Bedeutung stelle ich das ästhetische Denken dem urteilenden Denken gegenüber und meine, dass der wichtigste Bildungsprozess in der frühen Kindheit in der Ausformung und Differenzierung dieses ästhetischen Denk- und Tätigkeitsbereiches liegt.

- Ästhetische Erfahrung ist damit nichts, was man der kindlichen Entwicklung willkürlich oder auch ergänzend hinzufügen oder einfach von ihr wegnehmen könnte. Sie ist grundlegend dafür, dass ein Kind aus eigener Erfahrung heraus – und diese bedeutet ja, dass man eigene Wahrnehmungen gemacht hat – sich seine Welt deuten kann.

- Man kann allerdings diesen Erfahrungsraum fördern oder einengen, unterstützen oder stören. Dementsprechend wird die Erfahrungsgrundlage des kindlichen Denkens breiter oder schmaler, differenzierter oder holzschnittartiger ausfallen.

- Sammeln, Fantasieren, Spielen und Gestalten (in allen Formen) sind zentrale – wenn auch nicht die einzigen – Bereiche, in denen Kinder ihre ästhetischen Erfahrungsmöglichkeiten vieldimensional ausloten.

- Ästhetische Erfahrung steht nicht ihm Gegensatz zu dem, was wir als das eigentliche Denken anzusehen gewohnt sind, nämlich das rationale. Es bildet vielmehr – bewusst oder unbewusst – dessen Grundlage, und seine Ausdifferenzierung entscheidet auch mit über die Qualität rationalen Denkens. Man könnte sagen: Denken beginnt mit der Frage: Was nehme ich überhaupt wahr?

- Lernprozesse, die nur die Realitätsgerechtigkeit und Rationalität kindlichen Denkens im Auge haben, lassen die Wahrnehmungs- und Erlebnisfähigkeit der Kinder unentwickelt. Damit ist Rationalität zwar leichter möglich, aber um den Preis von persönlichen Sinnfindungs- und Glücksmöglichkeiten.

- Wir müssen im späteren Leben von zwei unterschiedlichen Lernwegen ausgehen: Der eine basiert auf den eigenen Wahrnehmungen, die strukturiert, mit vergangenen Wahrnehmungen verglichen und mit den gegebenen Mitteln des Denkens verarbeitet werden. Der andere geht von sinnlich vorstrukturierten und vorgedachten Erfahrungen anderer Menschen aus, die dem Kind vorgestellt werden. Der wesentliche Unterschied zwischen beiden Lernwegen besteht darin, dass der zweite Weg kürzer ist und auf die eigene sinnliche Strukturierungsleistung des Kindes, auf eigene Fragestellungen und eigene Klärungsversuche des Wahrgenommenen verzichten kann. Das mag für manches Wissen und Lernen genügen. Was dabei aber nicht gelernt wird ist, neue, noch unbekannte, bislang ungedachte oder unzureichend gedachte Erfahrungen so zu strukturieren, dass sie gedacht, gelöst werden können. Darauf ist aber gerade kreatives Problemlösen angewiesen: bislang ungeklärte Wahrnehmungserfahrungen so aufzubereiten, dass man sie denken kann. Es ist also das problemlösende Denken, welches auf die ästhetischen Erfahrungen, die ästhetischen Vorstrukturierungen und die ästhetischen Denkweisen angewiesen ist.

▓ Lernen wir besser wahrnehmen, das scheint die wichtigste Forderung zu sein, wenn wir ästhetische Erfahrung als Grundlage von (frühkindlicher) Bildung anerkennen wollen.

▓ Lernen wir besser wahrnehmen lautet aber auch die Botschaft, wenn wir das problemlösende Denken in unseren Kindern unterstützen wollen. Hier berühren sich die Kreativität der kleinen und die der großen Kinder.

Wahrnehmen, mit Wahrnehmungen spielen, sie aus- und umgestalten, mit ihnen fantasieren und neue Formen erfinden, das wird hier als „ästhetische Bildung" verstanden. Neue Wahrnehmungen hat derjenige, der sein Wahrnehmungs- und Gestaltungsvermögen wenigstens in Teilbereichen seiner Welterfahrung stets weiterentwickelt und differenziert, der nicht dabei stehen bleibt, die Wahrnehmungen oder das Denken anderer als den alleinigen Maßstab zu betrachten. Schon das unabhängige Wahrnehmen verlangt also einen Geist, der nicht autoritätshörig ist, sondern – in Anerkennung der Wahrnehmungs- und Denkleistungen unserer Kultur – sich einen unabhängigen Blick bewahrt.

Literatur

Damasio, Antonio R. (1994): Descartes' Irrtum. Fühlen, Denken und das menschliche Gehirn. München: List

Diamond, Marian C. (1990): Evidence for Tactile Stimulation Improving CNS Function. In: Kathryn E. Barnard & Thomas B. Brazelton (Hrsg.): The foundation of experience. Madison (Conn.): International Universities Press, S. 73–96

Goleman, Daniel (1995): Emotionale Intelligenz. München, Wien: Hanser

Gopnik, Alison; Meltzoff, Andrew; Kuhl, Patricia (1999): The Scientist in the Crib. Minds, Brains, and how Children learn. New York: William Morrow and Company

Gottfried, Allen W. (1990): Touch as an Organizer of Development and Learning. In: Kathryn E. Barnard & Thomas B. Brazelton (Hrsg.): The foundation of experience. Madison (Conn.): International Universities Press, S. 349–361

Greenough, William T. (1990): Brain Storage of Information from Cutaneous and Other Modalities in Development and Adulthood. In: Kathryn E. Barnard & T. Berry Brazelton (Hrsg.): The foundation of experience. Madison (Conn.): International Universities Press, S. 97–128

Greenspan, Stanley, J. (2001): Die bedrohte Intelligenz. München: Goldmann

Montague, Ashley (1971):Touching. New York: Columbia University Press

Muchow, Martha & Muchow, Hans Heinrich (1978): Der Lebensraum des Groß-stadtkindes (Repr. der Ausgabe von 1935). Bensheim: paed. extra Buchverlag

Schäfer, Gerd E. (2003): Bildung beginnt mit der Geburt. Weinheim, Berlin, Basel: Beltz

Schäfer, Gerd E. (1999): Sinnliche Erfahrung bei Kindern. In: Annette Lepenies et al. (Hrsg.): Kindliche Entwicklungspotentiale Bd. 1 (Materialien zum 10. Kinder- und Jugendbericht). München: DJI Verlag

Stemme, Fritz (1997): Die Entdeckung der emotionalen Intelligenz. München: Goldmann

Werner, Heinz (1959): Einführung in die Entwicklungspsychologie (4. Aufl.). München: Barth

Julia Schneewind

Die Welt erschließt sich auch über Gefühle – Zur Entwicklung emotionaler Kompetenzen im Kindergarten

Die Bildungsdebatte hat u. a. zwei für die Elementarpädagogik wichtige Erkenntnisse populär gemacht:

1. Die frühe Kindheit ist nach entwicklungspsychologischen und pädagogischen Erkenntnissen ein wichtiger Zeitraum, um grundlegende menschliche Kompetenzen auszubilden. Die ersten Lebensjahre sind auch für die Bildungskarrieren entscheidend. Damit findet eine längst fällige Aufwertung der Kleinkinderziehung und der in diesem Bereich tätigen Erzieher/innen langsam, aber stetig statt.
2. Der Bildungsbegriff wird erweitert. Das bisher rein kognitive Verständnis von „Lernen" und „Wissen" wird durch die Berücksichtigung und Förderung der emotionalen und sozialen Fähigkeiten ergänzt. Gefühle bei sich und bei anderen erkennen zu können stellt eine wichtige Grundlage der Kommunikation dar. Diese Fähigkeit sollte von Anbeginn des Lebens gefördert werden. Der Kindergarten bietet sich als erste Bildungsinstitution an, um einen stabilen Grundstein in diesem Bereich zu legen. Die Kinder bewegen sich zum ersten Mal in einer größeren außerfamiliären Gemeinschaft und erproben sich im Umgang mit Gleichaltrigen. Sie werden vorbereitet, um in der zunehmend komplexeren Umwelt bestehen zu können, und sollten frühzeitig die Möglichkeit haben, die so genannten „soft" oder „social skills" zu entwickeln.

Der mit Bildung häufig verknüpfte Leistungsgedanke hat im Bereich der Gefühle allerdings wenig Platz, denn den „besten Fühler" gibt es nicht. Ziel der emotionalen Erziehung sollten zufriedene, in sich ruhende kleine und große Menschen sein. Eine Grundvoraussetzung der emotionalen Bildung, dies sei den folgenden Seiten vorangestellt, ist die Bereitschaft der Erzieher/innen, sich auf diesen Bereich authentisch und wahrhaftig einzulassen.

Emotionale Bildung im Kontext des neuen Bildungsbegriffs

Die Frage, warum der Aspekt der emotionalen Bildung schon vom ersten Lebenstag an wichtig ist und daher auch unbedingt einen Platz in der Elementarpädagogik haben muss, ist klar zu beantworten: „Die emotionale Atmosphäre und die subtilen Interaktionen in Beziehungen prägen, wer wir sind und was wir lernen. Beziehungen ermöglichen es dem Kind, das Denken zu lernen" (Brazelton & Greenspan 2002, S. 33 ff.). Liebevolle und kindgerechte Interaktionen bilden die Grundlage für die Entwicklung kognitiver und intellektueller Fähigkeiten: Kreativität, Kommunikation und Denkfähigkeit werden durch und in Beziehungen erworben. Der aktuelle Bildungsbegriff orientiert sich an der Erkenntnis, „dass affektive oder emotionale Interaktionen den geistigen Entwicklungsschritten auf jeder Stufe vorausgehen. Gefühle sind tatsächlich die inneren Architekten, Dirigenten oder Organisatoren unseres Geistes" (ebd., S. 36). In den ersten Lebensjahren bedeutet Bildung vor allem die Entwicklung einer stabilen sozialen und aktiven Persönlichkeit, unter besonderer Berücksichtigung der emotionalen Entwicklung des Kindes.

Nachdem das Kind im Kindergartenalter lange als Objekt von Erziehung und Betreuung verstanden wurde, ist nun die Auffassung von der Selbstbildungstätigkeit des Kindes stärker in den Vordergrund getreten. Das heißt, Bildung schließt die emotionale, kognitive und soziale Entwicklung ein und wird verstanden als „Konstruktionsprozess des Kindes, in dessen Verlauf das Kind Welt- und Selbstkenntnisse erwirbt" (Laewen 1997, S. 3). Erziehung ist in diesem Sinne Unterstützung zur Selbstbildung des Kindes. Erzieher/innen, Eltern und Lehrer/innen können Anregungen geben, Hilfestellung leisten und offen für Fragen sein, um somit den sozialen und sachlichen Lernprozess zu fördern. „Die Rolle der Pädagog(inn)en besteht in dieser Perspektive nicht mehr in erster Linie darin, dem Kind ,richtiges Verhalten' beizubringen, sondern ihre

Aufgabe ist es, die Welterkundung der Kinder zu ermöglichen, sie in ihrem Forschungsdrang zu begleiten und zu unterstützen und die dabei auftauchenden Themen zu erweitern." (Maywald 2002, S. 41)

Emotionale und soziale Kompetenzbildung gehört in *jeden* Kindergarten – unabhängig von den verschiedenen kleinkindpädagogischen Ansätzen. Gefühle sind grundlegend für das zwischenmenschliche Leben und Voraussetzung für unsere sozialen Kontakte. Das gilt für Kinder aus Risikofamilien mit weniger privilegierten Lebenswelten ebenso wie für Kinder, die aus emotional stabilen und sozial integrierten Familien stammen.

Bildungsprozesse sollten die Einzigartigkeit jedes Kindes berücksichtigen und dem Kind emotional bedeutsame, sinnstiftende Erfahrungen mit anderen Menschen und der sozialen äußeren Umwelt ermöglichen. Die Vermittlung von Erfahrungen, die den spezifischen Eigenschaften des einzelnen Kindes entsprechen, verbessern seine Chancen auf körperliche, kognitive und emotionale Gesundheit.

Wissenschaftliche Studien zeigen, dass die schulische Leistung von Kindern und der Erfolg oder Misserfolg im Bildungssystem in hohem Maße davon abhängen, inwieweit emotionale und soziale Fähigkeiten ausgebildet sind (Haffner 2001). Emotionale Bildung kann also auch als Präventivmaßnahme betrachtet werden, die als Schutzfaktor in der kindlichen Entwicklung funktioniert und sich langfristig positiv auf die Gesellschaft auswirken wird.

Zusammenfassend lässt sich festhalten, dass Bildung sich auf alle Aspekte des Menschseins bezieht, dass Bildung Sach- und Beziehungswissen beinhaltet und ein lebenslanger, in Zusammenhang mit der Umwelt stattfindender Prozess der Selbstbildung ist. Es geht darum, im Kind die Kraft zu stärken, sein eigener Lehrer zu sein (Elschenbroich 2001).

Die Bedeutung von Emotionen

Der Mensch entwickelt sich im Spannungsfeld zwischen determinierten Anlagen und prägendem Lebensumfeld. Die Emotionen dienen in diesem lebenslangen Entwicklungsprozess der inneren Organisation und der äußeren Beziehungsgestaltung: Die einzelnen Affekte unterstützen die Aktivierung von Verhalten, indem sie „Dringlichkeit" erzeugen. Dies führt zu einer Motivationssteigerung und setzt Aktionen, d. h. Verhalten in Gang. Emotionen haben also die Funktion, Interaktionen anzuregen und zu regulieren und zwar stets im Zusammenhang mit zwischenmenschlichen Beziehungen (Saarni in: von Salisch 2002, S. 3). Emotionen lösen nicht nur Verhalten aus, auch sie helfen uns, Situationen sowie unsere Beziehung zu anderen zu bewerten. „Unsere emotionsgeladenen Bewertungen der Beziehung zu anderen Menschen werden bestimmt durch unsere kognitive Reife, durch unsere Fähigkeit, korrekte Zuschreibungen vorzunehmen und unsere Fähigkeit logisch und in systemischen Zusammenhängen zu denken. Unser emotionales Erleben ist eng mit unserer kognitiven Entwicklung verknüpft." (Ebd., S. 4)

Emotionale Interaktionen, die wie oben erläutert in Beziehungen stattfinden, sprechen verschiedene Regionen im Gehirn an. Das gesamte Affektsystem sowie die linke und rechte Gehirnhälfte sind an den Interaktionen beteiligt. So entstehen im Gehirn Verbindungen zwischen dem visuellen, akustischen und räumlichen System.[1] Außerdem wissen wir aus unserem eigenen Erleben, dass emotionsintensive Erlebnisse besser im Gedächtnis haften bleiben (Resch & Möhler 2001).

Gefühle sind einerseits Motor unserer geistigen und sozialen Entwicklung, andererseits sind Emotionen und der Umgang mit ihnen vom Entwicklungsstand des Individuums abhängig und beeinflusst. Die emotionale Kommunikation zwischen Erwachsenen und Kind schafft ein Gerüst, das sich Kinder nutzbar machen können, um ihren Erfahrungen Sinn und affektive Tönungen zuzuschreiben. „Die Art und Weise, wie Eltern über und durch Emotionen kommunizieren, ist wie ein Schmelztiegel, in dem emotionale Bedeutungen geformt werden." (Saarni in: von Salisch 2002, S. 7) Diese Bedeutungen prägen die Erfahrungen der Kinder. Sie dienen als Parameter, um Situationen und Interaktionen zu bewerten. Familienmitglieder haben ein ganz bestimmtes Verständnis darüber, wie Emotionen funktionieren oder bewertet werden. Im Prozess der familiären und kulturellen Sozialisation werden wir in unseren emotionalen Reaktionen beeinflusst. Die Bewertung ein-

---

[1] Zur Vertiefung der biologischen Aspekte der Emotionsentwicklung vgl. Goleman (1997) und Klein (2002).

zelner Gefühlszustände kann in jeder Familie oder Kultur unterschiedlich sein. Die Bewältigungsstrategie bei bestimmten Emotionen wird durch diese mentale Prägung gelenkt. Zum Beispiel wird Ärger in der Familie X als Reaktion auf einen Streit abgelehnt. Das Kind dieser Familie reagiert mit Traurigkeit auf Streitigkeiten, da dieses Gefühl als adäquate Reaktion vermittelt wurde (ebd., S. 9; von Salisch 2000, S. 73). Die so genannte „Etikettierung der Gefühle" hilft den Kindern, Verbindungen zwischen dem inneren, „erlebbaren Zustand, der Situation und dem Ausdrucksverhalten" herstellen zu können. Sprache macht auf Gefühle aufmerksam und strukturiert das Geschehen (ebd., S. 73 f.).

Wir erlernen im Laufe der Sozialisation, wie wir einzelne Gefühle zeigen sollten, welche Gefühle man besser nicht zeigt und wem wir Gefühle zeigen können. Wir stimmen die Enthüllung unserer Gefühle auf die Art der Beziehung ab, die wir mit einzelnen Menschen haben. Je nachdem wie vertrauensvoll, gleichberechtigt und privat die Beziehung ist, offenbaren wir unsere Gefühle authentischer und intensiver (ebd., S. 11).

Was heißt emotionale Kompetenz?

Letztlich ist keine Definition oder Theorie bisher in der Lage, den komplexen Sachverhalt der emotionalen Kompetenz ganzheitlich zu repräsentieren. Auch die nachfolgende Begriffsbestimmung[2] erhebt keinen Anspruch auf Vollständigkeit, sondern versucht, eine für die Praxis relevante Diskussionsgrundlage zu schaffen. Emotionale Kompetenz definiert Saarni als „die Demonstration von Selbstwirksamkeit in sozialen Transaktionen, welche Emotionen hervorrufen" (Schmitz in: von Salisch 2002, S. 210 f.). Selbstwirksamkeit wird verstanden als die Fähigkeit eines Individuums, ein erwünschtes Ergebnis zu erzielen. Es ist allerdings nicht allein ausschlaggebend, ob man über die objektiven Fähigkeiten verfügt, um eine Handlung kompetent auszuführen, vielmehr muss

---

[2] Die Zusammenstellung der folgenden Ausführungen erfolgt auf Grundlage der Modelle von Halberstadt, Denham & Dunsmore 2001; Salovey, Hsee & Mayer 1993; Saarni 1999; Rose-Krasnor 1997 in: von Salisch 2002 sowie Pfeffer 2002 und Brazelton & Greenspan 2002.

man selbst subjektiv auch davon überzeugt sein, diese Fähigkeit zu besitzen (ebd., S. 207). „Versager" kann es im Bildungsbereich „Gefühle" nicht geben, denn jeder Mensch kann ein stabiles Selbstwertgefühl entwickeln, wenn ihm die Möglichkeit gegeben wird, sich zu erproben, ein Ziel zu entwickeln und es zu erreichen: gemäß seinen individuellen Fähigkeiten und Eigenschaften.

Dies bedeutet für die pädagogische (und familiäre) Praxis, dass zur Förderung der emotionalen Kompetenzen auch die Entwicklung von Selbstwirksamkeit gehört. Behindert wird diese Entwicklung, wenn Kindern nichts zugetraut wird, sie nicht die Möglichkeit haben, sich auszuprobieren, zu scheitern und einen neuen Versuch zu erhalten – sei es aus Geringschätzung des Kindes oder aus Gründen von Überfürsorglichkeit. In beiden Fällen entwickeln Kinder eine geringe Selbstwirksamkeitserwartung und ein niedriges Selbstwertgefühl: Ihnen fehlt es an Motivation und Lernbegeisterung, dadurch letztlich an Bildungschancen.

Zur emotionalen Kompetenz gehört die *Bewusstheit über den eigenen emotionalen Zustand*. Die Grundlage für die Ausbildung emotionaler Fähigkeiten ist das Vermögen, Gefühle bei sich wahrnehmen, unterscheiden und benennen zu können. Dazu gehört die Entwicklung innerer Konzepte von Wünschen, Gefühlen und Bedürfnissen. Kinder, die ihre Gefühle kennen, können besser mit anderen Menschen verhandeln, können sich in Konflikten besser behaupten (Saarni in: von Salisch 2002, S. 14). Sie weisen außerdem sozial kompetenteres Verhalten auf.

Das Wissen über Emotionen bezieht sich auf das *Verständnis der eigenen Emotionen und der Gefühlszustände anderer*. Dieses Wissen ist entscheidend für wirksame Kommunikation und zwischenmenschliche Verhandlungen (ebd., S. 10 f.). Emotionen anderer auf Grundlage von mimischen, gestischen und verbalen Ausdrucksweisen erkennen zu können, ist ein weiterer Aspekt emotionaler Kompetenz. Die Fähigkeit, sich durch Gesten und Mimik über Gefühle zu verständigen, entwickelt sich von Geburt an, da die Kommunikation zwischen Eltern und Kind zu Beginn vor allem nonverbal stattfindet. Später kommt die verbale Auseinandersetzung noch hinzu. Menschen, die im Beziehungsaufbau Probleme haben, sind häufig nicht in der Lage, soziale Signale und Hinweise korrekt zu „lesen", ihnen fehlt das Verständnis nonverbaler Kommunikation. Denn zum Verständnis des anderen gehört die Fähigkeit, die Ge-

fühle anderer richtig interpretieren zu können bzw. übliche situationsbedingte Ursachen von Emotionen einbeziehen zu können. Diese Bewertungsprozesse sind kontextabhängig, d. h., es ist notwendig zu wissen, dass andere Menschen eigene Gedanken, Intentionen, Wünsche und innere Zustände aufweisen (Fähigkeit der *Perspektivenübernahme*).

Gefühle in Worte zu fassen ist ein weiterer Aspekt der emotionalen Kompetenz. Es geht nicht nur um die Wahrnehmung des Gefühls, sondern auch darum, die innere Vorstellung ausgestalten zu können. Menschen benötigen das Wissen über das Vokabular der Gefühle und die Fähigkeit, Ausdruckswörter der eigenen (Sub-)Kultur verwenden zu können. Das Sprechen über innere Zustände beginnt mit 18 bis 20 Lebensmonaten und die Menge an „Gefühlsworten" wächst sprunghaft an. Kinder sind spätestens mit 36 Monaten in der Lage, „Gefühlszustände bei sich selbst und bei anderen zu benennen, sich auf vergangene und zukünftige Emotionen zu beziehen, angemessene Vorläufer und Konsequenzen von Emotionen anzugeben und vorgestellte Emotionen spielerisch auszudrücken" (Klann-Delius in: von Salisch 2002, S. 97 f.). Etwa mit vier Jahren können Kinder erzählen und haben die Fähigkeit der sozialen Perspektivenübernahme ansatzweise ausgebildet. Die Grundvoraussetzungen für eine reflektierende Arbeit im Bereich emotionaler Bildung sind damit gegeben.

Der Zusammenhang von Gefühlen und Sprache ist auch im Hinblick auf einen anderen Aspekt wichtig. Eine Untersuchung von delinquenten Jugendlichen (Körner 1998) hat gezeigt, dass die Anzahl der Worte, die jemand für Gefühle findet, in Zusammenhang mit seinem *Einfühlungsvermögen* steht. Weniger einfühlsame Jugendliche konnten nur sagen, dass sie wütend oder „happy" sind. Einfühlsame Menschen können differenzierter von sich und anderen berichten, z. B. dass sie glücklich, verzweifelt, ausgeglichen, mutig, stolz etc. sind. Aus dieser Untersuchung lässt sich nicht ableiten, dass man mit Kindern Worte auswendig lernen muss, sondern ihre unterschiedlichen Gefühle in der jeweiligen Situation möglichst differenziert und richtig benennen sowie bewusst machen sollte.

In der Forschung wird immer wieder hervorgehoben, dass bereits die Möglichkeit, Gefühle äußern zu können, Veränderungen in emotionaler Hinsicht einleitet (Saarni in: von Salisch 2002, S. 17). Bemerkenswert ist in diesem Zusammenhang zum einen der Umstand, dass die Benennung von Gefühlen lange dem entsprechenden Verhalten hinterherhinkt. Diese Lücke kann man schließen, indem man viel mit den Kindern über Gefühle spricht und so ihre kognitive Entwicklung in Bezug auf Gefühle fördert.

Es gibt keine bessere *Prophylaxe gegen die Entstehung von Aggressivität* als die Vermittlung von Einfühlungsvermögen und die intensive Auseinandersetzung mit Befindlichkeiten. Die Häufigkeit, mit der in Familien über Gefühle gesprochen wird, hat Einfluss auf die Fähigkeit des Kindes, einfühlsam zu sein, die Perspektive des anderen einzunehmen sowie auf die moralische und soziale Entwicklung (Ulich et al. In: von Salisch 2002, S. 130; von Salisch 2000, S. 81). Studien zeigen, dass warmes, unterstützendes, engagiertes und freundliches Verhalten der Erzieher/innen direkten Einfluss auf die Empathiefähigkeit der Kinder hat (Ulich et al. In: von Salisch 2002, S. 121). Reagieren Erzieher/innen selbst stets sehr prosozial, haben Kinder ein gutes Lernbeispiel. Um diese Fähigkeiten aber tatsächlich entwickeln zu können, benötigen Kinder zudem die Möglichkeit, sich zu erproben. Dies können sie nur, wenn die Erzieher/innen den Kinder z. B. die Chance geben, ein anderes Kind zu trösten, statt selbst schnell „alles in die Hand" zu nehmen (ebd., S. 124).

Zur Entwicklung der emotionalen Kompetenz gehört auch die Erkenntnis, dass der innere emotionale Zustand nicht notwendigerweise dem nach außen hin gezeigten Ausdrucksverhalten entspricht. Über das eigene Ausdrucksverhalten der Gefühle kann die Selbstpräsentation und damit die Umwelt beeinflusst werden.

Es gibt nicht nur angenehme, sondern auch unangenehme Gefühle. Im Rahmen der Entwicklung emotionaler Kompetenzen geht es daher auch um die *Selbstregulationsfähigkeit,* d. h. darum, belastende Gefühle und damit verbundene problematische Situationen bewältigen zu können. Allerdings gehört dazu auch die Regulation positiver Gefühle. Denn auch zu große Freude und Überschwang können die Umgebung verstören und zu Disharmonie mit anderen führen. *Emotionsregulation* bezieht sich auf zwei Punkte: zum einen auf die Regulierung des eigenen subjektiven Erlebens von Gefühlen (Dauer und Intensität) und zum anderen auf die Handhabung des eigenen Gefühlsausdrucks anderen gegenüber.

Emotionale Selbstwirksamkeit entsteht dann, wenn man das eigene emotionale Erleben akzeptiert und sich im Allgemeinen so fühlt, wie man sich fühlen möchte. Dies steht in Zusammenhang mit der Selbstregulationsfähigkeit. Im Laufe der Entwicklung bildet sich das Bewusstsein aus, dass Struktur und Natur zwischenmenschlicher Beziehungen durch die Art und Weise bestimmt werden, wie Gefühle untereinander kommuniziert werden. Zur Interaktion mit anderen gehört das angemessene emotionale Agieren und Reagieren. Die interpersonalen Kompetenzen, also die Fähigkeit, sich selbst zu verstehen, ein lebensgerechtes Bild der eigenen Persönlichkeit – inklusive Wünschen, Ängsten und Fähigkeiten – zu entwickeln und dieses Wissen im Alltag zu nutzen, sind für ein erfolgreiches, gesundes und zufriedenes Leben in sozialen Zusammenhängen bedeutsam. Das *Vermögen, Beziehungen eingehen zu können*, gründet in der Fähigkeit, sich anderen Menschen nahe und verbunden zu fühlen, Gefühle, Motive und Anliegen anderer verstehen und Konflikte lösen zu können. Das *Erleben von gruppendynamischen Prozessen* im Kindergarten fördert diese Fähigkeiten. Denn die Entwicklung von emotionalen und sozialen Kompetenzen greifen ineinander: Wer mit sich selbst zurecht kommt (emotionale Ebene), kann auch mit anderen zusammen sein (soziale Ebene).

Emotionale Kompetenzen sind also Fertigkeiten, die sowohl im Individuum als auch in der Interaktion mit der Umwelt platziert sind. Sie umfassen *inter-* und *intrapsychische Aspekte der Emotion* sowie die Gesichtspunkte „Bewertung", „Ausdruck", „Regulierung" und „Anwendung von Gefühlen".

Emotionale Bildung in der Praxis

Es kann keine Anleitung für die Arbeit zum Thema „Gefühle" im Kindergarten geben, wie etwa ein Arbeitsblatt „Gefühle". *Eine* Methode, die immer anwendbar ist, gibt es nicht. Ein paar Hinweise können allerdings helfen, diesen persönlichen, manchmal schwierigen, komplexen Bereich im Kindergartenalltag zu fördern.

Die Verbesserung der zwischenmenschlichen Kommunikation und ein gesunder Gefühlshaushalt bedingen sich wechselseitig. Die Fähigkeit,

Gefühle bei sich und bei anderen erkennen zu können, ist ein Teil des Kreises, den Kommunikation und Emotion bilden. Der andere Teil besteht aus der Fähigkeit, Gefühle ausdrücken und diese mitteilen zu können. Zu „gelingender Kommunikation" gehört daher: den anderen anhören und ausreden lassen, den Kindern Raum schaffen, sich ausdrücken zu können (das ist bei 20 Kindern in der Gruppe manchmal schwer, aber notwendig). Zu guter emotionaler Kommunikation gehört Respekt vor den Gefühlen des anderen und kein Infragestellen seiner Empfindungen oder seiner Person. Auch gegenüber Kindern gilt, dass konstruktive Kritik besser angenommen wird und eine angemessene Rückmeldung helfen kann, schwierige Situationen zu verhindern. Das heißt, Rückmeldung oder Kritik sollte immer nur auf eine Situation bezogen sein, in engem zeitlichen Zusammenhang zu dieser Situation stehen und eine Handlungsalternative für das nächste Mal bieten. Beschämung der Kinder oder Angriffe auf die ganze Person aufgrund von Fehlverhalten zerstören das Selbstwertgefühl und wirken einer gesunden emotionalen Entwicklung entgegen. Die daraus entstehenden Minderwertigkeitskomplexe führen zu einer Hemmung, mit anderen in Kontakt zu treten und blockieren normale Sozialkontakte. Um die Kinder sozial und emotional kompetent erziehen zu können, bedarf es der Einhaltung dieser grundlegenden Kommunikationsregeln (vgl. Birkenbihl 2000; Prior 2002).

Gefühle – meine, deine, helle, dunkle!

Die Gefühlswelt ist etwas sehr Persönliches. Es kann in diesem Bereich nie darum gehen, einem anderen seine Gefühle „aufzudrängen". Den einen macht eine Situation traurig, den anderen wütend, einen dritten stört sie gar nicht oder er findet sie lustig. Die Gefühle des anderen müssen wir akzeptieren, auch wenn wir sie nicht immer nachvollziehen können.

In der Welt der Gefühle gibt es kein „richtig oder falsch", „besser oder schlechter", „stimmt oder stimmt nicht", „positiv oder negativ". Es gibt höchstens eine der Situation „angemessene oder unangemessene" Reaktion. Gerade bei Kindern kann eine sehr übertriebene, der Situation nicht angepasste Reaktion zeigen, dass das Kind ein Problem hat, mit der Situation umzugehen. Als Bezugsperson sollte man darauf mit Nachfragen und nicht mit Ablehnung oder Vorwürfen reagieren.

Wir sprechen von „hellen" (Freude, Liebe, Stolz, Mut, Glück) und „dunklen Gefühlen" (Traurigkeit, Wut, Angst) (Schneewind & Landowsky 2003). Es gilt den Kindern zu vermitteln, dass sie ihren Gefühlen nicht ausgeliefert sind, sondern dass sie das Erleben von Gefühlen mitgestalten können. Jedes Gefühl hat Bedeutung und Berechtigung. Das gilt auch für die dunklen Gefühle. Alle Gefühle haben ihren Grund. Es geht nicht darum, den Kindern zu vermitteln, dass es Gefühle gibt, die sie nicht haben, zeigen oder ausleben dürfen. „Konkret geht es darum, Kindern zu helfen, dass sie ihren negativen Stimmungen nicht hilflos ausgeliefert sind, sondern die orientierende, motivierende und vitalisierende Funktion von Gefühlen nutzen können, ohne die strukturierende, reflektierende oder kontrollierende Funktion rationaler Erwägungen außer Kraft zu setzen." (von Salisch 2002, S. 45)

Gefühle schützen und haben eine Ursache, die sie auslöst. Dies sollte den Kindern unbedingt vermittelt werden. Jeder Mensch hat seine eigenen Gefühle und eine ganz spezielle Art, diese auszudrücken. Klassische „Erwachsenensätze" wie „Du brauchst doch keine Angst zu haben"; „Es gibt keinen Grund, traurig zu sein"; „Hör auf, so wütend zu sein" sind nicht hilfreich, sondern stellen Gefühle in Frage. Es ist wichtig (und manchmal auch sehr schwer), Gefühle auszuhalten und sie nicht zu verdrängen oder zu verleugnen. Jeder sollte versuchen, nach dem Motto zu leben: „Ich muss erst durch, damit ich wieder raus kann." Kinder brauchen Zeit, um „durch das Gefühl durchzugehen". Erzieher/innen sollten die Kinder nicht allein lassen, aber auch nicht herausdrängen oder das Gefühl des Kindes als unbegründet bezeichnen.

Themen der emotionalen Bildung

Körpergefühle und Sinneswahrnehmung

- Erfahrung des Körpers durch Bewegung und Wahrnehmung verschiedener Materialien auf der Haut
- einzelne Körperteile benennen können und deren Funktion erfahren
  - Körperreaktionen kennen lernen
  - aktives Körperbewusstsein fördern, d. h. ein Konzept des eigenen Körpers und seiner Fähigkeiten, Möglichkeiten, Grenzen entwickeln
- Wofür brauche ich welchen Sinn? Sinne und deren zugehörige Organe kennen und benennen lernen
- Schulung der Sinne: Funktionen der Sinne erleben und diese Erlebnisse teilen

Alle Gefühle, die es gibt ...

- Gefühle – allgemeiner Überblick: Welche Gefühle gibt es? (Wut, Angst, Mut, Stolz, Liebe, Glück, Traurigkeit, Freude, Verzweiflung, Scham, Schmerz, Ausgelassenheit …)
- In welchen Körperregionen spüre ich meine Gefühle? Wie fühlt sich mein Körper bei den einzelnen Gefühlen an?

Auswirkungen der einzelnen Gefühle auf den Körper bewusst machen:

- Wie fühle ich mich?
- einzelne Gefühle kennen und benennen lernen
- die Gefühle unterscheiden können
- Zusammenhang von Körper und Seele aufzeigen

Angst

- seine eigene Angst kennen und benennen
- Wie fühlt sich die Angst in meinem Körper an?
- Angst überwinden, sich selbst helfen können
- wahrnehmen, dass andere Menschen auch Angst haben
- Angst signalisiert Gefahr und schützt daher

Wut

- seine eigene Wut kennen und benennen
- Wie fühlt sich die Wut in meinem Körper an?

- wahrnehmen, dass andere Menschen auch wütend sind
- Wut ausleben können, ohne andere oder sich selbst körperlich, mutwillig zu verletzen
- Konflikte lösen: streiten und sich vertragen
- Liebe und Wut können gleichzeitig existieren
- Wut und Gewalt voneinander trennen

Traurigkeit

- seine eigene Traurigkeit kennen und benennen
- Wie fühlt sich die Traurigkeit in meinem Körper an?
- wahrnehmen, dass andere Menschen auch traurig sind
- Hoffnung schöpfen und Mut fassen
- trösten und getröstet werden

Eigene Gefühle und die des anderen
Einfühlungsvermögen

- Verständnis für Gefühle der anderen entwickeln
- Selbst- und Fremdwahrnehmung schulen und Perspektivenübernahme ausbilden: Wie drücke ich mein Gefühl aus? Wie drückst du dein Gefühl aus?

Förderung des Verständnisses für den anderen sowie die Schulung der Wahrnehmung des anderen durch Üben, Erkennen und Spielen von Mimik und Gestik; Respekt vor dem Gefühl des anderen entwickeln.

- Ich, Du und Wir: wir sind ein Team
- Menschen, die in mir Gefühle auslösen: Familie und Freunde, Nachbarn, Fremde …
- Freude für sich selbst und für andere empfinden

Respekt vor dem anderen, vor seinen Regeln und Grenzen

- verantwortlich und respektvoll miteinander umgehen; vermitteln, dass Regeln notwendig sind (Regeln machen Sinn und erleichtern das Miteinander; Regeln zeigen Grenzen auf);
- Förderung der Erfahrung: Ich habe Grenzen und du auch.
- Wo ist meine Grenze?
- Wie schütze ich meine Grenzen, wenn sie übertreten werden?
- Selbstschutz: Ja und Nein sagen können und dürfen

▨ Sucht- und Missbrauchsprävention: Ausbildung von Selbsterkenntnis und Achtsamkeit gegenüber sich selbst und anderen (Das tut mir nicht gut. Das möchte ich nicht. Mein Gefühl sagt mir, lauf weg! Das fühlt sich komisch an!)

▨ Wie erkenne ich die Grenzen der anderen?

Ich-Gefühle, Selbstwertgefühl und Selbstbewusstsein
Wer bin ich? Wahrnehmung von Selbstwirksamkeit und Eigenkompetenz

▨ Ich bin gut, so wie ich bin: sich annehmen und von anderen angenommen werden

▨ Selbstwertgefühl und Selbstbewusstsein

Kommunikationsfähigkeit
▨ ausdrücken können, was man empfindet

Quelle: Schneewind & Landowsky (2003)

Gefühle und der Körper

Da die körperliche Gesundheit des Kindes für die emotionale Entwicklung sehr bedeutsam ist, werden der Körper *und* die Sinne im Rahmen der emotionalen Bildung berücksichtigt. Der Körper ist das Heim unserer Gefühle und unserer Seele und bedarf daher einer besonderen Pflege und Beachtung.

Sowohl prä- als auch postnatal wirken sich unausgewogene Ernährung, Umweltgifte jeglicher Art, Drogen, Stress, Misshandlung, Mangel an zwischenmenschlichen Interaktionen negativ auf das zentrale Nervensystem aus. Die Schädigung des Gehirns führt u. a. zu einer gestörten Empfindungsfähigkeit, es entstehen Über- oder Unterempfindlichkeiten. Kinder mit derartigen Störungen können z. T. nicht verhältnismäßig auf ihre Umwelt reagieren. Zwischen Kind und Umwelt entwickelt sich ein Missverhältnis. Es besteht das Risiko, dass diese Kinder nicht die notwendigen zwischenmenschlichen Fähigkeiten entwickeln: sie können aufgrund neuronaler Schädigungen z. B. ihre Gefühle nicht bewusst wahrnehmen und regulieren; sie sind nur schlecht in der Lage, ihr Verhalten zu planen; sie können Konsequenzen ihres Verhaltens nicht oder nur schwer vorhersehen.

Wenn Kinder nicht die Möglichkeit haben, grundlegende soziale Fähigkeiten auszubilden, geht ihnen in aller Regel die Chance verloren, in ihrer sozialen Umwelt und in Institutionen erfolgreich integriert zu werden. Kinder brauchen den Schutz ihrer körperlichen Gesundheit, um Beziehungen eingehen und kognitive Leistungen vollbringen zu können. Zum Schutz der körperlichen Gesundheit gehören u. a. gesunde Ernährung, tägliche Bewegung des ganzen Köpers, Ruhephasen und regelmäßiger Nachtschlaf, frische Luft, Auskurieren von Krankheiten, Schutz vor Vernachlässigung, Gewalt und Missbrauch. Erst wenn diese grundsätzlichen menschlichen Bedürfnisse erfüllt sind, ist man in der Lage, sich emotional, sozial und intellektuell weiterzuentwickeln (Birkenbihl 2000).

Die Schulung der einzelnen Sinne, die Wahrnehmung der Umwelt mit allen Sinnen, gehört ebenso zum Schutz und zur Förderung der körperlichen Gesundheit. Wer seine Wahrnehmung schult und lernt, sich darauf zu verlassen, kann sich mit größerer Sicherheit bewegen. Es wichtig zu wissen, was man gerne isst oder riecht, wie sich gefährliche Situationen anhören, wie sich angenehme und unangenehme Situationen anfühlen. Dieses Wissen schafft die Möglichkeit, sich sicher zu bewegen; Situationen zu meiden, in denen man Gefahr wittert. Es schützt Kinder tagtäglich in ihrem Lebensalltag. Sind diese natürlichen Fähigkeiten gesund entwickelt, können Kinder ihre Entwicklung in anderen Bereichen erfolgreich fortführen.

Die Förderung der Sinne beinhaltet auch, dass die Kinder zur Ruhe kommen müssen. Die Verarbeitung von Sinneseindrücken ist ganz wichtig, um nicht aufgrund von Überforderung unachtsam zu werden: Gefahren und Chancen bzw. Lernanreize können so leicht übersehen werden. Das richtige Mittelmaß zwischen Stimulierung und Ruhe zu finden ist nicht immer leicht, vor allem da jeder Mensch eine andere Reizschwelle hat. Achtsamkeit gegenüber sich selbst und anderen ist auch hier von Bedeutung.

Gefühle und Beziehungen

Beständige und liebevolle Beziehungen bilden die Grundlage seelischer Gesundheit. In einfühlsamen Beziehungen lernen Kinder Vertrauen zu haben und Rücksicht zu nehmen. Sie üben, Gefühle in Worte zu fassen, über Wünsche nachzudenken und eigenständige Beziehungen zu gestalten. Der Kindergarten kann dafür Raum bieten. Wenn Kinder in frühen Interaktionen nicht gelernt haben, Gefühle zu regulieren, werden sie von ihren Gefühlen überschwemmt. Gefühl und Reaktion stehen unverhältnismäßig nebeneinander. Reagieren Bezugspersonen auf die Gefühle des Kindes, lernt das Kind: Ich bewirke etwas, ich kann die Situation gestalten. Schon durch kleine Gesten der Erwachsenen, ein Kopfnicken, ein kurzes Handhalten, kann eine Eskalation der Situation vermieden werden, weil das Kind sich „gesehen" fühlt: Meine Mitteilung ist angekommen und wurde beantwortet. So kann sich das Kind in einer schwierigen Situation beruhigen und wird nicht von seinen Gefühlen überwältigt.

Stabile Beziehungen sind für die Regulationsfähigkeit in Bezug auf Verhaltensweisen und Gefühle notwendig und grundlegend. Zu einer Beziehung gehören unterschiedliche Gefühle: Liebe, Kummer, Wut, Zorn, Ablehnung, Verzweiflung, Freude, Spaß etc. Kinder dürfen nicht den Eindruck gewinnen, dass negative Gefühle zum Abbruch der Beziehung führen. Eltern und Erzieher/innen haben daher die Aufgabe, auch negative Gefühle und Stimmungen der Kinder auszuhalten und aufzufangen, ohne die Beziehung in Frage zu stellen. Wut und Aggression müssen akzeptiert werden. Der emotionale und intellektuelle Dialog zwischen Bezugspersonen und Kind in einer stabilen, respektvollen und einfühlsamen Beziehung fördert die Entwicklung von Selbstwertgefühl, Lernmotivation und Selbstwirksamkeit.

Der Mensch ist ein emotionales und soziales Wesen. Zur emotionalen Bildung gehört daher auch, Teil einer Gemeinschaft zu sein. Dies bedeutet, Zusammengehörigkeitsgefühl zu entwickeln, miteinander kommunizieren zu können, sich gemeinsam mit anderen Menschen Ziele zu stecken und sie zu erreichen. Die Identifizierung von und mit Werten, Selbstreflexion und die aktive Zukunftsplanung gehören ebenso dazu wie sich in einer Gemeinschaft aufgehoben zu fühlen. Menschen können auf Dauer nicht allein existieren. Kinder sind noch stärker auf die Unterstützung von und den Kontakt zu anderen Menschen angewiesen. Sie brauchen soziale Kontakte, um in der Welt ihren Platz zu finden: Wo gehöre ich hin? Wo komme ich her? Das sind menschliche Fragen, die mit den Kindern geklärt bzw. gelebt werden können. Der Lebensraum, der durch das soziale Netz geschaffen wird, ist der Ort, an dem Kinder sich entwickeln können. Es ist sinnvoll und notwendig, diese verschiedenen Lebensräume – z. B. Kindergarten und Familie – zu verbinden. Damit die Kinder nicht auf dem Weg „von einem Ort zum anderen" verloren gehen: körperlich, sozial, intellektuell oder emotional.

Gefühle in der Kindergruppe

Es ist wichtig, die für die einzelne Gruppe wichtigen Fragestellungen und Entwicklungschancen herauszufinden und zu nutzen. Die Anerkennung des Entwicklungsstandes eines jeden Kindes ist ein grundlegender Aspekt bezüglich der emotionalen Bildung. Die Erwartungen müssen diesem angepasst sein. In einer strukturierten Umgebung mit klaren Grenzen, die konsequent eingehalten werden (ohne das Kind an der Konsequenz zerbrechen zu lassen), können Kinder Enttäuschungen überwinden, Toleranzgrenzen der eigenen Frustration erforschen und Verluste ertragen. So werden sie in die Lage versetzt, Kompetenzgefühl zu entwickeln, Problemlösungsstrategien und Selbstbehauptung zu erlernen. Kinder brauchen das Gefühl, geborgen zu sein, unterstützt und geliebt zu werden. Das ist die Voraussetzung für die Entwicklung eines gesunden Selbstwertgefühls. Aus diesem Gefühl heraus können z. B. Grenzen und Regeln sehr viel besser verstanden und akzeptiert werden als aus einem Gefühl der Minderwertigkeit heraus.

Die Prävention von Gewalt gegen Kinder ist ein weiterer Gesichtspunkt dieses Bildungsbereichs. Die Überschreitung der Grenze des anderen beginnt schon da, wo ich seine Bedürfnisse nicht respektiere, ihn als Person in Frage stelle, weil er nicht tut, was ich möchte oder erwartet habe. Es gehört also im alltäglichen Leben dazu, den Kindern Respekt vor dem anderen dadurch zu vermitteln, dass man ihnen selbst respektvoll begegnet – auch in schwierigen Situationen. Den kindlichen Willen zu respektieren heißt nicht, ihm immer nachzugeben, sondern ihn anzunehmen: „Ja, ich habe verstanden, dass du das möchtest oder nicht möchtest. Im Moment kann ich diesem Wunsch nicht nachgeben, weil …"

Gerade aggressive Kinder haben häufig das Gefühl, dass ihren Bedürfnissen und ihrer Person nicht genügend Aufmerksamkeit gewidmet wird. Manchen Kindern hilft schon der Hinweis: „Ich habe dich mit deinen Bedürfnissen wahrgenommen. Du bist hier, gehörst dazu. Du bist wichtig."

Vier Aspekte der zwischenmenschlichen Kommunikation sollen hier genannt werden, deren Umsetzung den Alltag, nicht nur im Kindergarten, erleichtern können:

- die Wertschätzung der Person, auch bzw. besonders der kindlichen Persönlichkeit;
- die Anerkennung der Leistung des anderen, auch wenn es nicht die erwartete war;
- die Beachtung der Bedürfnisse des anderen;
- die positive Verstärkung der guten Seiten statt der Ablehnung der negativen Seiten.

Fazit

Emotional kompetente Kinder sind den Umständen unserer individualisierten und modernisierten Welt, mit hohen Ansprüchen an Flexibilität, Kreativität, Mobilität und Selbstverantwortung, besser gewachsen. Es muss das Ziel der emotionalen Bildung sein, die Gefühle und Bedürfnisse jedes einzelnen Kindes zu respektieren sowie sorgsam und vertraulich zu behandeln. Emotionale Entbehrungen untergraben den menschlichen Geist und die Fähigkeit, für jetzige und künftige Generationen zu sorgen. Daher ist die seelische, geistige und körperliche Gesundheit von Kindern nicht nur für sie selbst wichtig und förderungswürdig, sondern auch für die Erhaltung der Menschheit als Ganzes. Das Wohl jedes einzelnen Kindes ist mit dem Wohl aller Kinder dieser Welt untrennbar verbunden.

Anmerkung: Einige der praktischen und theoretischen Erkenntnisse habe ich im Rahmen meiner Tätigkeit als Autorin und Leiterin des Pilotprojekts „Kindergarten plus" der „Deutschen Liga für das Kind" gesammelt, ein Programm zur Förderung der sozialen und emotionalen Kompetenzen im Kindergarten.

Literatur

Binder, Ute (1996): Empathie und kognitive soziale Perspektivenübernahme

Birkenbihl, Vera F. (2000): Kommunikationstraining. (23. Aufl.) München: Mvg Verlag

Bischof-Köhler, Doris (1989): Spiegelbild und Empathie. Bern: Hans Huber Verlag

Brazelton, Thomas B. & Greenspann, Stanley I. (2002): Die sieben Grundbedürfnisse von Kindern. Weinheim, Basel: Beltz

Denham, Susanne A. (1998): Emotional Development in Young Children. New York: Guildford Press

Ekman, Paul (1988): Gesichtsausdruck und Gefühl. Paderborn: Jungfermann

Elschenbroich, Donata (2001): Weltwissen der Siebenjährigen. München: Goldmann

Epstein, Seymour (1993): Emotion and self-theory. In: Michael Lewis et al. (Hrsg.): Handbook of emotions. New York: Guilford Press, S. 313–326

Halberstadt, Amy G.; Denham Susanne A. & Dunsmore, Julie C. (2001): Affective social competence. Social Development, 10, 79–119

Goleman, Daniel (1997): EQ – Emotionale Intelligenz. München: Goldmann

Gottmann, John & DeClaire, Joan (1998): Kinder brauchen emotionale Intelligenz. München: Diana Verlag

Haffner, J. et al. (2001): Lebenssituation und Verhalten von Kindern im zeitlichen Wandel. Ergebnisse einer epidemiologischen Verhaltensstudie zu Lebensbedingungen, Verhalten und Problemen von Kindern zu Beginn und Ende der Grundschulzeit. Gesundheitsbericht Rhein-Neckar-Kreis. Heidelberg

Harris, Paul L. (1992): Das Kind und die Gefühle. Bern: Hans Huber Verlag

Klein, Stefan (2002): Die Glücksformel. Reinbek bei Hamburg: Rowohlt

Körner, Jürgen (1998): Einfühlung: Über Empathie. In: Forum der Psychoanalyse 14, S. 1–17

Laewen, Hans-Joachim (2002): Die Selbstbildung des Kindes fördern. In: frühe Kindheit 01/02, S. 16–23

Laewen, Hans-Joachim & Andres, Beate (Hrsg.) (2002): Forscher, Künstler, Konstrukteure. Neuwied: Luchterhand

Maywald, Jörg (2002): Kleinkinder. In: Wolfgang Schröer (Hrsg.): Handbuch Kinder- und Jugendhilfe. Weinheim, München: Juventa Verlag

Meyer, Wulf-Uwe (1984): Das Konzept der eigenen Begabung. Bern: Hans Huber Verlag

Pfeffer, Simone (2002): Emotionales Lernen. Ein Praxisbuch für den Kindergarten. Weinheim: Beltz

Prior, Manfred (2002): MiniMax-Interventionen. Heidelberg: Carl-Auer-Systeme-Verlag

Resch, Franz & Möhler, Eva (2001): Wie entwickelt sich die kindliche Persönlichkeit? Beiträge zur Diskussion um Vererbung und Umwelt. In: Michael Wink (Hrsg.): Vererbung und Milieu. Berlin: Springer

Resch, Franz (1999): Frühe Kindheit und Persönlichkeitsentwicklung. In: frühe Kindheit 01/99, S. 6–11

Resch, Franz (1999): Kind und Familie in der postmodernen Gesellschaft. In: frühe Kindheit 04/99, S. 12–17

Salisch, Maria von (2000): Wenn Kinder sich ärgern. Emotionsregulierung in der Entwicklung. Göttingen, Bern: Hogrefe

Salisch, Maria von (2001): Der Ton macht die Musik, der Gesichtsausdruck ist die Botschaft: Nonverbale Kommunikation und ihre Entwicklung. In: Fundiert FU Wissenschaftsmagazin

Salisch, Maria von (2002): Emotionale Kompetenz entwickeln. Stuttgart: Kohlhammer

Schäfer, Gerd E. (2002): Bildung beginnt mit der Geburt. In: frühe Kindheit 01/02, S. 10–15

Salovey, Peter; Hsee, Christopher K. & Mayer, John D. (1993): Emotional intelligence and the self-regulation of affecct. In: D. Wegner & J. Pennebatar (Eds.): Handbook of mental control. S. 258–277, Englewood Cliffs, NJ: Prentice-Hall

Schneewind, Julia & Landowsky, Anja (2003): Kindergarten plus. Konzeption und praktische Ausgestaltung eines Programms zur Förderung der sozialen und emotionalen Kompetenz. unveröffentlicht

Silbereisen, Rainer K. (1995): Soziale Kognition: Entwicklung von sozialem Wissen und Verstehen. In: Rolf Oerter & Leo Montada (Hrsg.): Entwicklungspsychologie. Weinheim: Beltz

Verlinden, Martin & Haucke, Karl (1984): Einander annehmen. Soziale Beziehungen im Kindergarten: Ziele und Anregungen für Erzieher. Stuttgart: Kohlhammer

Wild, Rebeca (2001): Erziehung zum Sein. Erfahrungsbericht einer aktiven Schule. Emmendingen: Arbor Verlag

Sigrid Ebert

Ich, du, wir und die Anderen – Soziale Bildung im Kindergarten

Soziale Bildung umfasst mehr als die Entwicklung sozialer Verhaltensweisen. Die PISA-Studie hat deutlich gezeigt, dass viele leistungsschwache Kinder über keine autonome, selbstbewusste Persönlichkeitsstruktur verfügen und insbesondere auch in ihrem Sozialverhalten Selbstwertprobleme zum Ausdruck bringen. Soziale Bildung ist deshalb nicht nur Voraussetzung dafür, dass kognitive Bildungsprozesse gelingen, sondern stellt überdies einen wesentlichen Faktor für das emotionale Wohlbefinden und damit für die Lern- und Leistungsmotivation des Kindes dar. Diesen Zusammenhängen nachzuspüren und sie zu begründen ist das zentrale Anliegen dieses Beitrags.

Ausgangspunkt meiner Ausführungen ist das sich entwickelnde soziale Selbstbewusstsein des Kindes. Dabei geht es auch um die Eigenleistung des kleinen Kindes und den damit verbundenen pädagogischen Anspruch. Die soziale Bildung des Kindes ist in zweifacher Hinsicht als Selbstbildungsprozess zu verstehen: zum einen in Bezug auf die Entwicklung einer sozialen Identität, um die Erfahrungen des Kindes, die es als „Ich und die Anderen" bzw. auch als „Ich als Anderer" macht, zum anderen um die Eigentätigkeit des Kindes, wenn es sich soziales Wissen erschließt.

Dieses soziale Wissen umfasst auf der inhaltlichen Ebene das Lernen von kulturellen Inhalten, von Rollen, Normen und Werten. Soziales Wissen wird aber auch auf der Beziehungsebene erworben und das bedeutet, dass Kinder Personen, die für sie wichtig sind, nachahmen, dass sie sich mit ihnen identifizieren, sich deren Rollenstrukturen und Moralvorstellungen zu Eigen machen. Nicht zuletzt handelt es sich bei diesem sozialen Lernen auch um ein kognitives Lernen. Kinder lernen soziale Ordnungsstrukturen als Regelsysteme für das soziale Zusammenleben zu erfassen und damit mehr oder weniger erfolgreich umzugehen. Soziales Verhalten erwerben Kinder nicht durch ein spezielles Förderprogramm, sondern vor allem durch konstruktive soziale Erfahrungen und eine die Identitätsentwicklung unterstützende Erziehung in der Familie und im Kindergarten. Die folgenden Ausführungen zeigen zunächst unter entwicklungspsychologischen Aspekten, wie Kinder sich dieses soziale Wissen aneignen.

Entwicklungspsychologische Grundlagen der sozialen Bildung

Ergebnisse der neueren Säuglingsforschung verweisen auf den großen Einfluss, den Emotionen auf die kognitive Verhaltenssteuerung und auf die Selbst-Entwicklung von der Geburt bis etwa zur Mitte des zweiten Lebensjahres haben. Zentral sind vor allem solche emotionalen Erfahrungen, die das Kind in sozialen Interaktionen mit seinen Bezugspersonen macht und die sich auf die grundlegenden Bedürfnisse nach Bindung und Selbstwirksamkeit beziehen. Von Geburt an ist das Kind sowohl auf Personen wie auch auf Objekte neugierig und tritt zu ihnen in eine interaktive Beziehung. Abhängig von der Qualität dieser Interaktionen und den daraus entstehenden Bindungen entwickelt sich die Fähigkeit des Kindes, sich forschend mit den Dingen und den Menschen seiner Umwelt auseinander zu setzen und sein soziales, emotionales und kognitives Verhaltensspektrum zu erweitern. Schon bei Kindern in der zweiten Hälfte des ersten Lebensjahres ist zu beobachten, dass solche Erfahrungen der Selbstwirksamkeit mit positiven Gefühlszuständen verknüpft sind. Langzeituntersuchungen belegen, dass dagegen unsicher gebundene Kinder, d. h. Kinder, die nur eingeschränkt positive Interaktionen mit ihren Bezugspersonen erleben und kein stabiles Selbstvertrauen aufbauen können, nicht nur sehr viel unkonzentrierter und flüchtiger in ihrem Spiel sind, sondern auch größere Probleme im Zusammensein mit anderen Kindern zeigen.

Die Spuren, die diese Selbsterfahrungen bezogen auf Autonomie und Kompetenz beim Kind hinterlassen, sind Wegbereiter für den Erwerb sozialer Kognitionen. Denn die Fähigkeit des Menschen, die psychische Verfassung eines anderen zu erkennen und zu verstehen, ist im hohen Maße davon abhängig, in welcher Weise er sich als Kind von seiner Bezugsperson verstanden gefühlt hat.

Die Entwicklung der Vorstellungskraft

Zwischen dem 15. und 18. Monat setzt ziemlich schubhaft die Vorstellungstätigkeit beim Kind ein. Sie bildet die Grundlage für das Denken. Im Gegensatz zu den Wahrnehmungen, denen konkretes sinnliches Erleben zugrunde liegt, geht es bei Vorstellungen um Inhalte, die allein im Bewusstseinsapparat produziert werden, wie Gedanken, Begriffe, Fantasien. Sich etwas vorzustellen ist gleichermaßen ein gedankliches Probehandeln, ein mentales „Als-ob-Spiel". Die Fähigkeit, sich etwas, was real nicht vorhanden ist, dennoch vergegenwärtigen zu können, spielt für das sich nun profilierende Selbst-Bewusstsein eine zentrale Rolle. Bei dieser inneren Selbstrepräsentation geht es nicht nur um die Einschätzung der eigenen körperlichen Fähigkeiten, sondern auch um seelische Vorgänge wie Gefühle, Bedürfnisse, Erinnerungen und nicht zuletzt die Beziehungen zu Menschen, die dem Kind nahe stehen und ihm wichtig sind. Sie stellen gewissermaßen den sozialen Spiegel dar, in dem das Kind sich wahrnimmt und seine Selbsterfahrungen reflektiert. Im Spannungsverhältnis von Abgrenzung und Identifikation, von Distanz und Nähe, von Autonomie und Bindung organisiert das Kind seine Selbsterfahrungen und ordnet diese zu einem Selbstkonzept. Dazu gehört auch das so genannte „soziale Selbst", also die Beziehungsfähigkeit des Kindes, sein soziales Verhaltensrepertoire sowie sein Geschlechtsrollenverständnis. Erst dieses reflektierte Selbstbewusstsein ermöglicht es dem Kleinkind, sich selbst zum Objekt seiner Vorstellungen und Handlungen zu machen.

Das erwachende Selbstbewusstsein führt auch zu ersten Autonomiekonflikten mit den Bezugspersonen. Nicht nur das eigene Selbst, sondern auch der Andere wird vom Kind als Objekt vergegenwärtigt und bewertet („böse Mama"). Aber noch erscheint der Andere als einer im Prinzip von derselben Art, als einer, der so ist, wie man selbst. Das erklärt das Phänomen der Empathie bzw. der sozialen Identifikation – Grundvoraussetzung für pro-soziales Verhalten – zu dem schon Zweijährige in der Lage sind.

Die Entwicklung der Empathiefähigkeit

Zunächst ist die Empathiefähigkeit ein ausschließlich emotionaler Erkenntnismechanismus. Die Fähigkeit zum Mitfühlen, die schon bei Zwei- bis Dreijährigen zu beobachten ist, ist ein wichtiger Impulsgeber für den Erwerb pro-sozialer Verhaltensweisen. Allerdings hängt das tatsächliche soziale Verhalten der Kinder in diesem Alter noch stark von der aktuellen eigenen Gefühlslage ab. Aus der Bindungsforschung ist bekannt, dass die Förderung des Einfühlungsvermögens, insbesondere das Mitfühlen, von der Erziehungsqualität abhängig ist. Je weniger Empathie das Kind erfährt, umso geringer wird seine Empathiefähigkeit gefördert. Ein relevanter Faktor dafür, ob es in einer bestimmten Situation zu pro-sozialem Verhalten kommt oder nicht, evtl. sogar umschlägt zu sozial-negativem Verhalten, ist die Beziehung des Kindes zum anderen Kind. Unsicher gebundene Kinder sehen im anderen Kind – trotz seiner Notlage – eher den Rivalen, was den Blick für dessen Hilfsbedürftigkeit verstellt.

Soziale Bildung als Bedeutungsbildung

Mit etwa dreieinhalb Jahren beginnt das Kind sich eine Meinung zu bilden („theory of mind"), es macht sich aktiv die Welt begreiflich, indem es den Dingen, Ereignissen und Menschen eine individuelle Bedeutung gibt. Piaget hat dies als Prozess der Bedeutungsbildung beschrieben. Demnach ist unter frühkindlicher Bildung nicht das zu verstehen, was Erwachsene meinen als Wissen an das Kind vermitteln zu müssen. Vielmehr geht es um das Wissen, welches das Kind selbst produziert. Es setzt sich zu dem, was es erlebt und erfährt, individuell in Beziehung. Indem es Einsichten formuliert bzw. einen Standpunkt bezieht, gibt es den Ereignissen einen Sinn, eine Bedeutung.

Dieser Prozess der Bedeutungsbildung schließt die sozialen Erfahrungen, das soziale Wissen sowie das moralische Urteilen mit ein. Das Kind gibt dem sozialen Handeln von Menschen eine Bedeutung. Es beginnt, sich auch in den Anderen hineinzudenken, im Sinne des „Was würde ich an seiner Stelle tun?" Dieses Sich-Einfühlen und -Eindenken in andere, die damit verbundene Fähigkeit zum Perspektivwechsel ist ein selbstreflexiver Prozess, der pädagogisch zu unterstützen ist und weniger von seinem Ergebnis her, im Sinne von „falsch" oder „richtig", bewertet werden sollte. Für die pädagogische Praxis ist es wichtig herauszufinden, welche Faktoren das Kind veranlassen, menschlichem Handeln Bedeutung zu verleihen, seine Bedeutungen zu verteidigen, einzuordnen, aufzugeben und wieder neue aufzubauen. Es geht also darum, wie die ungeheure Lernbereitschaft und Lernfähigkeit, die das Kind „bewegt", unterstützt werden kann. Gleichzeitig gilt es zu beobachten, was sich hemmend auf diesen Prozess der Bedeutungsbildung und damit auch auf den Prozess der sozialen Bildung auswirken könnte.

Mit den kognitiven Fähigkeiten wie Empathie und Perspektivwechsel kann das Kind seinem Forscherdrang, die Welt zu verstehen, weitere Erkenntniswege und Handlungsoptionen eröffnen, insbesondere auch, was seine sozialen Interaktionen betrifft. Die Fähigkeit zur Perspektivübernahme beinhaltet nämlich auch, dass das Kind in der Lage ist, sowohl die Absichten und Intentionen des anderen zu erkennen und dessen Standpunkt zu berücksichtigen wie auch diesem entgegenzuwirken und dem eigenen Standpunkt Geltung zu verschaffen.

Empathiefähigkeit und Perspektivwechsel erweitern die soziale Motivation des Kindes beträchtlich. Zunehmend wird die Gruppe der Gleichaltrigen zum wichtigen Impulsgeber für das soziale Lernen. Bevor ich jedoch darauf eingehe, ein paar Bemerkungen zur Rolle der Erzieher/innen in diesem Prozess.

Soziale Bildung und pädagogische Beziehung

Alle Bindungserfahrungen, die ein Kind mit seinen Bezugspersonen macht, fließen in die Gestaltung seiner Beziehungen zu Gleichaltrigen ein. Dabei sind nicht nur die familialen Beziehungserfahrungen von grundlegender Bedeutung. In ergänzender, mitunter auch kompensatorischer Weise gilt das auch für die Beziehungsqualität zwischen Kind und Erzieher/in. Der praktizierte Erziehungsstil spielt dabei eine besondere Rolle. Optimal ist ein als „autoritativ" bezeichnetes Erziehungsmuster: Kennzeichnend für diesen Erziehungsstil ist eine liebevolle, fürsorgliche Beziehung zum Kind, die Vorgabe konsistenter Regeln und fester Grenzen, aber auch Ermutigung zur offenen Diskussion, zur klaren Kommunikation mit Begründung der Regeln, die auch verändert werden können, wenn dies gerechtfertigt ist.

Neuere Untersuchungen zum Erziehungsstil weisen darauf hin, dass trotz der noch großen Abhängigkeit des Kindergartenkindes von der Bezugsperson und dem damit verbundenen Machtgefälle sich auch unter diesen ungleichen Interaktionspartnern schon ein Aushandeln von Standpunkten und Ansprüchen vollziehen kann. James Yonniss hat für die gemeinsame Konstruktion verbindlicher sozialer Regeln zwischen Bezugsperson und Kind den Begriff „Ko-Konstruktion" eingeführt. Zum wechselseitigen Verstehen und Aushandeln zwischen Erzieher/in und Kind beispielsweise bei Rollen- bzw. Positionskonflikten kommt es dann, wenn die Erzieher/innen sich zum Ziel setzen, in jedem Fall eine für beide Parteien befriedigende Interaktionssituation herzustellen. Dazu ist es erforderlich, dass sich Erzieher/in und Kind gegenseitig schlüssig darstellen, was sie wollen, was ihre Interessen und Ansprüche sind, d. h. sich wechselseitig respektieren. Die Erzieherin/der Erzieher stellt das Kind nicht bloß, bestätigt die vom Kind eingebrachte Eigenleistung und geht sensibel und verständnisvoll mit den Autonomieansprüchen des Kindes um. Im Widerstreit zwischen Beziehungswünschen und Autonomiebedürfnissen zeigen Kinder – wenn sie dazu Gelegenheit bekommen – ein fantasievolles Repertoire an Lösungswegen und entwickeln differenzierte Theorien, die sie zur Begründung heranziehen, um Forderungen mehr oder weniger bereitwillig zu erfüllen oder ihnen Widerstand entgegenzubringen. Empathiefähigkeit, Perspektivwechsel, aber auch ein wachsendes Kausalitätsverständnis versetzen das Kind in die Lage, argumentierend, aber auch kompromissbereit und um Verständigung bemüht mit den Erzieherinnen/Erziehern zu kooperieren.

Die autoritative Erziehungshaltung, die grundsätzlich an Gleichheit und Gegenseitigkeit orientiert ist, veranlasst das Kind seinerseits, eine an Gleichheit und Gegenseitigkeit orientierte Moral im Umgang mit anderen Menschen zu entwickeln. Sie bietet eine bessere Gewähr für eine erfolgreiche Ausdifferenzierung moralischer Motive im Sozialverhalten des Kindes als eine permissive oder eine autoritäre Erziehungshaltung, die oft zu problematischen Verhaltensmustern wie geringer Selbstkontrolle, wenig sozialem Verantwortungsbewusstsein und Selbstwertproblemen des Kindes führen. Der Grund dafür liegt darin, dass weder die autoritäre noch die permissive Erziehungshaltung Kindern mit realistischen Erwartungen begegnet und keine strukturierten Hilfestellungen bietet. Genau darin besteht aber die Unterstützung, die Kinder von erwachsenen Bezugspersonen im Zuge ihrer Identitätsentwicklung brauchen. Dies stellt neben der emotionalen Anteilnahme auch eine wichtige Voraussetzung für die Herausbildung moralischen Empfindens dar.

In der psychologischen Forschung zur Moralentwicklung bei Kindern stand lange Zeit das moralische Urteilsvermögen, also das kognitive Verständnis von Moral im Mittelpunkt. Wichtiger für die pädagogische Praxis ist aber die Frage nach den moralischen Motiven, d. h., warum Kinder sich so oder so verhalten. Es genügt nicht nur zu wissen, dass es eine Norm bzw. eine Verhaltensregel gibt, sondern es muss dem Kind auch persönlich wichtig sein, diese zu befolgen. Schon kleine Kinder wissen, dass man in Notsituationen helfen soll, sie kennen auch die Verbindlichkeit dieser Regeln und wissen, dass man sie um ihrer selbst befolgen soll und nicht wegen befürchteter Nachteile. Aber Normen und Werte zu kennen und sie sich zu Eigen zu machen ist zweierlei. Zentral beim moralischen Verhalten ist das Zusammenspiel von rationalem Denken und sozialen Emotionen.

Für unser Sozialleben ist ein Wissen ohne zu fühlen nicht sehr hilfreich. Das könnte vielleicht auch erklären, warum erwachsene Menschen nicht von „Rechtswissen", sondern von „Rechtsempfinden" sprechen, wenn es um Fragen der Gerechtigkeit geht. So ist es auch nur verständlich, dass die Moralentwicklung bei Kindern unmittelbar verknüpft ist mit dem Fühlen und dem Mitfühlen der beteiligten Akteure.

Der Aufbau einer eigenen moralischen Motivation ist also eingebettet in die sozial-emotionalen Beziehungserfahrungen, die das Kind mit ihm wichtigen Erwachsenen macht. Im Kindergartenalter prägen dann zunehmend auch die sozialen Rückmeldungen, die das Kind von den Gleichaltrigen erfährt.

Die Bedeutung der Gleichaltrigen

Freudig erregte Verhandlungen wie auch heftige Streitigkeiten sind im Kindergarten ein deutliches Zeichen für ein aktives Sozialleben der Kinder. Im Kindergartenalter beginnen die Kinder sich anzustrengen, mit anderen Kindern klar zu kommen, vermitteln sich körperlich wie auch verbal ihre Ideen und Interessen und verständigen sich darüber, was sie zusammen machen wollen. Aber gerade die Vier- und Fünfjährigen tun sich in solchen sozial offenen Situationen noch schwer, diese ohne Streit zu klären und zwar deshalb, weil sie die eigene Sicht der Dinge noch oft für die einzig richtige halten und bei Widerstand leicht von aggressiven Impulsen überrollt werden. Im gemeinsamen Spiel sind auch auftretende emotionale Spannungen zu überwinden. Von daher ist es verständlich, dass für Kinder in diesem Alter ein Freund derjenige ist, mit dem man nicht dauernd streiten muss. Erst die Älteren wissen, dass konfliktreiche Auseinandersetzungen zur Freundschaft dazugehören.

Je jünger die Kinder sind, desto unvermittelter prallen nicht übereinstimmende Vorstellungen aufeinander, weil ihnen zunächst gar nicht in den Sinn kommt, dass jemand anders – zumal wenn er gleichaltrig ist – anderer Meinung sein kann. Zudem fordern die sozialen Interaktionen und Aushandlungen mit Gleichaltrigen andere kommunikative Strategien als die mit den erwachsenen Bezugspersonen, und es fehlt die emotionale Sicherheit, die sie in konfliktreichen Situationen und Prozessen mit Erwachsenen auffängt. Gerade der Kindergarten kann jedoch eine Lernumwelt bieten, die im geschützten Sozialraum den Kindern hilft, die schwierige Entwicklungsaufgabe der sozialen Selbst-Bildung zu meistern. Es sind die konfliktreichen, strittigen Situationen in der Kindergruppe, die die Kinder herausfordern, gemeinsame Bedeutungen, Regeln, Lösungen zu finden und neue Perspektiven zu entwickeln.

Gemeinsame Konstruktion sozialer Wirklichkeit

Von den als ebenbürtig wahrgenommenen Gleichaltrigen geht also ein entscheidender Entwicklungsimpuls aus. Wegen des noch geringen Machtgefälles unter den Kindern ist eine wirklich kooperative Konstruktion sozialer Regeln möglich. Vor allem hier kann sich eine durch persönliche Einsichten gewonnene autonome Moral beim einzelnen Kind entwickeln.

Entwicklungsanstöße gehen besonders von solchen Aushandlungen aus, wo der andere nicht einfach überstimmt, sondern mit seiner Gegenposition akzeptiert wird bzw. wo beide Positionen als diskutabel erscheinen. In solchen Situationen erleben die Kinder, dass sie ein Kind unter vielen sind und dass alle Kinder eigene Ziele und Wünsche haben, gegenüber denen man sich behaupten und mit denen man sich abstimmen muss. Um die Beziehungen miteinander aufrechtzuerhalten, lernen sie nicht nur Standpunkte zu formulieren, sondern auch Gefühle zu zeigen und sich zu kontrollieren. Anders als in der Familienwelt wird in der Gleichaltrigengruppe vom Kind erwartet, dass es nicht einfach nur dabei ist oder lediglich mitmacht, sondern es muss Verantwortung für seine Interessen übernehmen wollen und dies auch bekunden lernen – wenn es nicht Gefahr laufen will, als „Nachmacher" ausgegrenzt zu werden. Das Kind erfährt sich als auf sich allein angewiesen und zugleich als Teil einer sozialen Gruppierung, die aber nicht durch die Erzieher/innen vorgegeben, sondern von den Kindern in jeder offenen Freispielsituation selbst geschaffen wird.

Gemeinsam beginnen die Kinder diese soziale Wirklichkeit, in die sie gestellt sind, zu konstruieren, indem sie jeweils individuell etwas dazu beitragen, um mit den anderen eine für alle verbindliche soziale Wirklichkeit zu schaffen. Sie reden, lachen, streiten und raufen, um herauszufinden, was eine gemeinsame Basis für ihr Zusammenspiel sein kann. Sie sind in Ungewissheit, wer seine Interessen durchsetzen kann, entwickeln Konfliktstrategien. Sie gewinnen Erkenntnisse über sich selbst und darüber, wie sie von anderen wahrgenommen werden. Sie erleben Macht und auch Ohnmacht. Die Einsicht in die Notwendigkeit des Aushandelns ist kein friedlicher Prozess und nicht selten bricht – wie übrigens bei Erwachsenen in solchen Situationen durchaus auch – ein Verhalten durch, das man als „egozentrisch" bezeichnen könnte: Die Kinder drohen, manipulieren, schmeicheln, kämpfen, um sich zu behaupten – es geht also auch um Zwang, um Übergriffe, Dominanzgehabe und um Positionskonflikte.

Es ist ein mühsamer Weg, bis die mit den anderen ausgehandelte und nunmehr geteilte soziale Wirklichkeit von den Kindern auch als Sicherheit gebend erlebt werden kann. Das gemeinsame Spiel wird erst dann zu einem Zusammenspiel, wenn jedes Kind das Gefühl hat, am richtigen Platz und anerkannt zu sein.

Rang- und Regelstrukturen

Bereits im Vorschulalter sind in der Kindergruppe Rangstrukturen zu beobachten. In der Regel werden von den Vier- bis Fünfjährigen noch alle möglichen Varianten eingesetzt, um einem Autonomieanspruch Geltung zu verschaffen. Das sind neben körperlichen Versuchen, andere einzuschüchtern, oder sonstigem Dominanzverhalten vor allem Strategien, sich durch spezifische Eigenschaften Geltung und Anerkennung zu holen. Durch besondere Fähigkeiten oder auch durch attraktive Besitztümer versucht man, andere zu beeindrucken und für sich zu gewinnen. Schon bei den Fünf- bis Sechsjährigen kann sich eine individuelle Akzentuierung der einen oder anderen Verhaltensstrategie abzeichnen. Es wird jedoch deutlich, dass nicht der körperlich Stärkere dabei hohes Ansehen in der Gruppe genießt, sondern es sind diejenigen, die Verhaltensweisen zeigen, die die Gruppe schätzt, wie z. B. Spiele vorschlagen; Ideen haben; die Rolle des Beschützers einnehmen; jemand sein, den man sich zum Freund wünscht. Gerade das Letztere sollte als soziales Motiv nicht unterschätzt werden, denn eine neue Sicherheit erfahren Kinder in der Kinderwelt erst dann, wenn ihre Wünsche nach einem anregenden Zusammensein mit anderen Kindern und nach einer Freundin oder einem Freund, die bzw. der einem zur Seite steht, erfüllt werden.

Schaut man sich die Inhalte genauer an, über die die Kinder sich streiten, dann sind es solche, die für ihre Suche nach Ordnung und Sinnhaftigkeit im Zusammenspiel mit anderen von Bedeutung sind. Unablässig bemühen sie sich, zu einer Vereinbarung zu kommen über das, was gelten soll: „Darf Anna den Polizisten spielen, obwohl sie ein Mädchen ist? Auch David muss einmal das Baby sein, weil jeder einmal das Baby spielen soll!" In einem solchen Austausch von Argumenten bewegen sich die Kinder schrittweise hin zu einer untereinander auszuhandelnden Moral. Dabei begreifen sie, was persönliche Meinung, was Konventionen und was Definitionen sind. Letztlich spiegeln diese Streitereien das wider, worum es eigentlich geht: individuelle Balance von Autonomie und Beteiligung; Eigenverantwortung; das Recht, mitreden zu dürfen; Gleichheit. Selbstverständlich ist die Vorstellung von Gleichheit noch unfertig. Aber sie entspricht den Kriterien, die den Kindern in dieser Altersstufe zur Verfügung stehen.

Bei all diesen Prozessen geht es aber auch um vertrauensvolle Beziehungen, also um Bindung. Unter Freunden – getragen von der wechselseitigen Sympathie – sind auch die Aushandlungsprozesse weniger dramatisch, eher produktiv und höchst kooperativ. Darüber hinaus zeigen Untersuchungen, dass Kinder, die in freundschaftlichen Beziehungen integriert sind, nicht nur im Sozialverhalten, sondern auch im Bereich der Moralentwicklung und der kognitiven Entwicklung einen Vorsprung haben.

Pädagogische Überlegungen

Soziale Bildung ist – wie alle Bildung – eine persönliche Lernhaltung. Wie beim Sachlernen geht es um selbsttätiges Forschen und darum, sich zu anderen Menschen in Beziehung zu setzen. In diesem Prozess kann die Vermittlung von sozialem Wissen, das Lernen von Regeln, Normen und Werten, eine Hilfe sein. Soziales Lernen ist aber nicht gleichzusetzen mit sozialer Bildung. Soziale Bildung ist Ausdruck von persönlicher Autonomie, von Beziehungsfähigkeit. Sie umfasst das Wissen um die eigene Kompetenz. Soziale Erziehung unterstützt den Beziehungsaspekt dieser Selbst-Bildung, die Verknüpfung von Bildungsprozessen mit sozialen Beziehungen, die vor allem in der frühen Kindheit aufs Engste verwoben sind.

Voraussetzungen schaffen für ein reichhaltiges Sozialleben

Es ist nicht nötig, spezifische Möglichkeiten zum sozialen Lernen zu schaffen. Sie ergeben sich im Alltag des Kindergartens, im Rahmen des gemeinsamen Spielens, Gestaltens, Lernens. Kinder im Kindergarten sollten allerdings die Gelegenheit haben, unterschiedliche soziale Beziehungserfahrungen zu machen – Beziehungen zu Erwachsenen, zu Gleichaltrigen, zu älteren und jüngeren Kindern. Dabei stellt die Interaktion in einer altersgemischten Gruppe andere soziale Anforderungen an das Kind als die Interaktion mit Gleichaltrigen. Und wieder andere Aufgaben müssen im Umgang mit Erwachsenen bewältigt werden. Nur in einem reichhaltigen Sozialleben kann sich das Kind umfassend soziale Inhalte wie Regeln, Moralvorstellungen und Rollenerwartungen erschließen.

Kinder sollten möglichst unmittelbar mit anderen Kindern zusammen Probleme lösen lernen, um eine Balance zu finden zwischen Selbstanspruch und Integration. Erfolgreich gelingt das zumeist mit etwa Gleichaltrigen, weil diese ähnliche Denkvoraussetzungen und Interessen haben. Zwar ist es seit den Arbeiten von Piaget in der pädagogischen Praxis weitestgehend Konsens, dass man Kindern nichts beibringen kann, wenn sie nicht motiviert sind. Man kann sie aber dazu bringen, das, was sie können, so zu verändern, dass sie die Aufgaben, die sich im Zusammenleben mit anderen Menschen stellen, immer besser bewältigen. Das bedeutet, dass Erzieher/innen Lernangebote schaffen müssen, die den Kindern Gelegenheit geben, ihre bisherigen Fähigkeiten zu nutzen, zu verändern und zu erweitern. Unter diesem Aspekt erscheint mir das *alleinige* Arrangement altersgemischter Gruppen im Kindergarten nicht der optimale Impulsgeber für soziale Bildungsprozesse zu sein.

Respekt vor der Eigenleistung des Kindes

Wie beim Sachlernen geht es auch beim sozialen Lernen um die Veränderung von Erfahrungsbildern und um ein zunehmend komplexeres Denken in erfahrenen Zusammenhängen. Auch wenn Vorschulkinder bei der Einschätzung einer Situation noch nicht alle Aspekte berücksichtigen und in ihren Kausalitätserklärungen mitunter noch animistische Vorstellungen äußern, so haben sie doch Wichtiges schon erkannt. Sie versuchen mit den Mitteln, die ihnen bereits zur Verfügung stehen, etwas zu erklären. Sie prüfen, ob es sich um ein verwertbares Wissen handelt, ob es tauglich ist. Wenn also z. B. die dreijährige Marie vom Oberdeck eines Doppeldeckerbusses zusammen mit ihrer Mutter beobachtet, wie an jeder Haltestelle Menschen aus- und einsteigen und in diesem Zusammenhang feststellt, dass nur die zum Oberdeck führende Treppe und Marie und die Mutter nicht aussteigen, sondern immer mitfahren, so ist das eine zutreffende Beobachtung, die unsere Beachtung und Anerkennung verdient und die Ausgangspunkt sein sollte für Gespräche und die Klärung weiterer Fragen, die Marie im Zusammenhang mit ihrem Erlebnis beschäftigen. Wichtiger als die Diagnose von Defiziten und der Ausgleich von „Mängeln" durch didaktisch aufbereitete Lernangebote ist die Zuwendung und der Respekt vor der Eigenleistung des Kindes, das versucht herauszufinden, was ein Verhalten, ein Ereignis bedeuten könnte.

Auch moralische Grundsätze sind Abstraktionen, die erst aus der konkreten Anschauung bzw. aus der Ko-Konstruktion im Zusammenleben mit anderen Menschen für das Kind Bedeutung bekommen. Als brauchbares soziales Wissen – als „usable knowledge" – müssen sie sich erst im Umgang mit anderen bewähren. Das gilt für das Lernen sozialer Regeln ebenso wie für das Lernen mathematischer Formeln. Und hier wie da besteht die Aufgabe der Erzieher/innen darin, die Lernprozesse zu begleiten und zu unterstützten. Aus den sozialen Rückmeldungen der Erzieher/innen und in Begegnungen, die auf der Grundlage einer autoritativen Erziehungshaltung stattfinden, wird das Kind bei seinen Versuchen, Autonomiewünsche, Bindungsbedürfnisse und Kompetenzansprüche in Übereinstimmung zu bringen, Kraft schöpfen. Die Vorbildfunktion der Erzieher/innen spielt dabei eine wichtige Rolle.

Sich der Vorbildfunktion bewusst sein

Inwieweit sind Erzieher/innen selbst Vorbild für das Konstruieren der sozialen Wirklichkeit im Kindergarten? Engagieren sie sich bei den Suchbewegungen der Kinder, wenn diese versuchen herauszufinden, was richtig bzw. falsch, gut oder schlecht, gerecht oder ungerecht ist? Zeigen Erzieher/innen, dass auch sie nicht in jeder Hinsicht sozial kompetent sind, indem sie sich anregen lassen, ihr soziales Verhalten zu überdenken? „Gerecht" ist aus der Sicht der Kinder nicht derjenige, der fehlerfrei ist, sondern derjenige, der sich sozial offen und glaubwürdig verhält.

Auch wenn das unmittelbare soziale Umfeld, also die Erzieher/innen und die Kindergruppe, sicherlich das wichtigste Lernumfeld für soziale Bildungsprozesse des Kindes im Kindergarten ist, so sollte das allgemeine soziale Klima unter den pädagogischen Fachkräften sowie die Zusammenarbeit zwischen Erzieher/innen und Eltern nicht unterschätzt werden. Herrscht eine Kultur der prinzipiellen Gegenseitigkeit? Wie gehen die Erzieher/innen untereinander und wie gehen Eltern und Erzieher/innen miteinander um? Wie steht es um die Transparenz von Entscheidungsprozessen und wer kann wie mitentscheiden? Auf welche Weise werden die Kinder in das Sozialleben der Erwachsenen im Kindergarten einbezogen?

Es ist eine Binsenweisheit, dass soziale Strukturen stärker auf das soziale Verhalten des Einzelnen Einfluss nehmen als die Vermittlung sozialen Faktenwissens. Werteerziehung, verstanden als Vermittlung von Faktenwissen, das man den kleinen Kindern beibringen muss, greift nicht. Es bleibt träges Wissen, solange Kinder nicht selbstständig den Wert einer Regel für sich aus dem erfahrenen Sozialleben erschließen können, allerdings bedarf es dafür einer unterstützenden Erziehung.

Soziale Bildung ist kein Selbstläufer! Soziale Bildungsprozesse sind ohne eine die sozial-emotionalen Bedürfnisse des Kindes unterstützende Haltung der Erzieherin/des Erziehers nicht denkbar. Diese soziale Erziehung umfasst nicht nur das Interaktionsgeschehen zwischen Erzieher/in und Kind, sondern auch das zwischen Erzieher/in und Kindergruppe. Die Förderung des sozialen Selbst des Kindes ist nicht allein eine Frage der individuellen Förderung des Kindes, sondern mindestens ebenso eine gruppenpädagogische Aufgabe. Identität lebt von Abgrenzung. Um die Identitätsentwicklung des Kindes nachhaltig zu fördern, bedarf es im Kindergarten auch eines behutsamen, gleichwohl unterstützenden Einflusses auf das Interaktionsgeschehen zwischen Kind und Kindergruppe durch die Erzieherin und den Erzieher.

Literatur

Bischof-Köhler, Doris (1989): Spiegelbild und Empathie. Die Anfänge der sozialen Kognition. Bern: Huber Verlag

Ebert, Sigrid (1999): Das Kind als Bürger – Erziehung zwischen Schutz und Selbstbestimmung des Kindes. In: Christine Lost und Pamela Oberhuemer (Hrsg.): Auch Kinder sind Bürger. Hohengehren: Schneider Verlag, S. 41–50

Kegan, Robert (1994): Die Entwicklungsstufen des Selbst: Fortschritte und Krisen im menschlichen Leben. München: Kindt Verlag

Krappmann, Lothar (1992): Nun spielt doch endlich etwas Schönes. In: DISKURS 1, S. 44–50

Matsche, Renate (2001): Die Bedeutung von Eltern und Peers für Selbst-Bildungsprozesse von Kindern. In: DISKURS 1, S. 38–43

Renate Zimmer

Lernen durch Wahrnehmung und Bewegung – Grundlagen der Bewegungserziehung

In keinem anderen Lebensalter spielt Bewegung eine so große Rolle wie in der Kindheit und zu keiner Zeit war Bewegung aufgrund der Veränderungen in der kindlichen Lebenswelt so wichtig wie heute. Auf den ersten Blick gehört Bewegung zu den natürlichen und unmittelbaren Äußerungsformen kindlicher Lebensfreude: Kinder rennen und schaukeln, steigen und springen, klettern und balancieren, wo auch immer sie dazu Gelegenheit haben. Dies tun sie aus Lust an der Tätigkeit und den damit verbundenen Empfindungen, aber auch aus Interesse an den dinglichen und räumlichen Gegebenheiten. Bewegung und Spiel sind die dem Kind angemessenen Formen, sich mit der personalen und materialen Umwelt auseinander zu setzen, auf sie einzuwirken, die Welt zu begreifen und für sich jeweils neu zu konstruieren.

Bewegung ist damit ein wichtiges Medium der Erfahrung und Aneignung der Wirklichkeit und bietet vielfältige Gelegenheiten für eine ganzheitliche Bildung: Nicht nur des Körpers, sondern auch des Geistes, der Emotionen und der Sozialität. Körper und Bewegung sind zudem Mittler der Selbstständigkeitsentwicklung. Bewegungserziehung ist in diesem Sinne nicht nur eine Erziehung des Körpers, sie ist auch eine Erziehung und Bildung durch den Köper und die Bewegung.

Im Folgenden soll erörtert werden, in welchem Maße Bewegungserziehung zur Erfüllung des Erziehungs- und Bildungsauftrags des Kindergartens beitragen kann, worin die besonderen Bildungschancen dieses Bereiches liegen und wie dem Anspruch einer ganzheitlichen Bildung in der Praxis der Bewegungserziehung entsprochen werden kann.

Was Bewegung für die kindliche Entwicklung bedeutet

Begreift man Kinder als neugierige, aktive, selbsttätige Menschen, die durch eigene Erfahrung und unbeirrbares Tätigsein Schwierigkeiten meistern und Unabhängigkeit und Selbstständigkeit entwickeln, dann geraten insbesondere ihre Bewegungshandlungen ins Blickfeld. Im Vordergrund stehen dabei nicht nur die alltäglichen Bewegungsaktivitäten, die das Kind aus Lust an der Tätigkeit und aus Freude an allen körperlich-sinnlichen Erfahrungen vollzieht, sondern auch die Bewegungsangebote, die von der Erzieherin für die Kinder geplant, betreut und reflektiert werden.

Bewegungserziehung umfasst freie, selbstbestimmte Bewegungsaktivitäten der Kinder, insbesondere aber auch angeleitete, auf die besonderen Bedürfnisse und Voraussetzungen der Kinder abgestimmte Angebote. Dass Bewegungserziehung im Rahmen frühkindlicher Bildungsprozesse einen besonderen Stellenwert genießt, kann aus unterschiedlichen theoretischen Perspektiven begründet werden:

- Aus anthropologischer Sicht ist der Mensch ein auf Bewegung und Erfahrung angelegtes Wesen, das alle Sinne einsetzen muss, um sich ein Bild von der Welt und von sich selbst in ihr zu machen.
- Aus entwicklungspsychologischer Sicht benötigt das Kind vielfältige Gelegenheiten zum Explorieren und Erkunden seiner dinglichen und räumlichen Umwelt über Spiel und Bewegung.
- Aus lernpsychologischer und neurophysiologischer Sicht bilden Wahrnehmung und Bewegung die Grundlage kindlichen Lernens.
- Aus sozial-ökologischer Sicht sind Bewegungsangebote notwendig, um die durch den gesellschaftlichen Wandel bedingten Defizite der heutigen Lebenssituation auszugleichen.
- Aus gesundheitspädagogischer Sicht ist es unerlässlich, der Vielzahl der Bewegungsmangelerkrankungen, die viele Kinder bereits bei der Einschulung aufweisen, entgegenzuwirken.
- Aus der Sicht der Unfallprävention und Sicherheitserziehung ist es unabdingbar, die motorischen Fähigkeiten der Kinder zu trainieren, um Unfällen vorzubeugen.

Anthropologische Sicht – Bewegung als Wesensmerkmal des Menschen

Der Mensch ist ein auf Bewegung angelegtes Wesen. Er benötigt seinen Körper und seine Bewegung, um sich mit der Umwelt auseinander zu setzen, um sich ein Bild von ihr zu machen und auf sie einzuwirken. Der Körper ist dabei Mittler der Erfahrungen, er ist aber zugleich auch Gegenstand, über den Erfahrungen gemacht werden.

Die trifft auch noch auf uns Erwachsene zu, ist aber insbesondere für die kindliche Entwicklung von Bedeutung: Das Kind nimmt die Welt weniger mit dem „Kopf", also mit seinen geistigen Fähigkeiten, über das Denken und Vorstellen auf, es begreift sie vor allem über seine Sinne, seine Tätigkeit, mit seinem Körper. Durch Bewegung tritt das Kind in einen Dialog mit seiner Umwelt ein, Bewegung verbindet seine Innenwelt mit seiner Außenwelt. Die Welt erschließt sich dem Kind über Bewegung, Schritt für Schritt ergreift es von ihr Besitz. Mit Hilfe von körperlichen Erfahrungen und Sinneserfahrungen bildet es Begriffe; im Handeln lernt es Ursachen und Wirkungszusammenhänge kennen und begreifen. So liefern die kinästhetischen Sinne, der Gleichgewichtssinn, der Tastsinn, das Sehen und das Hören dem Kind viele Eindrücke über seine Umwelt und über sich selbst.

Das Greifen ist immer auch ein Begreifen, das Fassen ein Erfassen. Das Kind gewinnt, bevor es sich sprachlich mitteilen kann, bereits ein Wissen über räumliche Beziehungen und es hat dieses Wissen aufgrund seiner Erfahrungen durch Wahrnehmung und Bewegung, in denen sich diese Zusammenhänge erschließen.

Aus anthropologischer Sicht zählt Bewegung zu den Grundbedürfnissen von Kindern, deren Erfüllung für eine gesunde Entwicklung unabdingbar sind. Der Kindergarten muss dem Kind ausreichend Gelegenheiten zur Selbst- und Welterfahrung über die körperlich-sinnliche Auseinandersetzung mit der Umwelt bieten.

Entwicklungspsychologische Sicht – der Körper als Mittel der Ich-Entwicklung und Selbstständigwerdung

Eng verbunden mit der anthropologischen Sichtweise ist die entwicklungspsychologische Perspektive. Kindliche Entwicklung kann als Prozess ständigen Strebens nach Unabhängigkeit angesehen werden. Für das Selbstständigwerden und die Ich-Findung (die Identitätsentwicklung) des Kindes hat der Körper daher eine wichtige Funktion. Seine körperlichen Fähigkeiten und Möglichkeiten sind Mittel und Symbole seines „Größerwerdens" (Grupe 1992, S. 15). An diesen körperlichen Fähigkeiten kann es seine Fortschritte ablesen: Zum ersten Mal alleine über den Zaun steigen, Fahrrad fahren, den Baum hinauf klettern – all das sind Zeichen wachsender Selbstständigkeit und Unabhängigkeit vom Erwachsenen.

Im Kleinkindalter äußert sich das Bemühen um Selbstständigkeit am deutlichsten in Bewegungshandlungen: sich allein anziehen, ohne fremde Hilfe laufen, auf Mauern klettern – dies sind körperliche Errungenschaften, die dem Kind (und auch seinen Eltern) schrittweise zunehmende Unabhängigkeit beweisen. Das Wort „Selbstständigkeit" kommt von „selbst stehen können". Die Selbstständigkeitsentwicklung beginnt mit den ersten Versuchen des Kindes, sich aus eigener Kraft fortzubewegen, also mit dem Krabbeln und Robben. Einen Höhepunkt erreicht sie, wenn das Kind die ersten Schritte macht, wenn es das Laufen lernt und damit seinen Handlungs- und Erfahrungsspielraum zunehmend erweitert.

Die Entwicklung von Selbstständigkeit und das Streben nach Unabhängigkeit setzen Selbsttätigkeit voraus. Nur so kann das Kind seine individuellen Fähigkeiten entwickeln. Es will nicht belehrt werden, sondern selbst Erfahrungen machen. Eigentätigkeit ist die intensivste Form der Aneignung von Erfahrungen. Sie spricht alle Sinne an. Sie ist auch die Grundlage jeder Erkenntnis. Das Kind lernt z. B. durch das Tun und Handeln die Eigenschaften und Verwendungsmöglichkeiten der Dinge kennen. Dass ein Ball rollt, fliegt, vom Boden hochprellt und dass dies nicht mit jedem Ball gleich gut gelingt – diese Erkenntnisse gewinnt es nur durch das eigene Tun. Kinder brauchen den konkreten Umgang mit den Dingen, damit sie innere Bilder aufbauen können.

Lernpsychologische Sicht – Lernen über Wahrnehmung und Bewegung

Lernen im frühen Kindesalter ist in erster Linie Lernen über Wahrnehmung und Bewegung, über konkretes Handeln und über den Einsatz aller Sinne: So ist z. B. die sprachliche Kommunikation eng verbunden mit Wahrnehmungsprozessen. Sensomotorische Erfahrungen gehören zur Grundvoraussetzung für die Entwicklung der Sprache. Um feinmotorische Anforderungen beim Schreibenlernen bewältigen zu können, muss die Auge-Hand-Koordination ausgebildet sein. Und die Bedeutung von Buchstaben kann ein Kind nur dann erkennen, wenn es ihre Lage im Raum einordnen kann. Diese Fähigkeit zur Raum-Lage-Wahrnehmung baut sich ebenfalls zunächst über den Körper und die Bewegung auf.

Nach Piaget (1975) entwickelt sich die Intelligenz in der handelnden Auseinandersetzung des Kindes mit den Objekten seiner Umwelt. Denken vollzieht sich zunächst in der Form aktiven Handelns. Über die praktische Bewältigung von Situationen gelangt das Kind zu deren theoretischer Durchdringung.

Der Begriff „Sensomotorik" kennzeichnet die untrennbare Einheit von Sinnes- (sensorischen) und Bewegungs- (motorischen) handlungen. Sensomotorische Erfahrungen stellen aus der Sicht Piagets die Grundlage der kindlichen Entwicklung dar, sie werden als Voraussetzung für die Entwicklung der Intelligenz und den Aufbau des logischen Denkens angesehen.

Die zunehmende Differenziertheit des Gehirns beruht auf den Wachstumsreizen, die von den Sinnesorganen ausgehen. In der frühen Kindheit werden durch Sinnestätigkeit und körperliche Aktivität Reize ausgelöst, die die Verknüpfungen der Nervenzellen – die Bildung der so genannten Synapsen – unterstützen. Die Verbindungen zwischen den Nervenzellen werden komplexer, je mehr Reize durch die Sinnesorgane zum Gehirn gelangen. Die Plastizität des Gehirns ist groß, es muss jedoch in der Kindheit durch möglichst vielseitige Sinnestätigkeiten angeregt werden (vgl. Zimmer 2002c, S. 39 ff.). Vor allem in den ersten Lebensjahren, wenn das Gehirn in seiner Entwicklung noch besonders beeinflussbar und veränderbar ist, sind vielseitige Wahrnehmungserfahrungen wichtig, um die Funktionsfähigkeit zu verbessern.

Im Rahmen einer empirischen Studie an 300 Kindern im Alter von vier bis sechs Jahren konnte ein enger Zusammenhang zwischen der Bewegungsentwicklung eines Kindes, seiner Intelligenz und dem Grad seiner Selbstständigkeit nachgewiesen werden. Darüber hinaus kommt durch ein über den Zeitraum von einem Jahr hinweg durchgeführtes regelmäßiges Bewegungsangebot, das vor allem die Förderung der Eigenaktivität der Kinder zum Ziel hatte, nicht nur eine Zunahme der motorischen Leistungen festgestellt werden, die teilnehmenden Gruppen zeigten auch erheblich bessere Leistungen in einem Intelligenztest (vgl. Zimmer 1961).

Sozial-ökologische Sicht – Veränderung der kindlichen Lebenswelt

Bewegungsarmut prägt das Alltagsleben unserer Gesellschaft. Davon sind insbesondere die Kinder betroffen. Die heutige Kindheit ist durch den Verlust an unmittelbaren körperlich-sinnlichen Erfahrungsmöglichkeiten gekennzeichnet, durch eine immer stärker eingeengte Bewegungswelt. Veränderungen der sozialen und ökologischen Umwelt haben dazu geführt, dass Kindern der aktive, selbstbestimmte Umgang mit ihrer Lebenswelt immer mehr verwehrt wird.

Zwar hatten Kinder noch nie ein so großes Angebot an Freizeitaktivitäten, an Spielmaterial und Anregungen durch die Medien. In gleichem Maße sind jedoch auch ihre Möglichkeiten beschnitten worden, selbstständig Erkenntnisse über die Zusammenhänge ihrer Umwelt zu gewinnen und nachvollziehen zu können. Fertiges Spielzeug, das nur noch „bedient" werden muss, überwiegt. Kindheit ist zu einer „veranstalteten" Kindheit geworden, Kindern werden eine Vielzahl von Programmen und Angeboten offeriert, die andere für sie aufbereitet haben, aber sie sind arm an Möglichkeiten zu unabhängiger, selbstgestalteter Weltaneignung.

Kennzeichnend für die heutige Kindheit ist auch der Verlust an natürlichen Spiel- und Bewegungsgelegenheiten; deren Ersatz durch künstlich geschaffene Plätze, die von Kindern oft nicht selbstständig erreicht werden können und wo das Spielen ohne Aufsicht der Erwachsenen kaum möglich ist. Die ständig zunehmende Motorisierung und Technisierung, die Verlagerung von Spiel und Bewegung in speziell dafür hergerichtete Räume sowie der wachsende Medienkonsum führen zu einer Einschränkung ihrer Körper- und Sinneserfahrungen. Hinzu kommt die Reduzierung der sozialen Erfahrungen: Das Spielen in der Familie, mit Kindern aus der Nachbarschaft, auf der Straße oder auf freien Plätzen geht zurück. Das Miteinander-Spielen bedarf der Verabredung; spontane Spielgruppen, die mehrere Kinder verschiedener Altersgruppen umfassen, gibt es kaum mehr.

Der Rückgang der Straßenspielkultur und der Rückzug der Kinder in kleine Wohnungen haben auch eine Veränderung der Spielkultur mit sich gebracht. Spiele in der Gleichaltrigengruppe, die der gemeinsamen Absprache und des Aushandelns von Regeln bedurften, bei denen jüngere Kinder selbstverständlich in die Spielwelt der Älteren hineinsozialisiert werden, sind nur noch selten anzutreffen.

Unter diesen Lebensbedingungen ist es heute besonders wichtig, im Kindergarten Freiräume für selbstständige Betätigungen zur Verfügung zu stellen, die Natur wieder als Spielraum zu entdecken und das phantasievolle, kreative Spielen zu unterstützen. Dazu gehört auch das Spiel mit anderen Kindern. Nirgendwo sonst findet man große Gruppen, in denen auch Regelspiele und Spiele mit verteilten sozialen Rollen möglich sind. Allerdings muss die Erzieherin/der Erzieher hier oft unterstützend wirken und Hilfen und Anregungen geben, damit überhaupt erst einmal ein Spielrepertoire für die Gruppe aufgebaut werden kann.

Gesundheitspädagogische Sicht – Bewegung als Voraussetzung für Gesundheit und Wohlbefinden

Gesundheit und Wohlbefinden von Kindern hängen eng mit den Bedingungen zusammen, denen sie in ihrer Lebensumwelt ausgesetzt sind. Die zuvor beschriebene Einschränkung der Spiel- und Bewegungsmöglichkeiten von Kindern, der Verlust an unmittelbaren körperlich-sinnlichen Erfahrungen hat ohne Zweifel entscheidenden Anteil an den bei Kindern in den letzten Jahren gehäuft auftretenden Haltungs- und Bewegungsauffälligkeiten.

Gerade im vorschulischen Alter werden grundlegende Entwicklungsprozesse vollzogen, die einen wesentlichen Einfluss auf die spätere Körperhaltung und Gesundheit haben. Es besteht jedoch auch eine erhöhte

Anfälligkeit für Störfaktoren, bedingt durch Zivilisationseinflüsse wie z. B. Bewegungsmangel oder falsche Ernährung. Mangelnde Verarbeitungsmöglichkeiten der auf das Kind einströmenden Reize und die oft gleichzeitig einsetzende Einschränkung seiner Bewegungsmöglichkeiten führen nicht selten zu Bewegungsmangelerkrankungen. In zunehmendem Ausmaß kommt es auch zu Störungen in der Wahrnehmungsverarbeitung und zu Verhaltensauffälligkeiten. Kommunikative Störungen, Ängste, Aggressivität, mangelnde Konzentrationsfähigkeit und Hyperaktivität sind Symptome, die immer häufiger auftreten und die auch auf die sich verändernden Lebensbedingungen von Kindern zurückzuführen sind.

Eine solche Veränderung der Lebens- und Erfahrungswelt hat sowohl Folgen für die psycho-soziale als auch für die körperlich-motorische Entwicklung von Kindern.

Gesundheit bezieht sich jedoch nicht allein auf körperliche Voraussetzungen und Vorgänge, Kinder sind nur dann gesund, wenn sie sich auch psychisch wohl fühlen. Hier ist also von einem ganzheitlichen Verständnis von Gesundheit auszugehen, bei dem psychische, physische und soziale Faktoren gleichermaßen Berücksichtigung finden.

Bereits im Kindergarten kann eine gezielte Gesundheitserziehung beginnen: Sie reicht von gesunder Ernährung über den häufigen Aufenthalt in frischer Luft bis zu einem vielseitigen, kindgemäßen Bewegungsangebot (vgl. Ungerer-Röhrich 1998).

Um sich gesund entwickeln zu können, brauchen Kinder allerdings regelmäßige, ja sogar tägliche Bewegungsmöglichkeiten. Der Organismus benötigt zur Ausbildung leistungsfähiger Organe (wie z. B. des Herz-Kreislauf-Systems) genügend Reize. Kinder müssen täglich Gelegenheit haben, sich zu verausgaben und damit quasi im Spiel funktionelle Reize zu setzen.

Aus pädagogischer wie auch aus medizinischer Sicht kann das Toben, Rennen und „Sichverausgaben" also durchaus wichtig sein für die körperlich-seelische Entwicklung der Kinder. Es unterstützt Wachstumsreize, regt das Herz-Kreislaufsystem an, trainiert die Muskulatur und verbessert die Koordinationsfähigkeit.

Im Sinne einer umfassenden Gesundheitserziehung im Kindergarten sollten auch jene Kinder besondere Beachtung finden, die Entwicklungsdefizite aufweisen, die z. B. in ihren motorischen oder sprachlichen Fähigkeiten Auffälligkeiten oder Störungen aufweisen, die unter konstitutionellen Besonderheiten (z. B. Übergewicht) leiden oder sich nur wenig zutrauen. Diese Kinder bedürfen einer besonders sensiblen Betreuung. Auch sie bewegen sich gerne, erst die soziale Bewertung ihrer Ungeschicklichkeit, häufige Misserfolgserlebnisse und die daraus resultierende Angst vor Blamage führen dazu, dass sie Bewegungsangebote verweigern. Gerade übergewichtige, ungeschickte, langsame Kinder benötigen die Stärkung ihres Selbstwertgefühls in Bewegungssituationen, damit sie auch bei weniger guten Voraussetzungen eine gute Beziehung zu ihrem Körper aufbauen können.

Den besten Beitrag zu einer Gesundheitserziehung im Vorschulalter stellt ein als lustvoll erlebtes und mit Freude ausgeübtes psychomotorisches Bewegungsangebot dar, das dem Kind trotz evtl. vorhandener Schwächen Könnenserlebnisse vermittelt und ihm das sichere Gefühl gibt, dass es unabhängig von seinen objektiven Leistungen von der Gruppe und von der Erzieherin oder dem Erzieher angenommen wird (Beudels u. a. 2001; Zimmer 2002b,c; 2003b,c).

Sicherheitserzieherische Sicht – Bewegung zur Prävention von Unfällen

Galt noch vor Jahren das Thema „Aufsichtspflicht und Sicherheitsmaßnahmen im Kindergarten" vielen Erzieherinnen und Erziehern als eines der wichtigsten Hindernisse für das Zulassen kindlicher Bewegungsaktivitäten, so sind es heute die Träger der gesetzlichen Unfallversicherungen, die sich für eine kindgemäße Bewegungserziehung einsetzen.

Es wächst die Einsicht in die Tatsache, dass die zunehmende Einschränkung des Bewegungsraumes auch dazu führt, dass elementare Fähigkeiten, die das Kind zur Auseinandersetzung mit seiner Umwelt benötigt, verkümmern. Ständig steigende Unfallzahlen in Kindergärten, auf Schulhöfen und auf Spielplätzen setzten bei den Unfallversicherungsträgern ein Umdenken in Gang: Nicht die Vermeidung von Bewegung, sondern das Training der motorischen Fähigkeiten und Fertigkeiten lässt bei Kindern die notwendigen Kompetenzen zur Bewältigung von Alltagssituationen wachsen.

So weist eine Untersuchung von Kunz (1993) in Frankfurter Kindergärten nach, dass ein zusätzliches Bewegungsangebot das Unfallrisiko nicht erhöhte; die damit verbundene Verbesserung der motorischen Fähigkeiten und Fertigkeiten, des Orientierungsvermögens und der Geschicklichkeit führte dazu, dass die Unfallzahlen deutlich sanken. Eine mangelnde Ausbildung der motorischen Grundeigenschaften (Kraft, Ausdauer, Schnelligkeit) und der koordinativen Fähigkeiten vergrößert auch das Risiko, einen Unfall zu erleiden. Zusammenstöße der Kinder sind z. B. oft auf mangelndes Orientierungsvermögen zurückzuführen, bei Stürzen von Klettergeräten etc. sind die Kinder aufgrund mangelnder Stützkraft und mangelnder Reaktionsfähigkeit nicht in der Lage, sich rechtzeitig mit den Händen abzufangen.

Bewegungserziehung kann also auch einen Beitrag zur Unfallprävention leisten, dazu gehört übrigens auch die Prävention von Unfällen im Straßenverkehr. Schützen können sich die Kinder nur selbst, indem sie lernen, ihre Umwelt bewusst wahrzunehmen, ihre Sinne zu schärfen, sich zu orientieren, schnell zu reagieren und situationsadäquat zu handeln. Diese Fähigkeiten sind der beste Garant dafür, dass Kinder sich in ihrer bewegten Welt zurechtfinden und überleben können. Damit wird Bewegungserziehung auch Teil einer kindgerechten Verkehrserziehung.

Die Erfahrungsbereiche der Bewegungserziehung

Die bisherigen Ausführungen begründen, warum Bewegung in der frühen Kindheit als unersetzbares Mittel der Erziehung und Bildung anzusehen ist. Über Wahrnehmung und Bewegung setzt sich das Kind mit seiner dinglichen und räumlichen Umwelt auseinander, es gewinnt Erkenntnisse über deren Gesetzmäßigkeiten; über Bewegung macht es Erfahrungen über seinen Körper, über seine Person und über seine Mitmenschen. Die Bewegungserziehung vermittelt Erfahrungen in den folgenden Bereichen:

- Körpererfahrungen
- Materialerfahrungen
- Selbsterfahrungen
- Sozialerfahrungen

Bewegung vermittelt Körpererfahrungen

Durch Bewegung gewinnen Kinder unmittelbare körperliche Erfahrungen: das Gefühl von Erschöpfung und Ermüdung nach einem anstrengenden Fangspiel, von Entspannung und Gelöstheit nach einer rasanten Fahrt auf dem Roller; die Belastbarkeit des Körpers, die durch wiederholtes Üben erhöht werden kann; die Fähigkeit des Organismus, sich zu erholen und nach kurzer Pause wieder einsatzfähig zu sein; die Wahrnehmung der physiologischen Reaktionen des Körpers wie Schwitzen und Atemnot. Auf diese Weise entwickeln Kinder ein Gefühl für den eigenen Körper, für dessen Bedürfnisse und Signale.

Die Möglichkeiten zur Erfahrung der körperlichen Leistungsfähigkeit und ihrer Grenzen gehen Kindern zunehmend im Alltag verloren: Türen öffnen sich per Knopfdruck, Rolltreppe und Fahrstuhl ersetzen das Treppensteigen. All dies reduziert zwar den Energieaufwand, beraubt die Kinder aber auch der Erfahrung der eigenen Körperlichkeit.

Beim Laufen, Rennen, Klettern, Springen, Kriechen, Rutschen, Hüpfen, Gleiten, Hängen und Schaukeln können sie dagegen die Vielfalt ihrer Bewegungsmöglichkeiten erleben, sie spüren Anstrengung und Belastung, genießen die sinnlichen „Sensationen": Leichtigkeit und Schwere, Geschwindigkeit und Rhythmus, Schwindel und Balance. Lustvolle Bewegungserlebnisse bilden die Grundlage für eine Sensibilisierung der Körperwahrnehmung, sie schaffen aber auch die Voraussetzung für die Ausbildung von Lebensgewohnheiten, die dazu beitragen können, einem bewegungsarmen Alltag entgegenzuwirken.

Über seinen Körper erlebt das Kind seine Fähigkeiten, aber auch seine Grenzen; es lernt, sie zu akzeptieren oder sie durch Üben zu erweitern. Seine zunehmende Geschicklichkeit, Kraft und Schnelligkeit erweitern seinen Bewegungsraum und damit auch seine Handlungsmöglichkeiten.

Bewegung vermittelt materiale Erfahrungen

Die Erfahrung des Körpers steht selten für sich allein. Meist ist sie gleichzeitig auch eine Erfahrung der Dinge, an oder mit denen sich die Kinder bewegen, oder des Raumes, in dem sie agieren. Bewegungserfahrungen sind deswegen in aller Regel auch materiale und räumliche Erfahrungen.

Bälle, die sie werfen oder prellen; die Schaukel, die sie in Schwung versetzen, oder der Roller, auf dem sie das Gleichgewicht zu halten versuchen: immer erfahren sie in der Bewegung etwas von deren Eigenschaften und Gesetzmäßigkeiten. Indem sie die Geräte bewegen, entfalten diese ihre spezifischen Eigenschaften: der Luftballon, der schwebt, und die Kugel, die über den Boden rollt. Im Handeln lernen sie, Ursachen und Wirkungszusammenhänge kennen und begreifen. Um sich z. B. unter den Begriffen „Schwung", „Gleichgewicht" oder „Schwerkraft" etwas vorstellen zu können, muss das Kind sie in der Bewegung erfahren haben. Solche physikalischen Phänomene sind unmittelbar an die eigene Tätigkeit gebunden und können von Kindern nur über grundlegende Bewegungstätigkeiten beim Schaukeln, Rutschen, Balancieren, Wippen, Springen etc. erworben und verstanden werden.

Die Bedeutung dieser an die Handlung gebundenen dinglichen (materialen) Erfahrungen liegt vor allem darin, dass sie die Grundlage der geistigen Entwicklung des Kindes darstellen. Der Entwicklungspsychologe Piaget beschreibt, wie sich jede Erkenntnisgewinnung aus den einfachsten Handlungen der Kinder aufbaut. Als grundlegende Voraussetzung für die Entwicklung der Intelligenz betrachtet er die Möglichkeit des Kindes, experimentierend und erforschend mit den Objekten seiner Umwelt umzugehen und selbstständig Erfahrungen sammeln zu können.

Daher ist der Erwerb materialer Erfahrungen sowohl abhängig von einer anregungsreichen Umgebung, in der Kinder von Dingen und Objekten angeregt und zum Handeln aufgefordert werden, als auch von einer bestimmten pädagogischen Haltung, die dem Kind genügend Raum und Gelegenheiten gibt, etwas zu erforschen, sich mit einer Sache auseinander zu setzen (vgl. Zimmer 1996).

Bewegung vermittelt Selbsterfahrungen

Durch und in Bewegung erprobt das Kind nicht nur seinen Körper, es erfährt auch etwas über das eigene Selbst. Vertrauen in die eigenen Fähigkeite, das Gefühl der eigenen Kompetenz und des „Selbstwertes" sind gerade in den ersten Lebensjahren geprägt von der Art und Weise, wie es sich in seiner Körperlichkeit erlebt. Über die Erfahrungen, die das Kind mit seinem Körper macht, entwickelt es ein Bild von den eigenen Fähigkeiten, es erhält eine Vorstellung von seinem „Selbst".

Auch aus der Beobachtung der Wirkung des eigenen Verhaltens kann das Kind Rückschlüsse auf seine Person ziehen. Im Umgang mit Dingen, Spielsituationen und Bewegungsaufgaben rufen sie eine Wirkung hervor und führen diese auf sich selbst zurück. Sie verbinden das Handlungsergebnis mit dem eigenen Können – und so entsteht ein erstes Konzept eigener Fähigkeiten. Im Experimentieren und Ausprobieren lernen sie: Ich bin der Urheber einer Wirkung, ich kann etwas. Dieses Gefühl ist die Basis für das Selbstvertrauen bei Leistungsanforderungen.

Das „Konzept" von Fähigkeiten, Begabungen und dem eigenen Können muss nicht immer auch ein genaues Abbild der tatsächlichen Fähigkeiten sein. Es entsteht vielmehr aus der Bewertung der eigenen Handlungen und Leistungen und dem Vergleich mit anderen. So kann ein Kind gute körperliche Fähigkeiten trotzdem negativ bewerten und sich nur wenig zutrauen, ein anderes dagegen schätzt sich trotz geringerer körperlicher Fähigkeiten doch positiv ein und wagt sich an viele Aufgaben heran. Die Erzieherin hat die Möglichkeit, die positive Selbstwahrnehmung des Kindes zu unterstützen, indem sie

- Vergleiche mit anderen meidet;
- dem Kind das Gefühl gibt, dass sie Vertrauen in seine Fähigkeiten hat;
- Bewegungsaufgaben in ihrem Anforderungsgrad so staffelt, dass jedes Kind Erfolgserlebnisse haben kann;
- in Bewegungssituationen auch ängstlichen und gehemmten Kindern bewusst macht, was sie geleistet haben und dass sie durch ihr Handeln etwas bewirken können.

Positive Bewegungserfahrungen und das Erleben der eigenen Selbstwirksamkeit können dazu beitragen, dass die Kinder ein realistisches, aber leistungszuversichtliches Selbstbild aufbauen. In der richtigen Form von den pädagogischen Fachkräften und Eltern angeleitet und begleitet, entwickeln sie so die Voraussetzungen für Selbstvertrauen und Selbstbewusstsein.

Bewegung vermittelt soziale Erfahrungen

Kinder müssen sich nicht nur mit Materialien und Objekten, sondern auch mit ihren Mitspielern auseinander setzen. Bewegungsspiele beinhalten viele Situationen für soziales Lernen. Meist handelt es sich hier um Aktivitäten, die gemeinsam mit anderen ausgeführt werden und bei denen Absprachen erforderlich sind. Miteinanderspielen heißt auch, die Voraussetzungen des anderen zu erkennen und sich darauf einzustellen. Bei Bewegungsspielen lernen Kinder,

- Absprachen zu treffen und sich auf ein Spiel oder eine Spielidee zu einigen;
- eigene Bedürfnisse zu artikulieren, aber auch auf andere einzugehen;
- Spielregeln auszuhandeln und ihren Sinn zu verstehen;
- sich durchzusetzen, aber auch Kompromisse zu schließen;
- sich mit anderen zu messen und Rücksicht auf Schwächere zu nehmen.

Diese Verständigungsprozesse gehen nicht immer problemlos vonstatten und nicht immer sind es ausschließlich positive soziale Erfahrungen, die Kinder im Spiel mit anderen machen. Manchmal werden schwächere Kinder eben auch vom gemeinsamen Spiel ausgeschlossen, passen jüngere sich den älteren an und manche Kinder können es auch nicht ertragen, wenn ihre Wünsche und Vorstellungen im Spiel von den anderen nicht berücksichtigt werden.

Damit Kinder lernen, soziale Konflikte nicht nur auf der Ebene körperlicher Auseinandersetzungen auszutragen, benötigen sie die einfühlsame Beobachtung und behutsame Begleitung durch den Erwachsenen, der die Situation besser überblicken kann. Manchmal bedarf es auch der Vermittlung und des Einlenkens durch die Erzieher/innen. Zu schnelles Eingreifen sollte dabei aber auf jeden Fall vermieden werden, damit Kinder die Chance erhalten, auch selbstständig Kompromisse auszuhandeln und die hierfür notwendigen sozialen Kompetenzen wie Einfühlungsvermögen und Rücksichtnahme zu erwerben.

Erzieher/innen sollten auch darauf achten, dass durch Bewegungsspiele zwar stets soziale Lernprozesse in Gang gesetzt werden, diese aber nicht immer zu Rücksichtnahme und Toleranz führen müssen. Häufig ist mit Bewegungsspielen auch Konkurrenzverhalten, Rivalität und soziale Isolation verbunden. Spiele, die einzelne Kinder ausgrenzen, die sie bei Misserfolg aus dem Spiel ausscheiden lassen oder die die Konkurrenz untereinander verstärken, sollten vermieden werden. Stattdessen sind Bewegungsspiele vorzuziehen, die das Miteinanderspielen unterstützen und die Kooperationsfähigkeit stärken.

Didaktische Prinzipien der Bewegungserziehung

Um dem Anspruch einer ganzheitlichen Bildung gerecht zu werden, ist es wichtig, bei der Gestaltung der Bewegungserziehung bestimmte methodische und didaktische Überlegungen zu berücksichtigen. So sollten die Bewegungsangebote folgenden Leitlinien pädagogischen Handelns gerecht werden:
– Kindgemäßheit
– Offenheit
– Freiwilligkeit
– Erlebnisorientiertheit und Sinnhaftigkeit
– Entscheidungsfreiheit
– Selbsttätigkeit
Diese auch als didaktische Prinzipien zu verstehenden Orientierungspunkte werden im Folgenden näher erläutert (vgl. Zimmer 2001, S. 153 ff.).

Kindgemäßheit

Bewegungsangebote im Kindergarten sollten sich grundsätzlich an den Interessen, Bedürfnissen und Fähigkeiten der Kinder orientieren, sie zum Handeln herausfordern, in ihren Fähigkeiten jedoch nicht überfordern. Die Angebote müssen den intensiven Bewegungsbedürfnissen der Kinder entsprechen und ihnen Möglichkeiten zum Ausleben ihres Bewegungsdranges geben.

Um der Neugierde und Entdeckungsfreude der Kinder gerecht zu werden, sollten die Bewegungsangebote immer wieder auch etwas Überraschendes, Unerwartetes beinhalten (z. B. ungewohnte Alltagsmaterialien, die in ihrer Verwendung zweckentfremdet werden). Andererseits lieben Kinder auch das Vertraute und Bekannte, es vermittelt ihnen

Ordnung und Struktur. Das Thema der Bewegungsangebote muss daher nicht jedes Mal wechseln, sondern kann häufiger wiederholt werden. Variationen und Abänderungen werden dann oft von den Kindern selbst eingebracht.

Im Vordergrund steht die Freude der Kinder an der Bewegung und am Spiel. Nur eine lustvolle, fröhliche Atmosphäre, in der das Kind Schwächen eingestehen kann, ohne deswegen ausgelacht oder vom Spiel ausgeschlossen zu werden, wird nachhaltig zu einer positiven Einstellung zum eigenen Körper und zu Vertrauen in die eigenen Fähigkeiten führen.

Offenheit

Die Bewegungssituationen sollen offen sein für situative Interessen der Kinder. Trotz der Planungen durch die Erzieher/innen, die sich vor allem auf die Auswahl der Inhalte und die Gestaltung der Rahmenbedingungen bezieht, muss ausreichend Raum für spontane Einfälle der Kinder vorhanden sein. Auch in den ersten Lebensjahren können Kinder bereits an der Gestaltung der Bewegungserziehung beteiligt werden, wenn man ihre Fantasie im Umgang mit Materialien und Geräten und ihre Fähigkeiten zur individuellen Deutung der Spielsituationen berückichtigt.

Die Planung muss flexibel bleiben, sodass auch aktuelle Ereignisse aufgegriffen werden können und die Kinder ihre eigenen Spielthemen entwickeln können.

Freiwilligkeit

Grundsätzlich sollte die Beteiligung an einem Bewegungsangebot den Kindern freigestellt werden. Im Vertrauen auf den Aufforderungscharakter der Geräte und Spielsituationen kann die Erzieherin oder der Erzieher dem Kind die Entscheidung darüber überlassen, ob und wie es sich in das Spiel einbringt.

Einige – vor allem jüngere – Kinder brauchen zunächst einmal Zeit zum Beobachten und Zuschauen und beteiligen sich dann ganz von selbst. Man kann das Kind zwar ermutigen, keinesfalls sollte man es jedoch zu überreden versuchen oder sogar Zwang ausüben. Nur Handlungen, die vom Kind freiwillig geleistet werden, haben auch die Chance, zu seiner Selbstständigkeitsentwicklung beizutragen.

Erlebnisorientiertheit und Sinnhaftigkeit

Bewegungsangebote sollten sich an der unmittelbaren Erlebniswelt des Kindes orientieren. Bewegungsgeschichten können die Spielhandlungen begleiten und auch Impulse für Veränderungen des Spielgeschehens geben. Im Kindergartenalter haben Symbol- und Rollenspiele einen hohen Stellenwert. Die Bewegungssituationen werden oft in komplexe Spielhandlungen eingebunden; Geräten wird von den Kindern eine symbolische Bedeutung beigemessen: Eine Sprossenwand wird zu einem Kletterbaum im Zoo. Hier gibt es Affenbabys und Affenmütter, gefährliche Raubtiere mit fletschenden Zähnen, einen Zoowärter, der Bananen verteilt etc. Solche Darstellungsspiele ermöglichen, dass sich das Kind mit Personen, Tieren oder bestimmten Rollen identifiziert und dabei selbst Handlungsalternativen ausprobieren kann (vgl. Zimmer 2003b).

Der kindlichen Phantasieentwicklung sollte auch in Bewegungssituationen genügend Raum gegeben werden. Materialien und Geräte können nach eigenen Vorstellungen kombiniert und neu zusammengesetzt werden. So entstehen Erlebnisräume, in denen es Kindern möglich wird, „eigene" Welten zu bauen und sich intensiv mit sich in der selbst geschaffenen Umgebung auseinander zu setzen.

Entscheidungsfreiheit

Sich entscheiden zu können bedeutet immer auch, alternative Wahlmöglichkeiten zu haben. Dies betrifft sowohl die generelle Teilnahme am Bewegungsangebot als auch die Entscheidung, innerhalb der Bewegungsspiele bestimmte Rollen einzunehmen oder eine Gerätekombination anderen vorziehen zu können. Kinder sollten die Möglichkeit haben, selbstbestimmt zu handeln und eigene Entscheidungen für oder gegen eine Tätigkeit oder eine Rolle zu fällen.

Diese Fähigkeit muss bei Kindern erst entwickelt werden. Sie dürfen dabei weder überfordert werden (wenn der Entscheidungsspielraum z. B. zu groß ist und sie keine Grenzen erkennen), noch darf ihnen durch Anordnungen oder Anweisungen jede Möglichkeit der eigenen Entscheidung abgenommen werden.

Selbsttätigkeit

Handeln aus eigenem Antrieb ist für Kinder die Voraussetzung für die Entwicklung des „Ich". Kinder werden auf diesem Weg dazu befähigt, selbst die Initiative zu ergreifen und für ihr Handeln auch Verantwortung zu übernehmen. Häufig haben sie erfahren, dass die Eltern ihnen alle Schwierigkeiten aus dem Weg räumen, bei jedem Problem sofort eingreifen. Auf diese Weise baut sich leicht eine konsumierende Haltung bis hin zur Passivität auf. Die Kinder verlassen sich darauf, dass andere für sie da sind und ihnen jede Verantwortung und Entscheidung abnehmen.

Bewegungsangebote fordern zum selbsttätigen Handeln heraus. Die Geräte haben Aufforderungscharakter. Der Erfolg oder Misserfolg ihrer Handlungen kann von den Kindern unmittelbar auf die eigene Person zurückgeführt werden. Impulse durch die Erzieherin/den Erzieher sollten zu einer Erweiterung der kindlichen Handlungsmöglichkeiten führen; sie können den Blick der Kinder für Alternativen in der Benutzung der Geräte öffnen, neue Ideen anregen oder das Zusammenspiel der Kinder unterstützen.

Diese didaktischen Prinzipien geben sowohl Hinweise für das Verhalten der Erzieher/innen als auch für die inhaltliche Gestaltung der Bewegungssituationen. Sie sind nicht notwendigerweise an ein Medium – wie z. B. die Bewegung – gebunden, sondern können ohne weiteres als allgemeine Prinzipien des pädagogischen Handelns im Kindergarten verstanden werden.

Bewegungsangebote sind aufgrund der Offenheit der Spielsituationen, der Möglichkeit der Einbeziehung der Kinder bereits bei der Planung und aufgrund des Aufforderungscharakters der Geräte und Materialien jedoch ein besonders gutes Beispiel für die Realisierung der pädagogischen Ansprüche in der Praxis.

Bewegung als „pädagogisches Prinzip"

Kinder brauchen täglich Gelegenheiten zum Rennen, Laufen, Klettern, Springen; sie brauchen Möglichkeiten, sich zu verausgaben und ihren Bewegungsbedürfnissen nachzukommen. Diese Bedürfnisse äußern sich meistens im freien Spiel, sie sind nicht auszugrenzen auf bestimmte, festgelegte Zeiten oder Räume. Deswegen ist es wichtig, im Kindergarten sowohl freie Bewegungsgelegenheiten zur Verfügung zu stellen, die die Kinder nach Belieben wahrnehmen können, als auch regelmäßige, zeitlich festgelegte Bewegungszeiten anzubieten, die von der Erzieherin/dem Erzieher betreut und geplant werden. Auch im Freispiel sollte großräumige Bewegung möglich sein, hierfür ist es allerdings oft erforderlich, die Enge des Gruppenraumes zu verlassen und Flure, den Bewegungsraum oder das Außenspielgelände aufzusuchen.

Bewegungsmöglichkeiten sind so in den Tagesablauf zu integrieren, dass sie Bestandteil des täglichen Lebens im Kindergarten sind. Kinder können dann jederzeit ihrem Bedürfnis nach Bewegung nachkommen, ohne dabei andere zu stören, die u. U. mehr Ruhe für konzentriertere Betätigungen oder Spiele brauchen.

Bewegungs- und Sinneserfahrungen bilden die Basis jeder frühkindlichen und vorschulischen Erziehung sein. Sie sollten den Rang eines „pädagogischen Prinzips" haben, das jederzeit im Alltagsleben des Kindergartens berücksichtigt wird.

Eine solche Forderung ist nur einzulösen durch eine differenzierte Raumgestaltung (vgl. Schönrade 2001) und durch flexible, offene Angebote. Neben den freien Bewegungsspielen der Kinder und den offenen Bewegungsangeboten sollte es auch regelmäßige, zeitlich geplante „Bewegungsstunden" geben, in denen ganz bestimmte inhaltliche Schwerpunkte im Vordergrund stehen können. Sie sind nicht durch situative Bewegungsanlässe zu ersetzen, da hier in einem größeren Zeitrahmen mit den Kindern auch komplexere Themen und Inhalte bearbeitet werden können. Außerdem besteht bei der Beschränkung auf freie Bewegungsgelegenheiten die Gefahr, dass die Angebote doch sehr zufallsabhängig sind und eventuell durch augenblickliche organisatorische oder personelle Engpässe im Tagesablauf vernachlässigt werden.

Bewegungsbildung – Bildung durch Bewegung

In einer Zeit der Reduktion sinnlicher Erfahrungen auf das Sehen und Hören, in einer Welt der Verarmung unmittelbarer körperlich-motorischer Erlebnisse ist es wichtig, die Vielfalt der kindlichen Ausdrucksmöglichkeiten zu erkennen und Möglichkeiten ihrer Erweiterung zu schaffen. Dazu gehört die Sprache, aber auch andere, kreative, ästhetische Ausdrucksformen, die es im Spiel weiterzuentwickeln gilt.

Bewegung schafft Möglichkeiten zur Begegnung – mit sich selbst, mit der materialen und sozialen Umwelt. Ein pädagogisches Konzept, das auf der Grundlage des Zusammenwirkens von Bewegung, Wahrnehmung, Denken, Erleben und Handeln konzipiert ist, wird zu einer vielseitigen, nachhaltigen Bildung des Kindes beitragen und dabei auch seine Freude am heutigen Tag, am unmittelbaren Tun, am Spiel und an der Bewegung nicht vernachlässigen.

Literatur

Beudel, Wolfgang u. a. (2001): Das ist für mich ein Kinderspiel. Dortmund: Modernes Lernen

Grupe, Ommo (1992): Zur Bedeutung von Körper-, Bewegungs- und Spiel-Erfahrungen für die kindliche Entwicklung. In: Altenberger, Helmut/Mauerer, Friedemann (Hrsg.): Kindliche Welterfahrung in Spiel und Bewegung. Bad Heilbronn: Klinkhardt, S. 9–38

Kunz, Torsten (1993): Weniger Unfälle durch Bewegung. Schorndorf: Hofmann

Piaget, Jean (1975): Das Erwachen der Intelligenz beim Kinde. Stuttgart: Klett

Schönrade, Silke (2001): Kinderräume – KinderTräume ... oder wie Raumgestaltung im Kindegarten sinn-voll ist. Dortmund: borgmann

Ungerer-Röhrich, Ulrike (1998): Kindergarten/Grundschule. In: Bös, Klaus/Brehm, Walter (Hrsg.): Gesundheitssport. Schorndorf: Hofmann, S. 312–340

Zimmer, Renate/Vahle, Fredrik (2003): Ping Pong Pinguin. Spiel- und Bewegungslieder zur psychomotorischen Förderung. Freiburg: Herder

Zimmer, Renate (2003a): Sport und Spiel im Kindergarten. Aachen: Meyer & Meyer

Zimmer, Renate (2003b): Handbuch der Psychomotorik. Theorie und Praxis der psychomotorischen Erziehung von Kindern. Freiburg: Herder

Zimmer, Renate (2003c): Was Kinder stark macht. Fähigkeiten wecken – Entwicklung fördern. Freiburg: Herder

Zimmer, Renate (2002b): Kreative Bewegungsspiele. Psychomotorische Förderung im Kindergarten. Freiburg: Herder

Zimmer, Renate (2002a): Schafft die Stühle ab! Was Kinder durch Bewegung lernen. Freiburg: Herder

Zimmer, Renate (2002c): Handbuch der Sinneswahrnehmung. Grundlagen einer ganzheitlichen Erziehung. Freiburg: Herder

Zimmer, Renate (2002d): Bewegung und Entspannung. Anregungen für die praktische Arbeit mit Kindern. Freiburg: Herder

Zimmer, Renate (2001): Handbuch der Bewegungserziehung. Didaktisch-methodische Grundlagen und Ideen für die Praxis. Freiburg: Herder

Zimmer, Renate/Hunger, Ina (Hrsg.) (2001): Kindheit in Bewegung. Schorndorf: Hofmann

Zimmer, Renate (1996): Motorik und Persönlichkeitsentwicklung bei Kindern. Schorndorf: Hofmann

Christa Preissing

Die Vielfalt wertschätzen – Vorurteilsbewusste Bildung und Erziehung im Kindergarten[1]

Vorurteile und Diskriminierung

Vorurteile sind Verallgemeinerungen, die mit einer Bewertung verknüpft sind. Wenn wir einem unbekannten Menschen begegnen, machen wir uns sehr schnell ein Bild von ihm. Wir entdecken Merkmale – in der Regel zunächst die äußerlich wahrnehmbaren –, die es uns erlauben, ihn oder sie sehr schnell einer Gruppe zuzuordnen. Wir suchen nach Merkmalen, die uns bekannt sind und uns so eine erste Orientierung erlauben. Ist der Mensch männlich oder weiblich? Das ist in der Regel die erste Orientierungsfrage, die wir uns stellen. Bei sehr jungen Kindern ist oft nicht erkennbar, welches Geschlecht sie haben. Die erste Frage, die den Eltern oder anderen begleitenden Personen gestellt wird, ist deshalb in der Regel: „Ist das ein Junge oder ein Mädchen?" Ist die Frage beantwortet, wiegen wir uns in relativer Sicherheit und nehmen ab sofort das Kind durch eine Brille wahr, die von unseren Vorstellungen von „männlich" und „weiblich" geprägt ist. Wie sehr wir angewiesen sind auf solche Zuordnungen, zeigen Erfahrungen, die wir sicher alle schon gemacht haben. Wenn wir Jugendlichen oder erwachsenen Menschen begegnen, deren Geschlecht nicht auf den ersten Blick für uns erkennbar ist, erleben wir erhebliche Irritationen. Unsere gesamte Aufmerksamkeit ist darauf gerichtet, herauszufinden, welches Geschlecht die Person hat. Andere Merkmale der Person können kaum noch wahrgenommen werden.

---

[1] Dieser Beitrag wurde in einer gekürzten Fassung dem folgenden Buch entnommen: Preissing, Christa/Wagner, Petra (Hrsg.) (2003): Kleine Kinder – keine Vorurteile? Interkulturelle und vorurteilsbewusste Arbeit in Kindertageseinrichtungen, Freiburg: Verlag Herder, S. 12–33.

Hautfarbe und Haarstruktur, die gesprochene Sprache, die Kleidung, körperliche Eigenheiten sind weitere äußerlich erkennbare Merkmale, die in das erste Bild von einem unbekannten Menschen einsortiert werden. Wir bilden Kategorien, um Menschen einzuordnen. Würden diese Kategorien beschreibend bleiben, wäre das kein Problem. Wir verbinden damit jedoch immer auch Bewertungen und Erwartungen. In diesen Bewertungen und Erwartungen stecken kollektive Muster, die historisch gewachsen und kulturell geprägt sind. Wir beschreiben die zunächst unbekannten Menschen nicht nur, wir schreiben ihnen bestimmte Fähigkeiten und Eigenschaften zu und sprechen ihnen andere Fähigkeiten und Eigenschaften ab. Darin liegt die Vor-Verurteilung: das Vorurteil.

Kinder, die auf Grund ihrer Herkunft zu einer der Gruppen gehören, die in der gesellschaftlichen Hierarchie oben stehen, erhalten von Erzieherinnen/Erziehern und Lehrerinnen/Lehrern oft Erfolgsaussichten „auf Vorschuss". Unabhängig von der individuellen Biographie und dem individuellen Verhalten des Kindes wird eine mindestens „normale" Entwicklung unterstellt: ein positives Vorurteil. Kinder, die nicht zu diesen Gruppen gehören, werden von vornherein mit kritischeren Augen angesehen. Man rechnet eher mit Komplikationen und von der Norm abweichenden, und d. h. meist ungünstigen, Entwicklungsverläufen. Sie sind negativen Vorurteilen ausgesetzt.

Diese Vorurteile beziehen sich auf die Erwartungen oder Befürchtungen, die eine Gesellschaft mit Blick auf die nachwachsende Generation hat. Sie beziehen sich auf Gegenwart und Zukunft. Und doch sind sie nur zu verstehen im Hinblick auf die Vergangenheit. Vorurteile sind die Folge von gesellschaftlich seit jeher vorhandener Diskriminierung und Ausgrenzung. Sie reichen oft in die jahrhundertealte Geschichte von Sklaverei, Kolonialismus, Sexismus und christlicher Missionierung zurück – oder in die Jahrtausende alte Geschichte der Entwicklung von Religionen, Philosophien und künstlerischen Hochkulturen. Auch wenn die alten Formen von Unterdrückung, Vernichtung und Ausbeutung in modernen demokratischen Gesellschaften lange überwunden zu sein scheinen: Die Bilder von den „Über"- und „Unter-Menschen" bleiben lange im kollektiven Bewusstsein einer Nation, einer Kultur. Sie erhalten vielleicht eine neue Färbung, einiges wird übertüncht oder wegradiert. Manche Korrekturen erfolgen nur aus Gründen „politisch geforderter

Korrektheit", nicht aus Überzeugung. Die Grundierung bleibt lange erhalten. Es gehört zu den erstaunlichsten und auch schmerzhaftesten Ergebnissen einer tiefer gehenden Auseinandersetzung mit den eigenen Vorurteilen, wie deutlich die historischen kollektiven Bilder das Selbstbild sowie die Vorstellungen vom Anderen bestimmen und wie lebhaft sie wirken.

Wie subtil Vorurteile wirken können, davon zeugen die Ursprünge interkultureller Erziehung in den 1970er Jahren. In bester Absicht waren alle pädagogischen Integrationsbemühungen darauf gerichtet, aus den zugewanderten Kindern Menschen zu machen, die „fast so sind wie wir". Dass sie nie ganz „deutsch" werden können, war eingeplant und auch gewollt. Aber ein Mindestmaß an „Deutschsein" war, bei entsprechender Bildung und Erziehung, das Ziel: die Fortsetzung der Geschichte der Missionierung – Aspekte des Kolonialismus im eigenen Land.

Vorurteile beschädigen das Selbstkonzept der Kinder, die zur Gruppe der Diskriminierten und Ausgegrenzten gehören. Denn sie sprechen ihnen von vornherein die Fähigkeit ab, in dieser Gesellschaft etwas zu werden, und enthalten ihnen Chancen vor. Sie beschädigen aber auch das Selbstkonzept der Kinder, die zu den Privilegierten gehören. Denn sie geben ihnen das Gefühl, dass Erfolge nicht von der eigenen Anstrengung und dem eigenen Engagement abhängig sind, sondern wesentlich von der Herkunft bestimmt werden.

Ob ein Kind sich von Beginn an als chancenreiches und deshalb aktives Mitglied seiner Gesellschaft erlebt, hat nicht nur Auswirkungen auf die Persönlichkeit des Kindes. Es hat auch eine unmittelbare und erhebliche Wirkung auf die Entwicklungs- und Zukunftsfähigkeit dieser Gesellschaft. Es ist deshalb im Interesse der Kinder und im Interesse der Gesellschaft, sich mit der Frage zu befassen, was öffentliche Bildung und Erziehung mit sozialer Gerechtigkeit zu tun haben. Es geht nicht um mildtätige Unterstützung für benachteiligte Minderheiten, sondern um die Sicherung und Weiterentwicklung einer demokratischen Gesellschaft, in der die Einzelnen bereit und in der Lage sind, für sich selbst und für die Gemeinschaft einzustehen, weil die Gemeinschaft zu dem Einzelnen steht.

Im Konzept der Vorurteilsbewussten Bildung und Erziehung steht deshalb die gleichberechtigte Begegnung im Mittelpunkt, in der sich alle

Beteiligten verändern wollen und gemeinsam versuchen, eine neue Qualität des Zusammenlebens zu entwickeln. Das Adjektiv „vorurteilsbewusst" signalisiert, dass dieses Ziel einen Prozess der Bewusstwerdung voraussetzt. Die gleichberechtigte Begegnung kann nicht einfach durch guten Willen erfolgen, weil die Beteiligten nicht gleichberechtigt sind. Bestehende Hierarchien dürfen nicht verleugnet werden, sondern müssen zum Thema werden.

Soziale Herkunft und Selbstkonzept

Die soziale Herkunft und die Qualität von Bildung und Erziehung entscheiden maßgeblich über die Chancen, die ein Kind in seinem Leben in dieser Gesellschaft wahrnehmen kann. Dies ist lange bekannt. Trotz jahrzehntelanger Bemühungen um Chancengleichheit gilt in der Bundesrepublik Deutschland beim Abschluss der allgemeinbildenden Schule nach wie vor, dass ein niedriger sozialer Status der Familie einen höheren Schulabschluss unwahrscheinlich macht. In anderen europäischen Ländern mit durchaus vergleichbarer Sozialstruktur ist das anders (vgl. PISA-Studie 2001). Dadurch wird in Deutschland eine wachsende Gruppe von Kindern und Jugendlichen benachteiligt, denn die Armut in Familien wächst. Auffallend häufig von Armut betroffen sind drei Gruppen von Kindern:

■ Kinder, die bei einer/m allein erziehenden Mutter bzw. Vater aufwachsen
■ Kinder in den verschiedenen Gruppen von Zuwanderern
■ Kinder mit vielen Geschwisterkindern
(vgl. 10. Kinder- und Jugendbericht 1998)

Die Zugehörigkeit zu einer durch Vermögen, Familienform, Bildungsstand und Status der Eltern bestimmten sozialen Gruppe, die ethnische Zugehörigkeit, die Geschlechtszugehörigkeit und die individuellen Besonderheiten (spezifische Begabungen und/oder Beeinträchtigungen) beeinflussen bereits im frühen Kindesalter das Selbstkonzept von Jungen und Mädchen. Das Zutrauen in die eigenen Fähigkeiten und das Vertrauen darauf, dass die eigene Aktivität zur Entwicklung dieser Gesellschaft beitragen kann, entscheiden darüber, ob das Mädchen oder der Junge sich mit dieser Gesellschaft identifiziert und sich in ihr engagiert. Was und wie viel sich ein Kind zutraut, hängt eng damit zusammen, wie viel Vertrauen in seine Fähigkeiten ihm die nächsten Bezugspersonen entgegenbringen. Wir alle kennen das. Unsere Erinnerungen an uns selbst als Kind sind kaum zu trennen von den Schilderungen unserer Eltern, Erzieher/innen oder Lehrer/innen darüber, wie wir als Kind waren. Zu einem Teil sind wir die, als die wir von den anderen gesehen wurden und werden. Der Zusammenhang von Selbstbild und Fremdbild ist jedoch kein einseitiger und kein einfacher. So erinnern wir uns z. B. daran, dass uns die Erwachsenen missverstanden, falsch eingeschätzt, eingeengt oder allein gelassen haben. Wir waren nicht nur so, wie wir gesehen wurden, wir waren auch anders.

Das Selbstbild wird nicht von anderen gemalt. Es ist Selbstbild, weil jedes Kind es für sich selbst erschafft. Und doch ist es deutlich beeinflusst von dem Bild, das sich die anderen von ihm machen. Es ist ein ganz individuelles und zugleich ein gemeinschaftliches Werk. Weil Kinder auf Erwachsene angewiesen sind, haben diese großen Einfluss darauf, welches Material, welche Farben und welcher Raum dem Kind zur Verfügung stehen, damit es seine Vorstellung von sich selbst gestalten kann. Das Selbstbild entsteht und ändert sich in einem wechselseitigen Prozess.

Welche Konsequenzen ergeben sich daraus? Aus pädagogisch-psychologischer Perspektive ergibt sich hier die Forderung nach einem differenzierten Blick auf jedes einzelne Kind. Jedes Kind braucht individuelle Beachtung und Anerkennung, damit es seine spezifischen Kräfte zur Geltung bringen kann. Darin sind sich alle Kinder gleich. Individuelle Beachtung ist notwendig, weil kein Kind so ist wie ein anderes. Wären alle gleich und hätten alle vergleichbare Lebensvoraussetzungen, dann, und nur dann, dürften auch alle Kinder gleich behandelt werden.

Jedes Kind wird in einen ganz konkreten sozialen Kontext hineingeboren. Vermittelt über seine Eltern, wird es mit der Geburt Mitglied einer gewachsenen Gemeinschaft, die historisch und kulturell geprägt ist. Von Geburt an ist das Kind damit Teil der politischen Gesellschaft. Auch hierin sind alle Kinder gleich und gleichzeitig verschieden. Jedes Kind hat in dieser ersten Gemeinschaft seine Wurzeln. Werden die Wurzeln gekappt, fehlt dem Kind die Nahrung. Was kann das heißen?

Es kommt vor, gewollt oder ungewollt, dass in Kindergarten, Schule oder Nachbarschaft die Familie des Kindes, seine Herkunft und damit sein Nährboden „madig" gemacht werden. Der Zerstörungsprozess verläuft langsam, in winzigen, sich wiederholenden Schritten, oftmals unbemerkt und in seinen Auswirkungen zunächst unauffällig. Niemand hört es gern und doch ist es so: Wir laufen Gefahr, die Wurzeln eines Kindes zu beschädigen, wenn wir nicht aufmerken, ob und wie wir die Familie eines Kindes beschämen. Wir müssen uns bewusst machen, ob und wie wir eventuell durch kleine unbedachte oder nicht beabsichtigte Handlungen oder Verhaltensweisen Mitverursacher/innen eines Zerstörungsprozesses werden, durch den das Selbstbild des Kindes Schaden nimmt. „Verhaltensauffälligkeiten", „Entwicklungsstörungen" und „Entwicklungsverzögerungen" können Effekte solch eines schleichenden Prozesses sein.

Auf der anderen Seite ist es jedoch so, dass das Kind prinzipiell – auch nach Beschädigung seines Selbstbildes – neue Wurzeln bilden kann und dies auch tun wird, um zu leben und Kraft zu schöpfen. Es hängt von den Nährstoffen des neuen Bodens ab, wie kräftig diese Wurzeln wachsen können. Der Kindergarten kann sehr viel dazu tun, den Boden zu bereiten, Nährstoffe zuzuführen und Negatives fern zu halten. Die Aufgabe der Pädagogik ist es, die Familien der Kinder und ihre historischen und kulturellen Wurzeln in ihrer Unterschiedlichkeit zu sehen, anzuerkennen und wertzuschätzen. Das gilt für jedes Kind und jede Familie.

Daher lenkt die pädagogisch-politische Seite der Vorurteilsbewussten Bildung und Erziehung den Blick auf strukturelle Gemeinsamkeiten und Unterschiede. Sie tritt neben die individuellen Unterscheidungen und beleuchtet, zu welcher Gruppe das Kind gehört. Vorurteilsbewusste Bildung und Erziehung fragt danach, wie die Bezugsgruppe die Identität des Kindes prägt. Denn Sozialer Status, Staatsangehörigkeit, ethnische Zugehörigkeit, Geschlecht, sexuelle Orientierung und individuelle Besonderheiten sind Unterscheidungskategorien in der Gesellschaft, die mit Wertigkeiten besetzt sind.

Gleichheit und soziale Unterschiede

Heute garantiert in Deutschland die Kombination von Herkunft aus einer „gutbürgerlichen" und „vollständigen" Familie mit maximal drei Kindern, einem gehobenen Bildungsabschluss und einer Anstellung mit gesichertem Einkommen einigermaßen zuverlässig eine gesicherte Position in der Gesellschaft. Die Kombination beschreibt eine Norm, die in unserer Gesellschaft nach wie vor gilt.

Kinder merken sehr früh, zu welcher gesellschaftlichen Gruppe sie gehören. Im Kindergarten lernen sie andere Kinder und deren Familien kennen. Sie beginnen, sich mit den anderen zu vergleichen. Wer trägt welche Kleidung, welche Spielmaterialien haben die anderen, welche Geschenke bekommt wer zum Geburtstag und zu Weihnachten, wohin fährt die Familie im Urlaub, wer wohnt in einer großen Wohnung oder im eigenen Haus, wer hat ein eigenes Kinderzimmer, wessen Eltern leisten sich einen Babysitter, was und wo arbeiten die Eltern, fahren sie Auto und wenn ja, welches? Was machen die Familien am Nachmittag nach dem Kindergarten und was am Wochenende? Kinder vergleichen und ordnen sich ein. Die anderen leben nicht einfach anders. Sie haben es besser oder schlechter. Woher kommt der Maßstab und wie lernen Kinder ihn kennen? Was zählt?

Entscheidend ist sicherlich, wie die Familie selbst mit ihren Lebensumständen umgeht und welche Werte sie ihrem Kind vermittelt. Ebenso entscheidend ist, welcher Welt das Kind im Kindergarten begegnet. Worauf wird hier Wert gelegt? Was wird vorausgesetzt? Muss jeder Ausflug extra bezahlt werden? Welche Lösungen finden die Mitarbeiter/innen, damit etwa bei einer Kinderreise alle mitfahren können und nicht einige außen vor bleiben, weil ihre Eltern das Geld nicht aufbringen können? Wie reagieren Erzieher/innen, wenn einige Kinder ständig neue Kleidungsstücke oder Spielmaterialien im Kindergarten präsentieren und andere nie? Welche Familienbilder werden den Kindern über Bilderbücher und andere Medien präsentiert, die im Kindergarten genutzt werden? Können sich alle Kinder in diesen Familienbildern wiederfinden und mit welcher Wertigkeit werden die verschiedenen Familienverhältnisse dargestellt? Bleiben bestimmte Familienformen systematisch ausgeblendet? Auch hierin zeigt sich, welche Norm der Kindergarten vertritt. Passen alle Kinder, passt die

Vielfalt der realen Familienverhältnisse in diese Norm oder wird einzelnen Kindern signalisiert, dass sie bzw. ihre Familien „nicht normal" sind?

Soziale Ungleichheit äußert sich nicht nur in den ungleichen Familieneinkommen. Sie äußert sich auch in den ungleichen Möglichkeiten, am kulturellen Leben der Gesellschaft teilzuhaben. Zu den Aufgaben Vorurteilsbewusster Bildung und Erziehung im Kindergarten gehört es deshalb, den kulturellen Reichtum der Gesellschaft in seiner Vielfalt mit den Kindern zu erschließen. Hierzu gehören erste Begegnungen mit Gedichten und Erzählungen, Musik, Tanz, Theater und den Werken von Künstlern und Künstlerinnen.

Neben Begegnungen mit der so genannten Hochkultur sind Begegnungen mit Menschen wichtig, die Interessantes zu erzählen oder zu zeigen haben. Kindergärten können Kontakte zu Personen und Initiativen herstellen, die im sozialkulturellen Leben vor Ort, in der jeweiligen Gemeinde, aktiv sind. Kinder, Erzieher/innen und Eltern können aber auch selbst aktiv werden und ihre Interessen so in das öffentliche Leben einbringen. Ausstellungen im örtlichen Rathaus oder in der Bibliothek, Berichte über Aktivitäten des Kindergartens in der Lokalzeitung, die Gestaltung des Schaufensters in der örtlichen Buchhandlung mit von Kindern empfohlenen Bilderbüchern – all das sind Beispiele für Aktivitäten, bei denen die Kinder sich als wichtige Mitglieder ihrer lokalen Kultur erfahren können.

Die Familienverhältnisse der Kinder sind in mehrfacher Hinsicht wichtig für die vorurteilsbewusste Arbeit im Kindergarten. Jedes Kind soll sich mit seiner Familie im Kindergarten auf- und angenommen fühlen, damit es in seiner Bezugsgruppen-Identität gestärkt wird. Aufgabe des Kindergartens ist es darüber hinaus, den Erfahrungsraum der Kinder zu erweitern und jedem Kind neue Ausschnitte der Welt zu eröffnen, auch solche, zu denen die einzelne Familie keinen Zugang hat.

Gleichheit und ethnisch-kulturelle Unterschiede

Auch wenn das „Deutschsein" vielen Deutschen auf Grund der faschistischen Vergangenheit Deutschlands Kopfzerbrechen und Bauchschmerzen bereitet, sichert die deutsche Staatsangehörigkeit Privilegien. Sie werden von Deutschen ganz selbstverständlich in Anspruch genommen und als Privilegien gar nicht wahrgenommen, obwohl sie anderen hier lebenden Menschen vorenthalten bleiben.

Ihre eigene ethnische Zugehörigkeit können oder wollen viele Deutsche gar nicht benennen, was sie nicht hindert, andere Ethnien als afrikanisch, asiatisch, arabisch, ost- oder südeuropäisch usw. zu bezeichnen. Als Angehörige der ethnischen Mehrheitsgesellschaft scheint eine Selbstbezeichnung nicht nötig. Es ist auch ohne Bezeichnung klar, wer hier dazugehört. Die Abgrenzung erfolgt über die Bezeichnung der anderen.

Zu den Privilegien des deutschen Kindergartens gehört, dass sein gesamtes Ambiente – die äußere Erscheinung wie das innere Geschehen – monokulturell „deutsch" sein darf, ohne dass dies überhaupt auffällt. Es ist selbstverständlich. Elemente aus anderen Kulturen tauchen in Bau und Ausstattung kaum auf und wenn, dann oft als folkloristischer Farbklecks in einer ansonsten monokulturellen Umgebung. Kinderbücher, Puppen und andere Spielfiguren zeigen vorwiegend hellhäutige Kinder, die Bücher erzählen vor allem Geschichten aus dem Leben bürgerlicher Mittelschichtsfamilien. Die Rituale im Tages-, Wochen- und Jahresablauf entsprechen der deutschen Kultur. Die Umgangssprache ist Deutsch.

Kinder und Eltern, die sich in Aussehen, Sprache und Familiengewohnheiten von dieser Monokultur unterscheiden, empfinden sich als „anders". Auch hier wird eine Norm transportiert. Auch hier werden wirksam Signale gegeben, was als „normal" gilt und was nicht. Das Kind nimmt diese Signale auf und integriert sie in sein Selbstbild. Weisen Familienkultur und Kindergartenkultur große Unterschiede auf, wird es für das Kind zu Irritationen kommen. Die Frage taucht auf, ob es sich gleichzeitig zu beiden Kulturen zugehörig fühlen kann, oder ob die Zugehörigkeit zur einen Kultur verlangt, wichtige Elemente der anderen Kultur zu leugnen.

Nichtdeutsche Familienkulturen unterscheiden sich mal mehr, mal weniger von der Kindergartenkultur. Westeuropäische oder nordamerikanische Familien unterscheiden sich vermutlich weniger als süd- oder osteuropäische, asiatische und afrikanische Familienkulturen. Die Sprachen der westeuropäischen oder nordamerikanischen Familien haben mehr Chancen, gehört zu werden, ihre Kultur hat mehr Aussichten, angenommen werden. Sie passen gut in das Bild des neuen Europa und der globalen Welt. Es geht also nicht nur um die deutsche und um andere Kulturen, es geht um die Hierarchie zwischen den Kulturen.

Deutlich wird das an der aktuellen bildungspolitischen Diskussion um Sprache. Wenn heute von Sprachdefiziten der Migrantenkinder die Rede ist, dann sind die Kinder nichtdeutscher Herkunft gemeint,

- deren Familien hier einen geringen sozialen Status haben und
- deren Eltern hier einen Beruf ausüben, in dem Sprache als Kommunikationsmittel weniger wichtig ist, oder die arbeitslos sind und
- deren Familiensprache zu den Sprachen gehört, die in der Bundesrepublik Deutschland und auf dem Weltmarkt nicht viel wert sind (etwa die türkische, arabische, teilweise auch die russische Sprache), und
- deren Kulturgruppe hier zu den Minderheiten gehört, die diskriminiert und stigmatisiert sind und rechtlich und politisch der deutschen Dominanzgesellschaft nicht gleichberechtigt gegenüberstehen.

Betroffen sind all die Kinder, deren Familien und kulturelle Bezugsgruppen in dieser Gesellschaft zu sagen haben. Sie haben es auch im Kindergarten schwerer als andere, gehört und verstanden zu werden.

Vorurteilsbewusste Bildung und Erziehung stellt die Hierarchie zwischen den verschiedenen Kulturen in Frage. Sie zielt darauf ab, dass jedes Kind sich mit seiner Familienkultur und seiner Sprache auch im Kindergarten zugehörig fühlen kann. Elemente aller Familienkulturen und alle Sprachen der Kinder sollten im Kindergarten hörbar und sichtbar sein. Das unterstützt nicht nur die Kinder der „anderen" Kulturen. Auch deutsche Kinder können ein realistischeres Bild von sich selbst malen, wenn sie erfahren, dass nicht alle Menschen so leben wie selbst – auch ihre Farbpalette wird reicher.

Gleichheit und geschlechtsspezifische Unterschiede

Verfassungsrechtlich ist die Gleichberechtigung der Geschlechter in Deutschland seit langer Zeit garantiert. Dennoch: Als Mann oder als Frau zu leben, das eröffnet ganz unterschiedliche Erfahrungsräume. Die tägliche Zeitungslektüre (z. B. die Wirtschaftsseiten) oder die gezielte Beobachtung der Nachrichtensendungen zeigen ebenso wie soziologische Analysen, dass Männer in unserer Gesellschaft mehr Macht und Einfluss haben. Im Kindergarten erleben Kinder eine fast ausschließlich von Frauen geprägte Welt. Der Erzieher/innenberuf ist nach wie vor meist ein Beruf, der von Frauen ausgeübt wird und auch die hauswirtschaftlichen Arbeiten im Kindergarten werden in aller Regel von Frauen erledigt. Wenn überhaupt, kommen Männer als Hausmeister vor und erledigen die technischen Arbeiten; manchmal sind Männer auch Kindergartenleiter. Kinder erhalten früh die Botschaft: Das Zusammenleben mit Kindern, Einkaufen, Kochen, Putzen, Aufräumen, das alles ist Frauensache. In vielen Familien findet diese Erfahrung ihre Bestätigung. Auch wenn die Mütter berufstätig sind, erledigen sie den Großteil der Hausarbeit, sind stärker in die Erziehungsverantwortung eingebunden als die Väter. In vielen Kinderbüchern wird diese Realität reproduziert.

Das Fernsehen, insbesondere die Werbung, spricht Frauen als Konsumentinnen von Windeln, Babycremes, Wasch- und Putzmitteln, Nahrungsmitteln und als Menschen an, die vor allen Dingen schön sein wollen. Männer sind die Werbefiguren für Handys, Computer und Internet, für Versicherungen, Hausbau, Geldanlagen und Autos. Selbst wenn ein Mann ausnahmsweise die Wäsche oder den Abwasch gemacht hat, taucht die Frau als kritische Begutachterin auf, die feststellt, dass dank „Megapearls" oder „Ultraspüli" der Mann es tatsächlich fertig gebracht hat, ein zufriedenstellendes Ergebnis bei dieser ihm nicht entsprechenden Tätigkeit zu erzielen. Das Thema ist alt und nach wie vor aktuell.

Es verwundert deshalb nicht, dass auch neue Forschungen zeigen, dass die Zukunftsbilder, die Mädchen und Jungen im Kindergarten- und Hortalter von sich zeichnen, klar in diese Profile passen (vgl. Focks 2002, Permien & Frank 1995). Die Jungen entwickeln Berufsvorstellungen, die Geld und öffentliches Ansehen versprechen. Die Vorstellungen der Mädchen sind familien- und berufsorientiert, wobei die Familie oft Priorität hat und Einschränkungen im Berufsleben von vornherein einkalkuliert werden. Wir wissen aus der Jugendforschung, dass solche grundlegenden Einstellungen relativ stabil bleiben. Die Muster differenzieren sich im Jugendalter aus, die Tendenz bleibt. Technische und naturwissenschaftliche Berufe passen eher ins Selbstkonzept der Jungen, soziale Berufe eher in das der Mädchen.

Vorurteilsbewusste Bildung und Erziehung tritt solch frühen Selbstbegrenzungen entgegen: Sie zielt darauf ab, Mädchen und Jungen darin zu bestärken, sich in vielfältigen Tätigkeiten auszuprobieren und in dem breiten Spektrum von Zukunftsvorstellungen herausfinden, was zu ihren individuellen Interessen und den eigenen Stärken passt. Damit wird bei Mädchen einer falschen Bescheidenheit oder dem frühen Einverständnis mit der oft zitierten Doppelbelastung durch Beruf und Familie entgegengewirkt. Jungen werden vor überzogenen und unrealistischen Erwartungen geschützt, die nicht selten Versagensängste hervorrufen.

Die gesellschaftliche Definition von „weiblich" und „männlich" schließt die heterosexuelle Orientierung ein. Homosexuelle Orientierung ist im öffentlichen Leben nach wie vor Tabu oder mindestens Anlass für besonders kritische Beachtung. Sind Kinder im Kindergarten, deren Mutter oder Vater in einer homosexuellen Partnerschaft lebt, ist es besonders wichtig, dass diese Lebensform wie alle bisher genannten Familienkulturen nicht tabuisiert wird, sondern gleichberechtigt mit allen anderen Formen des Zusammenlebens vorkommt.

Gleichheit und individuelle Unterschiede

Körperlich, geistig und seelisch behinderte Menschen und Hochbegabte werden in der Regel nur in ihrer Abweichung von der Mehrheit gesehen. Sie fallen durch eine Facette ihrer Persönlichkeit auf. Die Fixierung der Aufmerksamkeit auf diese eine Facette verstellt jedoch den Blick auf die vielen und entscheidenderen Gemeinsamkeiten mit allen anderen Menschen. Die Betonung des Besonderen verführt zudem zu einem Defizitblick. Kinder mit einer Behinderung werden eher wahrgenommen in dem, was sie nicht können als in ihren Fähigkeiten. Wenn alle Kinder nach dem gleichen Maßstab beurteilt werden, verstärkt das den Defizitblick. Kinder können und leisten Verschiedenes. Dies muss bei einer Beurteilung berücksichtigt werden. Es ist für Pädagoginnen und Pädagogen aufwändiger, differenziert zu beschreiben, was ein Kind will und kann und wo es Unterstützungsbedarf hat, als standardisierte Leistungsbeurteilungen durchzuführen. Bei Beurteilungen ist immer zu fragen, wem sie nützen: den Kindern und ihrer Möglichkeit, jetzt und in Zukunft an der Gesellschaft teilzuhaben oder den Pädagoginnen und Pädagogen bzw. der Institution, die dann in gutem Licht erscheinen, wenn sie alle Kinder auf einen in etwa gleichen Leistungsstand gebracht haben.

Vorurteilsbewusste Bildung und Erziehung schaut auf die Stärken und Kompetenzen eines jeden Kindes. Erzieher/innen unterstützen das Kind dabei, seine Stärken weiterzuentwickeln und in die Gemeinschaft einzubringen. Die Einschränkungen und Schwächen des einzelnen Kindes werden dabei nicht blauäugig übersehen. Erzieher/innen ermutigen das Kind, an seinen Schwächen und Beschränkungen zu arbeiten, Hindernisse zu überwinden und sich über Fortschritte zu freuen.

Zusammenfassend lässt sich in Bezug auf die Zielsetzung vorurteilsbewusster Bildung und Erziehung Folgendes sagen: Jedes Kind muss Anerkennung und Wertschätzung finden, als Individuum und als Mitglied einer bestimmten sozialen Gruppe, dazu gehören Selbstvertrauen und ein Wissen um seinen eigenen Hintergrund. Auf dieser Basis muss Kindern ermöglicht werden, Erfahrungen mit Menschen zu machen, die anders aussehen und sich anders verhalten, sodass sie sich mit ihnen wohl fühlen und Empathie entwickeln können. Das kritische Denken von Kindern über Vorurteile, Einseitigkeiten und Diskriminierung anzuregen heißt auch, mit ihnen eine Sprache zu entwickeln, um sich darüber verständigen zu können, was fair und was unfair ist. Von da aus können Kinder ermutigt werden, sich aktiv und gemeinsam mit anderen gegen einseitige oder diskriminierende Verhaltensweisen zur Wehr zu setzen, die gegen sie selbst oder gegen andere gerichtet sind (Gaine; van Keulen 1997, 7–9).

Bei unüberwindbaren Einschränkungen bekommt das Kind Hilfestellungen, um mit der Einschränkung zu leben und Beistand, wo Hilfe nötigt ist. Mit dieser Haltung sind die Erzieher/innen den anderen Kindern der Gruppe und Eltern ein Vorbild. Solidarität mit Schwächeren gehört zur Vorurteilsbewussten Bildung und Erziehung ebenso wie die Abwehr von jeder Art von Diskriminierung.

Vorurteilsbewusste Bildung und Erziehung für alle Kinder

Viele denken, Vorurteilsbewusste Bildung und Erziehung betreffe nur „ausländische" und „behinderte" Kinder. Unser individuelles Bewusstsein ist vom öffentlichen Bewusstsein geprägt und da wird der Begriff „Vorurteil" gegenwärtig vor allem mit „Ausländern" und „Behinderten" in Beziehung gebracht. Je nach individueller Eingebundenheit und politischer Orientierung bezüglich der Ausländer- und Behindertenpolitik in unserer Gesellschaft, bemühen sich Pädagoginnen und Pädagogen dann um „Integration" und die „Überwindung" von Vorurteilen gegenüber diesen Personengruppen. Die Entwicklungen der letzten Jahre zeigen deutlich, dass diese Begriffe nicht mehr richtig funktionieren. „Ausländer im eigenen Land" – so oder ähnlich lauteten Schlagzeilen und Buchtitel kurze Zeit nach der Wende. Gemeint waren Ostdeutsche. Die Öffnung der Grenzen und Arbeitsmärkte innerhalb der EU bewirken, dass Angehörige aus anderen EU-Staaten nicht mehr „richtige" Ausländer sind. In Berlin z. B. wird „Ausländer" fast synonym für „Türken" und „Araber" benutzt. Gleichzeitig sind inzwischen viele Menschen z. B. türkischer Herkunft in Deutschland geboren und sprechen besser Deutsch als Türkisch. Viele von ihnen haben die deutsche Staatsbürgerschaft und sind keine Ausländer, werden aber dennoch als solche bezeichnet.

Ähnlich kompliziert verhält es sich mit dem Begriff „Behinderte". Je intensiver sich eine Gesellschaft mit dem Gesundheitsbegriff auseinander setzt[2], umso fragwürdiger wird die Definition von Behinderung.

---

[2] „Gesundheit ist ein Zustand vollständigen Wohlbefindens und nicht die Abwesenheit von Krankheiten", so die Definition der Weltgesundheitsorganisation (WHO).

Sind allergiekranke Menschen, hyperaktive Kinder oder Kinder mit Aufmerksamkeits-Defizit-Syndrom (ADS) behindert? Von Vorurteilen betroffen sind Menschen aus vielerlei Gründen. Ihr Aussehen, die Geschlechtszugehörigkeit, die Lebensform, ihr Wohnort bzw. ihr Wohngebiet, ihre Sprache, individuelle Begabungen oder Beeinträchtigungen, ihre sexuelle Orientierung etc. – all dies kann zum Gegenstand von Vorurteilen werden.

Wir fassen den Begriff „Vorurteilsbewusste Bildung und Erziehung" deshalb grundlegender und breiter. Jedes Kind hat ein Recht mit seinen je individuellen Voraussetzungen und Eigenheiten wahrgenommen und anerkannt zu werden. Das ist pädagogisches Allgemeingut, seit wir über Individualisierung der Arbeit im Kindergarten sprechen. Vorurteilsbewusste Bildung und Erziehung richtet darüber hinaus ein Augenmerk auf die Frage, durch welche Brille Erzieher/innen die individuellen Voraussetzungen und Eigenheiten eines Kinder wahrnehmen, weil die Kinder oder ihre Familien zu einer sozialen Gruppe gehören, die in unserer Gesellschaft diskriminiert wird.

Die eigene kulturelle Herkunft der Erzieher/innen, ihre gegenwärtige soziale Bezugsgruppe und die öffentliche Meinung darüber, welche Lebensumstände für Kinder günstig sind, beeinflussen die Wahrnehmung – auch wenn das oft nicht bewusst ist. Deshalb ist es ein wichtiges Anliegen Vorurteilsbewusster Bildung und Erziehung, dass Erzieherinnen ihre eigene kulturelle Herkunft und ihre gegenwärtige Bezugsgruppenzugehörigkeit reflektieren und sich darüber mit Kollegen und Kolleginnen austauschen. Daher kann die Auseinandersetzung mit der eigenen Nationalitätszugehörigkeit ebenso wenig ausgespart bleiben wie die Frage, welcher soziale Status das eigene Denken und die eigene Wahrnehmung prägen.

Auch die Institution Kindergarten muss in diese Auseinandersetzung einbezogen werden. Kindergärten sind öffentlich verantwortete „Orte für Kinder"[3], die privat verantwortete Orte der Familien ergänzen und erweitern sollen. Sie bilden eine gesellschaftlich geprägte Umgebung, in der Kinder unterschiedlichen Alters und unterschiedlicher Herkunft ihren Fragen nach der eigenen Identität und der Identität der anderen

---

[3] Titel eines DJI-Projektes der 1990er Jahre.

nachgehen und in einem ausgewählten und professionell gestalteten Rahmen Welt erkunden können. Kindergärten sind Orte, an denen Kinder oft zum ersten Mal und in jedem Fall über einen längeren Zeitraum Gemeinschaft mit vielen anderen Kindern unterschiedlicher Herkunft erfahren. Die persönlichkeitsbildende und erkenntnisbildende Qualität dieser Kindergemeinschaft zeichnet den Kindergarten aus.

Wenn alle Kinder vom Kindergarten gleichermaßen profitieren sollen, dann muss auch die Betreuungsqualität unter die Lupe genommen werden. Können alle Kinder, gleich welcher Herkunft, an diesem Angebot teilhaben? Grenzen Öffnungszeiten, die Höhe von Elternbeiträgen, weltanschauliche oder religiöse Festlegungen des Teams oder des Trägers bestimmte Familien bzw. Kinder aus? Sind die Räume so, dass auch Kinder mit körperlichen Einschränkungen sie nutzen können?

Die Fragen reichen weiter: Wissen Träger, Leiter/innen und Mitarbeiter/innen darum, was Eltern davon abhalten könnte, ihre Kinder in einen Kindergarten zu schicken? Wissen sie um eventuelle Ängste, dass ihr Kind dort beschämt werden könnte, weil es anders gekleidet ist, anders aussieht oder sich anders verhält als die meisten? Wissen sie um Befürchtungen von Eltern, dass ihr Kind im Kindergarten eventuell der eigenen Familie und ihrer Tradition entfremdet wird? Wissen Träger, Leiter/innen und Mitarbeiter/innen, welche Familien mit Kindern im Einzugsbereich ihrer Kindertagesstätte leben, die vielleicht gar nicht wissen, dass ihr Kind in diesen Kindergarten gehen könnte? Ist es möglich, dass eine Flüchtlingsfamilie – vielleicht von Ausweisung bedroht – ihre Kinder in den Kindergarten bringen kann?

Der Blick muss über den eigenen Tellerrand hinausreichen. Er muss auch die Wirklichkeit außerhalb der Institution wahrnehmen. Blinde Flecken müssen beleuchtet und aufgeklärt werden. Es reicht nicht, wenn in der Institution alles in Ordnung ist. Kinder erleben die Welt auch außerhalb der schützenden Mauern des Kindergartens.

Vorurteilsbewusste Bildung und Erziehung für alle Kinder muss ebenfalls Fragen nach einem ausreichenden und auf die unterschiedlichen Lebensverhältnisse der Familien abgestimmten Betreuungsangebot für alle Kinder beantworten. Die ausreichende Betreuung ist Voraussetzung für Bildung und Erziehung. Deshalb wenden wir uns gegen Argumentationen, dass bei knapper werdenden Mitteln gute Bildungs- und

Erziehungsqualität nur gegeben sein kann, wenn das Betreuungsangebot quantitativ eingeschränkt wird bzw. bleibt.

Vorurteilsbewusste Bildung und Erziehung legt besonderes Augenmerk darauf, ob Menschen diese Möglichkeiten versagt werden, weil sie zu einer in dieser Gesellschaft benachteiligten Gruppe gehören. Es gehört dann zu den Aufgaben, Stellung zu beziehen und einzugreifen. Vorurteilsfrei zu sein ist eine Vision. Vorurteilsbewusst zu werden ist ein gangbarer und erlebnisreicher Weg, auf dem jede und jeder an sich selbst und an den Weggefährten viel entdecken kann.

Literatur

Alvarado, Cecilia; Derman-Sparks, Louise u. a. (1999): In Our Own Way. How Anti-Bias Work Shapes our Lives. St.Paul; Minnesota: Redleaf Press

Ansari, Mahdokht (2003): Das Thema Diskriminierung in einem Anti-Bias-Workshop mit ErzieherInnen. In: TPS, Heft 5

BMFSFJ Bundesministerium für Familie, Senioren, Frauen und Jugend (2000): Kinder- und Jugendhilfegesetz. 9. Auflage. Berlin.

BMFSFJ Bundesministerium für Familie, Senioren, Frauen und Jugend (Hrsg., 1998): Zehnter Kinder- und Jugendbericht. Bericht über die Lebenssituationen von Kindern und die Leistungen der Kinderhilfen in Deutschland. Bonn

Brown, Babette (2001): Combating Discrimination. Persona Dolls in Action. London: Trentham Books

Cohen Emerique, Margalit (2002): Interkulturelle Annäherung mit Respekt vor den kulturellen Unterschieden der Anderen. Unveröffentlichtes Manuskript, Übersetzung aus dem Französischen

Derman-Sparks, Louise (1989): Anti-Bias-Curriculum. Tools for empowering young children. Washington: NAEYC

DJI-Projekt Multikulturelles Kinderleben (Hrsg. 2000): Wie Kinder multikulturellen Alltag erleben. Ergebnisse einer Kinderbefragung. (Projektheft 4) München: Deutsches Jugendinstitut

Elschenbroich, Donata (2001): Weltwissen der Siebenjährigen. Wie Kinder die Welt entdecken können. München: Kunstmann

Focks, Petra (2002): Starke Mädchen, starke Jungs. Leitfaden für eine geschlechtsbewusste Pädagogik. Freiburg, Basel, Wien: Herder

Freire, Paulo (1977): Erziehung als Praxis der Freiheit. Beispiele zur Pädagogik der Unterdrückten. Reinbek/ Hamburg: Rowohlt

Gaine, Brendah; van Keulen, Anke (1997): Anti-Bias Training Approaches in the

Early Years. A guide for Trainers and Teachers. Utrecht/London: MUTANT, EYTARN

Garske, Karin: Pädagogik in Kindertagesstätten – Ein Studie zu den Konsequenzen pädagogischer Defizite für die Leitungstätigkeit – Dissertation. Geplante Veröffentlichung Mai 2003. Peter Lang Verlag

Gogolin, Ingrid (1988): Erziehungsziel Zweisprachigkeit. Konturen eines sprachpädagogischen Konzepts für die Schule. Hamburg: Bergmann & Helbig

Gomolla, Mechtild; Radtke, Frank-Olaf (2002): Institutionalisierte Diskriminierung. Die Herstellung ethnischer Differenz in der Schule. Opladen: Leske und Budrich

Honneth, Axel (1998): Kampf um Anerkennung. Zur moralischen Grammatik sozialer Konflikte. Frankfurt/M.: Suhrkamp (2. Aufl.)

Leu, Hans Rudolf (1998): Zum Konzept der wechselseitigen Anerkennung. In: Ministerium für Bildung, Jugend und Sport (Hrsg.): Auf dem Weg zu einem Bildungsauftrag von Kindertageseinrichtungen. Beiträge einer Fachtagung am 27./28.1.98 Potsdam

Leu, Hans Rudolf; Krappmann, Lothar (Hrsg. 1999): Zwischen Autonomie und Verbundenheit. Bedingungen und Formen der Behauptung von Subjektivität. Frankfurt/M.: Suhrkamp

Permien, Hanna; Frank, Kerstin (1995): Schöne Mädchen – starke Jungen? – Gleichberechtigung (k)ein Thema in Tageseinrichtungen für Schulkinder. Freiburg im Breisgau: Lambertus

Preissing, Christa (2003): Der Situationsansatz – Geschichte, Gegenwart und Perspektiven; www.ina-fu.org

Preissing, Christa (Hrsg.) (2003): Qualität im Situationsansatz. Weinheim/Basel: Beltz

Preissing, Christa (2003): Das Berliner Bildungsprogramm für die Arbeit in Kindertageseinrichtungen Berlin, www.senbjs.berlin.de

Preissing, Christa/Wagner, Petra (Hrsg.) (2003): Kleine Kinder – keine Vorurteile? Interkulturelle und vorurteilsbewusste Arbeit in Kindertageseinrichtungen, Freiburg: Verlag Herder

Ulich, Michaela; Oberhuemer, Pamela; Soltendieck, M. (2001): Die Welt trifft sich im Kindergarten: Interkulturelle Arbeit und Sprachförderung. Staatsinstitut für Frühpädagogik. Berlin: Luchterhand

Wagner, Petra (1999): Kindertageseinrichtungen – Herausforderungen durch Immigration und gesellschaftliche Marginalisierung. In: BMFSFJ: Partizipation und Chancengleichheit zugewanderter Jugendlicher, Fachkongress der BAG JAW

Wagner, Petra (2000): Module für die Fortbildung von Multiplikator/innen in türkischen Vereinen zum Thema Frühkindliche Erziehung. Bausteine zur

Qualitätsentwicklung in türkischen Vereinen. Herausgeber: Arbeitskreis Neue Erziehung e.V., Berlin, unter Mitarbeit von Jale Bulut

Wagner, Petra (2001a): „Einen Kieselstein in den Fluss werfen ..." – Vorurteilsbewusste Arbeit in Kindertagesstätten. Ein Tagungsbericht. In: KiTa aktuell MO, Heft 9

Wagner, Petra (2001b): Vorurteile tun im Herzen weh – Interkulturelle Arbeit in Kindertageseinrichtungen. In: Kita aktuell MO, Heft 1, S. 17–22

Wagner, Petra (2001c): Kleine Kinder – keine Vorurteile? Vorurteilsbewusste Pädagogik in Kindertageseinrichtungen. In: Diskurs, Heft 2, S. 22–27

York, Stacey (1991): Roots and Wings. Affirming Culture in Early Childhood Programs. St. Paul; Minnesota: Redleaf Press

Zimmer, Jürgen (2000): Das kleine Handbuch zum Situationsansatz. Weinheim und Basel: Beltz (Praxisreihe Situationsansatz)

Michaela Ulich

Literacy und sprachliche Bildung im Elementarbereich[1]

Seit dem Erscheinen der PISA-Studie werden in Deutschland die beiden Probleme „mangelnde Lesekompetenz" und „ungleiche Bildungschancen" auf den verschiedensten Ebenen diskutiert. Wesentlich für meine Argumentation ist vor allem die Tatsache, dass hierzulande Kinder aus gut situierten Familien über weitaus größere Kompetenzen im Bereich von Literacy und damit auch über entsprechende bessere Bildungschancen verfügen als Kinder aus sozial und materiell schlechter gestellten Familien. So gesehen hätte eine Förderung von Literacy eine doppelte Funktion: die Lesekompetenz von Kindern und Jugendlichen in Deutschland auf ein höheres Niveau zu heben und die Chancengleichheit im Bereich Bildung zu verbessern.

Die gezielte Förderung von Literacy im Elementarbereich ist in anderen Ländern eine Selbstverständlichkeit. Und konsequenterweise konzentrieren sich z. B. in den USA, Großbritannien, Australien, Niederlande viele pädagogische Programme und Interventionen in sozialen Brennpunkten auf den Bereich der Literacy-Erziehung in der frühen Kindheit – mit entsprechendem Erfolg.

Was heißt Literacy in der frühen Kindheit?

Im Deutschen haben wir für den Begriff „Literacy" leider kein passendes Wort (in Fachkreisen wird es z.T. mit „Literalität" übersetzt). Wörtlich übersetzt heißt Literacy Lese- und Schreibkompetenz, aber der Begriff beschreibt weit mehr als die Grundfertigkeit des Lesens und Schreibens. Er umfasst Kompetenzen wie Textverständnis und Sinnverstehen,

---

[1] Die Originalfassung dieses Textes erschien in der Zeitschrift „kindergarten heute" (2003), Jg. 33, Heft 3, S. 6–18 und wurde für dieses Buch leicht überarbeitet und ergänzt.

sprachliche Abstraktionsfähigkeit, Lesefreude, Vertrautheit mit Büchern, die Fähigkeit sich schriftlich auszudrücken, Vertrautheit mit Schriftsprache bzw. mit „literarischer" Sprache oder sogar Medienkompetenz. Aber was hat das alles mit der Bildung im Elementarbereich zu tun? Sehr viel, denn die Entwicklung dieser Kompetenzen beginnt bereits in der frühen Kindheit.

Literacy in der frühen Kindheit ist ein Sammelbegriff für kindliche Erfahrungen rund um die Buch-, Erzähl-, Reim- und Schriftkultur. Manche Kinder begegnen ihr bereits in den ersten Lebensmonaten, bei anderen – weniger privilegierten – Kindern sind literacy-bezogene Erlebnisse bis zum Schulalter eher selten. Die Erfahrungen im Einzelnen können sehr vielfältig sein. Ein Kind erlebt, dass in der Familie und in der Umgebung oft Geschichten erzählt werden, es bekommt eine Gute-Nacht-Geschichte vorgelesen, es berichtet bei Tisch über ein Erlebnis und die Erwachsenen hören zu; fast jeden Tag wird ihm sein Lieblingsbilderbuch vorgelesen, zu Weihnachten bekommt es Bilderbücher; es nimmt sich selbstständig ein Bilderbuch und blättert darin; es sieht, wie die Mutter sich ein Buch kauft und mit der älteren Schwester über das Buch spricht; es versucht ein Wort auf dem Bildschirm zu entziffern und seinen Vornamen zu schreiben und die Erwachsenen rund herum freuen sich; es sieht, wie die Eltern Briefe schreiben; es hört, wie sie über einen Text sprechen (Artikel in der Zeitung, eine E-Mail); es macht mit der Großmutter eine Einkaufsliste; es sieht einen Zettel an der Haustür mit der Notiz „Komme später". Diese Beispiele stammen aus dem familiären Umfeld – man könnte eine ebenso lange Liste für den Bereich der Elementarerziehung zusammenstellen. Und, wenn auch nicht so ausgeprägt wie in Familien, so gilt auch für den Elementarbereich, von der Krippe bis zur „Vorschulgruppe", dass es große Unterschiede im Bereich der Literacy-Erziehung gibt. Je nach „pädagogischer Kultur", Rahmenbedingungen in der Einrichtung oder pädagogischem Konzept und Vorlieben der Fachkräfte können Kinder mehr oder weniger intensive und vielfältige Literacy-Erfahrungen machen.

Literacy und Bildungschancen

Literacy-Erfahrungen in der Familie oder in pädagogischen Einrichtungen – dies ist ein Thema, das etwa seit Anfang der 80er Jahre international zunehmend an Bedeutung gewinnt und zwar sowohl im pädagogischen Bereich als auch in der Forschung. Es gibt inzwischen – allerdings nicht in Deutschland – eine fast unüberschaubare Fülle von pädagogisch-praktischer und wissenschaftlicher Literatur dazu, ganz besonders im anglo-amerikanischen Bereich, aber auch in vielen anderen Ländern und Erdteilen. Kennzeichnend für viele dieser Arbeiten ist die enge Koppelung von Sprache bzw. Sprachentwicklung und Literacy – bereits im Titel heißt es oft „Language and Literacy in the Early Years".

In den zentralen Thesen dieser (vgl. z. B. Whitehurst & Lonigan 1998; Britto & Brooks-Gunn 2001; Whitehead [im Druck] werden folgende Aspekte herausgestellt: Bereits in der frühen Kindheit machen Kinder, lange bevor sie „formal" lesen und schreiben lernen, Erfahrungen mit verschiedenen Fassetten und Erscheinungsformen von Lese-, Erzähl- und Schriftkultur (die so genannte „Literacy-Kultur"). Diese Erfahrungen gehören wesentlich zur sprachlichen Bildung von Kindern und sie haben Auswirkungen auf ihre Kompetenzen (z. B. Sprachzuwachs), ihr Wissen (z. B. Wissen über Buchkultur, über die Funktionen von Schrift) und ihre Einstellungen (z. B. Neugierde in Bezug auf Geschichten, Freude an Büchern). Kinder mit reichhaltigen Literacy-Erfahrungen in der frühen Kindheit haben längerfristig „Entwicklungsvorteile", sowohl im Bereich der Sprachkompetenz als auch beim Lesen und Schreiben (einzelne Untersuchungen zeigen sogar, dass sich Literacy auf das mathematische Verständnis auswirkt, z. B. Wade 2000). Sprachkompetenz, Lese- und Schreibkompetenz gehören nachweislich zu den wichtigsten Grundlagen für den Schulerfolg und für die Bildungslaufbahn von Kindern.

Kinder unterscheiden sich sehr in ihren Literacy-Erfahrungen. Je nach Situation in der Familie, sozio-kulturellem Umfeld und Betreuungssituation können Literacy-Erfahrungen für manche Kinder sehr intensiv und vielfältig sein, während sie für andere Kinder eher beiläufig und sporadisch bleiben. Im Bereich von Sprache und Literacy gibt es eine große Diskrepanz zwischen so genannten „privilegierten" Kindern und weniger privilegierten Kindern, eine große Chancenungleichheit – bezogen auf das herrschende Bildungssystem.

Ich möchte nun am Beispiel von ausgewählten literacy-bezogenen Aktivitäten konkret beschreiben, welche Lernprozesse mit dem Bereich Literacy verbunden sind und wie diese Prozesse bei Kindern pädagogisch unterstützt werden können (vgl. Apeltauer 2003). Dabei geht es mir zum einen um eine bewusstere Wahrnehmung von Lernprozessen rund um Bilderbücher und Geschichten – und, damit verbunden, um eine Aufwertung dieses Bereichs, zum anderen um eine stärkere Akzentuierung von Schriftsprache und Schriftkultur.

Lernchancen durch Bilderbücher

Die Bilderbuchbetrachtung gehört nachweislich zu den wirksamsten Formen der Sprachförderung im frühen Kindesalter. Vor allem wenn sie als Dialog gestaltet wird, eröffnet sie Kindern vielfältige Lernchancen (vgl. Hargrave & Sénéchal 2000; Sénéchal u. a. 1996; Sénéchal & LeFevre 2001; Whitehurst & Lonigan 1998). Um welche Erfahrungen und Lernchancen geht es? Was heißt in dieser Situation „dialogisch"?

Zuwendung und Nähe mit dem Fokus „Sprache"

Bei einer Bilderbuchbetrachtung genießt das Kind eine „nicht-unterbrochene" Zuwendung und Nähe des Erwachsenen in einer sprachintensiven Situation. Die Kommunikationssituation ist klar abgegrenzt oder sogar abgeschirmt, Zuwendung und sprachlichem Austausch werden nicht immer wieder unterbrochen wie z. B. beim Essen oder Basteln. Vorleser/in und Kind sind sich (im Idealfall) auch körperlich sehr nah und aufeinander bezogen. Diese Nähe ergibt sich fast selbstverständlich, was es auch schüchternen oder eher distanzierten Kindern leichter macht, in dieser Situation Nähe zu suchen oder zu finden und vielleicht auch eine Bindung aufzubauen. In dieser abgeschirmten und eher „kuscheligen" Situation liegt der Fokus der Aktivität auf Sprache und sprachliche Kommunikation: es geht um Sprechen *und* Zuhören; es gibt Bilder und Schrift, die beide „ver-sprachlicht" werden, als Bild-Deutung und als Geschichte.

Verweilen und wiederholen – ganz selbstverständlich

Die Bilderbuchbetrachtung ist eine Situation, die es erlaubt, das Tempo von sprachlicher Anregung und Kommunikation sensibel auf das Kind abzustimmen (je nach Sprachniveau und Interesse des Kindes). Ein Bilderbuch kann relativ zügig erzählt werden oder aber Kinder und Erwachsene verweilen lange bei einem Bild oder Bildausschnitt. Wichtig erscheint mir, dass in dieser Situation Verweilen, Erklären, Rückfragen oder Wiederholen ganz „natürlich" sind und keinen belehrend-korrigierenden Charakter haben. Kinder und Bezugsperson blättern einfach zurück, sprechen noch einmal über eine Episode in dem Buch, erinnern sich usw.

Darüber hinaus kann ein und dasselbe Bilderbuch immer wieder vorgelesen werden. Auch das muss nicht didaktisch begründet erscheinen, sondern ergibt sich z. B. einfach aus der Tatsache, dass es sich um ein Lieblingsbilderbuch handelt. Untersuchungen zeigen, dass das mehrmalige Vorlesen eines Bilderbuchs den sprachlichen Lerneffekt bei sprachlich weniger kompetenten Kindern deutlich steigert. Das Prinzip der Wiederholung ist z. B. für mehrsprachig aufwachsende Migrantenkinder, die in der Einrichtung Deutsch lernen, sehr wichtig. Viele Bilderbücher gibt es inzwischen auch als Tonkassette, diese können Kinder dann ergänzend zum Bilderbuch in der Einrichtung und zu Hause anhören.

Eine besondere Form des Dialogs

Zunächst enthalten Bilderbücher eine Vielzahl von Dingen und Ereignissen, die Kinder im Bild und im Gespräch kennen lernen können (im Sinne der einfachen Wortschatzerweiterung). Aber *wie* wird darüber gesprochen? Hier gibt es je nach Entwicklungsstufe und Interesse des Kindes und je nach Art des Buches sehr viele Variationsmöglichkeiten und Abstufungen:

- das einfache Benennen der Dinge, die man sieht (was insbesondere den kleineren Kindern oft viel Freude macht);
- definieren, umschreiben und „erweitern" – (Was ist ein Hammer, wozu braucht man den …?);
- Beziehungen und Abfolgen herstellen zwischen den Bildern, zwischen den einzelnen Episoden („Der Junge geht jetzt zum Fenster und sieht,

wie Markus zur Post rennt. Denn Markus sucht seine Freunde Peter und Lisa ...");

- deuten, Bedeutung „entstehen lassen" und zusammen „konstruieren", Deutungsprozesse bewusst machen, „weiterspinnen" und „fantasieren" („Wie schaut der Junge?" „Er sieht so traurig aus oder vielleicht müde, was glaubst du?" – ... „Ich glaube eher, dass er traurig ist, aber warum, das wissen wir nicht, was meinst du?");
- Bezüge herstellen zum Leben des Kindes, zur Welt außerhalb des Buches („Ist dir das auch schon mal passiert? Gestern, als wir aus dem Fenster geschaut haben, da ...");
- vorausdeuten, raten, fantasieren („Was könnte als nächstes passieren? Ob er seinen Freund findet? Vielleicht verläuft er sich dabei ...", „Wie geht die Geschichte wohl zu Ende?" Kinder können sich auch einen anderen Schluss ausdenken oder eine Fortsetzung der Geschichte).

All diese Ebenen – Benennen, Definieren und Erklären, Deuten und Fantasieren – können in einem Bilderbuch zusammenfließen. Wichtig ist die Aktivierung des Kindes und zwar so, dass es allmählich selbst zum Erzähler der Geschichte wird und die Freiheit hat, eigene Erfahrungen beizusteuern, frei zu assoziieren. Das einfache Benennen („Das ist ein Hund") gehört zwar durchaus dazu, es ist aber nur eine „erste" Stufe. Allmählich sollte das Kind mit Hilfe der Bezugsperson in den „Geschichtenmodus" übergehen: „Der Hund sucht jetzt sein Herrchen ... und dann ...". Zu viele „Was-ist-das?-Fragen" von Seiten der Bezugsperson und das Kleben an der „richtigen" Geschichte können diese Aktivierung und die Erzählfreude bei Kindern hemmen.

Auch die Schrift im Buch ist für Kinder interessant

Beim gemeinsamen „Lesen" von Bilderbüchern erfahren Kinder fast „nebenbei" vieles über Schrift und Buchkultur, z. B. dass es einen Autor, einen Buchtitel, einen Buchumschlag gibt; dass man ein Buch von der ersten bis zur letzten Seite blättert und auf der einzelnen Seite liest, (bei lateinischer Schrift) von oben nach unten, von links nach rechts. Sie lernen, dass es neben den Bildern auch einen Text gibt, der andere Informationen enthält als die Bilder; dass sich im Text einzelne Worte, dann Sätze erkennen lassen; dass am Ende eines Satzes oft ein Punkt steht und dass in manchen Büchern bestimmte Worte auf jeder Seite auftauchen usw. Anhand dieser Erläuterungen wird deutlich: Bilderbuchbetrachtung mit einer größeren Gruppe von Kindern ist nicht besonders förderlich. Die Nähe, das sensible Variieren des Tempos, der Dialog, das Entdecken von Schrift, all dies ist nur bei einer kleinen Gruppe möglich. In keinem Fall darf die Bilderbuchbetrachtung zur Wortschatzübung verkümmern. Wichtig sind der Dialog, die Aktivierung des Kindes, der Spaß und die Einstellung des Kindes: in Büchern gibt es spannende, traurige und lustige Geschichten oder interessante Informationen. Dies sind die besten Voraussetzungen für den Sprachzuwachs und für die spätere Lesefreude.

Literacy und Sprachniveau – Begegnungen mit einer „anderen" Sprache

Beim Vorlesen von Kinderbüchern, Märchen und Erzählungen lernen Kinder ein anderes Sprachniveau kennen als im Gespräch. Untersuchungen zeigen, dass in Kinderbüchern im Durchschnitt viel mehr Adjektive auftauchen und generell der Wortschatz sehr viel reichhaltiger ist als in einem Alltagsgespräch. Man denke nur an Wörter wie „erblicken", „betrachten", „erspähen", die im Kinderbuch ganz gängig sind – im Alltag würden wir meistens einfach „sehen" sagen. Oder wenn Preussler in „Die Kleine Hexe" beschreibt, wie Holz herunterfällt: „… es krachte und knallte und klapperte …" würden wir im Gespräch wahrscheinlich anstelle einer solchen Reihung nur einen einzigen Ausdruck benutzen.

Auch der Satzbau ist in der geschriebenen Erzählsprache bzw. der Schriftsprache anders als in der Alltagssprache. Bereits der einfache Satz: „Weinend stand das Schaf am Zaun" würde im Gespräch vermutlich zu: „Das Schaf stand am Zaun und weinte." Kennzeichen der geschriebenen Erzählsprache im Vergleich zum Alltagsgespräch sind: mehr Variationen im Satzbau, mehr Nebensätze und Einschübe (oft beginnt ein Satz mit einem Nebensatz) und generell ein „längerer Bogen" zwischen Satzanfang und Satzende. Ein paar Beispiele mögen dies noch genauer veranschaulichen:

- ein Satz aus Otfried Preusslers „Die kleine Hexe": „Ganz hinten, im allerentlegensten Winkel des Marktes, stand stumm und traurig ein blasses Mädchen mit einem Korb voll Papierblumen" (Preussler 1957, S. 43)

▪ der Anfang von „Die Bremer Stadtmusikanten": „Es hatte ein Mann einen Esel, der schon lange Jahre die Säcke unverdrossen zur Mühle getragen hatte, dessen Kräfte aber nun zu Ende gingen, sodass er zur Arbeit immer untauglicher wurde" (Die Gebrüder Grimm 1984, S. 181)

▪ ein Satz aus „Jim Knopf und Lukas der Lokomotivführer": „Jeden Tag fuhr Lukas viele Male über das geschlängelte Gleis durch die fünf Tunnels von einem Ende der Insel zum anderen und wieder zurück, ohne dass sich jemals etwas Nennenswertes ereignete" (Ende 1960, S. 6).

Im Alltagsgespräch würde das erste Beispiel von Preussler mit dem Blumenmädchen wahrscheinlich etwa so klingen: „Ich hab ein Mädchen gesehen, das hatte einen Korb voll Papierblumen – das sah ganz traurig aus. Es war ganz weit hinten, ich hab's erst gar nicht gesehen, in der einen Ecke vom Marktplatz." Der Satzbau ist eintöniger und es gibt „abgebrochene" Sätze, ganz oft setzt man neu an, und der „Bogen" von Satzanfang bis Satzende ist viel kürzer.

In der Begegnung mit Bilderbüchern, Märchen oder Geschichten lernen Kinder nicht nur ein anderes Sprachniveau kennen, sondern auch die Struktur von Geschichten. Sie entwickeln ein „Geschichtenschema". Geschichten haben Figuren, die etwas erleben; es gibt einen Anfang, eine fortschreitende Handlung; vielleicht einen Konflikt, eine Auflösung bzw. ein Ende usw. Eine bekannte Forscherin im Bereich Sprachentwicklung und Literacy im frühen Kindesalter konnte zeigen, wie Kinder, die viele Bilderbücher, Märchen und Erzählungen kennen, dabei ein Gefühl für die besonderen Merkmale von Schriftsprache, von „geschriebener Erzählsprache" entwickeln. Diese Kinder haben dann auch ein Gefühl für Erzählkonventionen (Es war einmal …) und für die Struktur von Geschichten – und sie konnten diese nicht nur verstehen, sondern auch selbst produzieren (Purcell-Gates 2001). Das regelmäßige Hören von Geschichten in der frühen Kindheit wirkt sich deutlich auf die Sprachentwicklung aus (z. B. Heath 1982).

Mit Sprache eine Welt schaffen

Nicht nur der „Stil" der geschriebenen Sprache unterscheidet sich von dem der Alltagssprache, auch der Bezugspunkt des Gesagten verändert sich grundsätzlich bei Geschichten oder Märchen. Was ist bei Geschichten anders als beim täglichen Gespräch? Im Gespräch ist die Bedeutung des Gesagten meist eng verbunden mit bestimmten außersprachlichen Handlungen und Situationen. In der Regel wissen beide Gesprächspartner, worauf sich das Gespräch bezieht. Sie kennen beide die Situation oder die Person, über die gesprochen wird. D. h., es gibt viele außersprachliche Bezugspunkte für das Gesagte (es kann eine Geste sein, ein Gegenstand im Raum oder aber auch das gemeinsame „Wissen" der Gesprächspartner um eine Situation).

Ein Beispiel: Maxi beklagt sich bei der Erzieherin über seine beste Freundin: „Maria spielt nicht mit mir. Sie kam rein und hat mir einfach das Auto weggenommen und sie ist auch nicht mehr meine Freundin, hat sie gesagt." In einer Geschichte könnte die Situation etwa folgendermaßen dargestellt werden: „Maxi und Maria waren Freunde, sie gingen jeden Tag in den Kindergarten. Eines Tages wollte Maria nicht mehr mit Maxi spielen. Am Morgen kam sie in den Kindergarten und sah, wie Maxi mit einem neuen Auto spielte. Ohne Begrüßung ging sie hin, nahm ihm das Auto weg, das er von zu Hause mitgebracht hatte, und sagte ganz kurz angebunden: ‚Du bist nicht mehr mein Freund'."

Es wird deutlich, dass sich die Sprache und die Darstellungsform verändern. Anders als im Gespräch, wo der Dialog mit einem anwesenden Gesprächspartner über jemanden, den dieser auch kennt, geführt wird, ist die Erzählung so aufgebaut, dass jeder, auch ein Fremder, die Situation nachvollziehen und sich etwas darunter vorstellen kann. Dabei verändert sich etwas Grundsätzliches: Hier wird mit *sprachlichen Mitteln* das Umfeld einer bestimmten Bemerkung hergestellt und veranschaulicht. Das Gesagte bezieht sich nicht mehr direkt auf einen außersprachlichen Bezugspunkt (den Raum, in dem die Erzieherin steht, das gemeinsame Wissen von Erzieherin und Kind). Räume, Personen, Situationen müssen sprachlich eingeführt (und gegebenenfalls ausgeschmückt) werden. Diese für Geschichten typische Ausdrucksform nennt man „de-kontextualisierte Sprache". De-Kontextualisierung findet auch statt, wenn Kinder z. B. vom Urlaub oder von zu Hause erzählen und versuchen, das Erlebte für andere, die das Urlaubsland und die Familie nicht kennen, nachvollziehbar zu machen. Kinder werden in diesem Moment zu Geschichten-Erzählern und das ist sehr wichtig für die Sprachentwicklung. Im Alltag des Kindergartens, wo immer sehr viel Sichtbares, Greifbares und Bekanntes passiert, gewöhnen sich viele Kinder daran, sprachliche Botschaften stets durch den direkten Bezug zu ihrer unmittelbaren Umgebung zu verstehen und zu produzieren. Sie lernen nicht, in der oben beschriebenen Weise zu abstrahieren. Diese Abstraktionsfähigkeit sowie das Interesse an sprachlich vermittelten Botschaften; die Geduld und Fähigkeit, diese zu verstehen und zu interpretieren, sind eine wesentlicher Voraussetzung für die spätere Lesekompetenz und für das Schreiben von Texten. Auch die sprachgebundene Fantasie wird angeregt: Kinder erfahren, wie man mit Sprache erfundene oder schlicht „andere" Welten herholen oder herbeizaubern kann (vgl. Bruner 1986, Ulich & Ulich 1994).

Geschichten von Kindern schriftlich dokumentieren und darstellen

Geschichtenerzählen, von Seiten der Erwachsenen und von Seiten der Kinder, sollte in Kindertageseinrichtungen einen breiten Raum einnehmen, mehr Raum als bisher (vgl. Becker-Textor & Michelfeit 2000).

Das bedeutet u. a., dass Kinder auch dazu angeregt werden sollten, Geschichten festzuhalten, diese den Erwachsenen zu diktieren. Das ist eine große Leistung für Kinder, bei der sie sehr viel lernen und gleichzeitig Wertschätzung erfahren. Zwei bis drei Kinder können sich zusammen oder aber einzeln eine Geschichte ausdenken und diktieren. Die Erzieherin/der Erzieher schreibt handschriftlich oder auf dem PC mit. Dabei können die Kinder auch erleben, wie für sie ein Datei-Ordner angelegt wird, z. B. „Manuelas Geschichten" (hier danke ich Frau Tetik, Leiterin einer städtischen Kindertageseinrichtung in München, für wertvolle Anregungen). Diese Geschichten können ausgedruckt und zu einem kleinen Büchlein zusammengestellt werden, das die Kinder mit nach Hause nehmen dürfen (das Büchlein sollte „echt" aussehen, mit einem richtigen Umschlag, Autoren- und Seitenangaben usw.). Die Geschichten können vervielfältigt werden und z. B. beim Sommerfest „verkauft" werden.

Kinder erfahren beim Diktieren, wie sich mündliche Sprache in Schriftsprache umwandelt; wie eine Geschichte aufgebaut ist; was sie sich merken wollen; welche Schwerpunkte sie setzen wollen; wie die Geschichte enden soll usw. Gleichzeitig gibt es die Möglichkeit zur sprachlichen Korrektur, die ganz anders „ankommt" als eine Verbesserung des Kindes, wenn es im Alltag spricht. Man kann gemeinsam über Formulierungen reden, denn es soll ja ein Werk entstehen. Oft korrigieren sich Kinder selbst: z. B. diktiert ein Kind: „Die Katze nahm den Vogel zwischen den Händen … nein … zwischen den Pfoten …". Sogar stilistische Verfeinerungen fallen Kindern dann ein: „Sie gingen zum Schloss, da war der Prinz … nein … sie fuhren mit der goldenen Kutsche zum Schloss und dort stand der Prinz am Eingangstor …"

Zur Literacy-Erziehung gehören ebenfalls vielfältige Begegnungen mit Reimen, Gedichten, Wortspielen oder mit szenischem Spiel und Theater (mit Fingerpuppen, Handpuppen, Masken, als Schattenspiel oder mit Kindern als „Schauspielern"). Ich kann in diesem Rahmen leider nicht detaillierter auf diese Bereiche eingehen. Auch hier gibt es die unterschiedlichsten Möglichkeiten, verschiedene Ebenen von Literacy bei Kindern zu aktivieren. So kann man z. B. mit den Kindern gemeinsam ein Märchen dramatisieren: Wie wird aus der Erzählung ein Dialog, ein sichtbare Handlung, ein Bühnenbild? Wie verändert sich die Stimme, wie kann man laut und artikuliert (ohne zu schreien) für ein größeres Publikum sprechen? Welchen Titel soll das Stück haben? Wie gestalten wir das Plakat und die Eintrittskarten (mit Bild und Schrift) usw.

„Schreiben" und Schriftkultur im Kindergarten: ein Tabu?

Kinder lernen in Deutschland das Lesen und Schreiben in der Schule, nicht im Kindergarten. Über diesen Satz herrscht Einigkeit. Dieses Credo möchte ich keineswegs in Frage stellen. Es geht mir hier eher um die Folgen dieser prinzipiellen Abgrenzung von der Schule. Die Beschäftigung mit Schrift und mit dem Schreiben im Vorschulalter wird häufig negativ assoziiert mit frühzeitiger Alphabetisierung oder mit dem in den 60er Jahren populären Frühlesetraining. Inzwischen gibt es aber in den meisten Ländern längst Ansätze, die ganz andere Akzente setzen und die mit Arbeitsblättern und gezielten Übungen zur Formunterscheidung oder Lautdiskriminierung wenig gemeinsam haben. Ausgangspunkt ist vielmehr die Beobachtung, dass Kinder lange vor Schuleintritt sehr häufig Interesse an Lesen und Schreiben zeigen, und so erscheint es wenig sinnvoll, an diesem Punkt pädagogisch ganz abstinent zu bleiben – ebenso wenig wie bei anderen Interessen von Kindern.

Zunächst fällt auf, dass viele Gruppenräume in Kindertageseinrichtungen praktisch „schriftfrei" sind, es gibt z. B. kaum Plakate mit Texten oder Hinweisschilder, die auch Schrift enthalten. Eher selten werden Kinder in schriftliche Tätigkeiten der Erzieher/innen einbezogen, wenn sie z. B. eine Einkaufsliste erstellen oder einen Tagesplan entwerfen. Es geht darum, Kindern Erfahrungen mit Schriftkultur zu ermöglichen und das Interesse an Schrift und Schreiben zu verstärken oder zu wecken, und zwar im Sinne eines explorativen, spielerischen Zugangs. Dazu gehören etwa individuelle Schreibversuche von Kindern, wie z. B. „Briefe" an die Freundin schicken (häufig mit Bildern und „Buchstabensalat"), den eigenen Namen schreiben, Schilder auf der Straße oder kurze Werbespots erkennen, Anweisungen beim Computerspiel „entziffern", Schriftzeichen aus anderen Kulturen kennen lernen – all dies kann interessengeleitete, individuelle Zugänge zu dieser „anderen" Welt eröffnen.

Für Kinder aus sozial und bildungsbenachteiligten Familien, die zu Hause wenig Kontakt mit Schrift und Büchern haben, kann dies Lernchancen eröffnen und den Übergang zur Schule erleichtern. Denn sie werden ermutigt, Schrift und Schreiben als eine vielfältige Welt für sich zu entdecken. Von Anbeginn erscheinen Schreiben und Lesen nicht nur als rein mechanische Fertigkeiten, die mit Schulwissen und Leistungsdruck assoziiert werden. Es gibt interessante Ansätze aus anderen Ländern, die versuchen, Kinder zwischen vier bis fünf und acht Jahren ins Schreiben und Lesen hineinwachsen zu lassen – mit viel Raum für spontanes und kreatives Schreiben. Vieles davon passt nicht in unser System, aber es gibt doch praktische Ideen, die wir auch hier aufgreifen könnten – mit Blick auf den Schwerpunkt „kindliche Begegnungen mit Buch- und Schriftkultur". Dazu gehört z. B. die Gestaltung des Raumes.

Literacy-fördernde Räume und Rituale

Literacy-Erziehung hängt nicht nur mit spezifischen pädagogischen Angeboten oder Projekten zusammen, sondern auch mit der Gestaltung
des Raumes, mit den für Kinder verfügbaren Materialien, mit den Regeln und Ritualen in einer Einrichtung (vgl. Morrow, o. J.). Im Folgenden einige Beispiele, wie eine literacy-fördernde Raumgestaltung aussehen könnte und welche Rituale sich eignen:

- Die Leseecke ist klar abgegrenzt und attraktiv gestaltet; sie wird immer wieder gemeinsam mit den Kindern neu gestaltet, ist gemütlich,
mit Teppich und Kissen auf dem Boden etc.; es gibt einen kleinen
Tisch mit Kassettenrekorder und Kopfhörern.

- Die Regeln für die Leseecke werden mit den Kindern gemeinsam besprochen und schriftlich als Plakat an der Wand der Leseecke festgehalten.

- In der Leseecke gibt es für die Kinder zugängliche Bücher. Es gibt a)
Regale, in denen die Bücher mit dem Buchrücken stehen, geordnet
nach Kategorien, die gemeinsam mit den Kindern besprochen werden und die auf den Regalen gekennzeichnet sind (als Text und als
farbige Punkte); auf dem Buchrücken wird die Kategorie jeweils mit
einem farbigen Punkt markiert sowie b) Regale, in denen Bücher mit
der Titelseite ausgestellt werden; diese Bücher werden oft, gemeinsam
mit den Kindern, ausgetauscht.

- Es gibt auch Bücher und Tonmaterialien (Hörspiele, Lieder, Märchen) in anderen Sprachen, vor allem in den Sprachen, die in der
Kindergruppe vertreten sind.

- Beschädigte Bücher werden gemeinsam mit den Kindern repariert.

- Die Kinder können täglich Bilderbücher für zu Hause ausleihen –
(diese Ausleihe wird mit Aktivitäten im Kindergarten verknüpft); Kinder haben extra Taschen für die Bücher, einen Ausweis, das Ausleihsys-
tem ist für sie transparent: sie sehen den Stempel auf ihrer Karte und
die Liste der ausgeliehenen Bücher (im Zettelkasten oder im PC).

- Die Bücher mit den Geschichten der Kinder sind ebenfalls Teil der
„Bibliothek".

- Es gibt häufig Bilderbuchausstellungen (in verschiedenen Sprachen)
und regelmäßig Besuche in Bibliotheken (Stadtbücherei, usw.).

- Rollenspiele mit Schreibszenen werden angeregt: auf der Post, im Büro, im Restaurant usw.
- In der Nähe der Leseecke befindet sich eine „Schreibecke" – mit den entsprechenden Materialien; jedes Kind hat einen kleinen Block mit einem Stift dazu.
- Kinder schreiben ihren Namen.
- Das spontane „Schreiben" von Kindern (z. B. ein „Brief" an die Freundin) wird geschätzt und gefördert – auch gegenüber Eltern; es gibt Mappen oder Schachteln, in denen Kinder ihre „Werke" ablegen können.
- Kinder sammeln Logos und Wörter aus der Umgebung.
- Buchstaben, attraktiv aufbereitet, oder auch eine Anlauttafel, gehören zu den Materialien, die Kindern zugänglich sind.
- Migranteneltern bringen Schriftstücke in anderen Sprachen mit (auch aus anderen Schriftkulturen), diese werden mit den Kinder besprochen und aufgehängt (Kalender, Plakate, Briefe, usw.).
- Gruppenregeln und raumbezogene Regeln werden schriftlich festgehalten.
- Die Erzieherin hat im Gruppenraum einen eigenen Tisch, wo sie Schreibarbeiten erledigen kann (z. B. ein Schreibpult).

Die sprachliche Bildung von Migrantenkinder – Literacy-Erziehung und „Deutsch lernen"

Abschließend möchte ich kurz auf das Thema „Deutsch lernen" in Kindertageseinrichtungen eingehen – ein auf den unterschiedlichsten Ebenen viel diskutiertes Thema. In dieser Diskussion spielt leider der Schwerpunkt „Literacy-Erziehung" kaum eine Rolle und über Möglichkeiten, diesen Bereich zu systematisieren und zu intensivieren, ihn individueller auf mehrsprachige Kinder abzustimmen, wird nicht diskutiert. Aber gerade Literacy-Erziehung könnte einen wesentlicher Beitrag zum so genannten „Deutschlernen" leisten – umso mehr, als bei Migrantenkindern in bestimmten Wohngebieten der Anteil von sozial und bildungsbenachteiligten Familien sehr hoch ist. Bisher wird gezielte Sprachförderung eher mit der Arbeit mit Bildkarten assoziiert als mit dem interaktiven Vorlesen eines einfachen Bilderbuchs oder mit der Erzählung einer einfachen Geschichte, die Kinder fasziniert.

Ein Modellversuch des „Staatsinstituts für Frühpädagogik" in München zum Thema „Literacy und Migrantenkinder in Kindertageseinrichtungen" führte zu interessanten Ergebnissen. Es ging um die „Engagiertheit" von Kindern in Tageseinrichtungen. Das Konzept der Engagiertheit und die Beobachtungsmethode wurden von Laevers und Kollegen in Flandern entwickelt (Laevers 1997; Mayr & Ulich 2002 und 1999). „Engagiert" ist ein Kind, wenn es sich voll und ganz auf eine Tätigkeit einlässt, mit voller Konzentration, Ausdauer und auch Freude. Wenn Kinder sehr engagiert sind, dann gehen sie an die Grenzen ihrer Fähigkeiten, sind kreativ und probieren Neues aus. Das, was sie tun, hat eine Bedeutung für sie, berührt sie. In diesen Situationen machen Kinder Lernerfahrungen. Im Modellversuch wurden Kinder bei den unterschiedlichsten Tätigkeiten von Fachkräften beobachtet (beim Bauen, Basteln, bei motorischen Aktivitäten oder in Gesprächen). Es zeigte sich, dass Migrantenkinder im Vergleich zu deutschen Kindern bei folgenden Tätigkeiten signifikant weniger engagiert waren (Mayr & Ulich 2002 und 1999): beim Rollenspiel, in Gruppengesprächen, beim Vorlesen/Erzählen und bei der Bilderbuchbetrachtung. Dies alles sind sprachbezogene Aktivitäten. Was bedeutet das? Kinder aus sprachlichen Minderheiten, die, was die Sprache angeht, im Kindergarten mit einer relativ komplexen und anspruchsvollen Entwicklungsaufgabe konfrontiert sind – nämlich Zweitspracherwerb und mehrsprachige Sprachentwicklung –, sind bei wichtigen sprachbezogenen Aktivitäten eher wenig beteiligt. Man könnte sagen: „Das ist doch logisch, die Kinder können ja weniger Deutsch ..." Aber Engagiertheit misst nicht die Sprachkompetenz von Kindern, sondern das Sich-Einlassen auf eine Tätigkeit, das Aktiv-werden von Kindern – und das sind Momente, in denen Kinder Lernerfahrungen machen. Bemerkenswert ist, dass die vier oben genannten Tätigkeiten sich auf die Bereiche „Sprache" *und* „Literacy" beziehen. Es handelt sich genau um die Art von Tätigkeiten, die, wie bereits dargelegt, für die Sprachentwicklung von Kindern eine besondere Bedeutung haben. Wie können wir Migrantenkinder in diesen Aktivitäten stärker involvieren? Diese Frage wird nur selten gestellt, wenn es um das Thema „Sprachförderung" geht.

Insgesamt stellt sich hier die Frage, wie die sprachliche Bildung von Migrantenkindern in Kindertageseinrichtungen verläuft? Dies ist die Leitfrage eines Beobachtungsbogens von Ulich und Mayr, der am „Staatsinstitut für Frühpädagogik" entwickelt wurde – für die Zielgruppe Migrantenkinder im Alter von ca. 3½ Jahren bis Schuleintritt („sismik – Sprachverhalten und Interesse an Sprache bei Migrantenkindern in Kindertageseinrichtungen", Ulich & Mayr 2003). In diesem Bogen geht es – zum ersten Mal im deutschsprachigen Raum – um die Bereiche „Sprache" und „Literacy", es wird z. B. auch nach dem Interesse des Kindes an Bilderbüchern und Schrift gefragt, die Beobachtung ist an ganz konkrete sprachbezogene Situationen in der Kindertageseinrichtung gebunden. Dabei wird sowohl nach der Sprachkompetenz als auch nach der Sprachlernmotivation, also nach dem Interesse des Kindes gefragt: Wieweit ist das Kind an sprachanregenden Aktivitäten wirklich beteiligt, wie engagiert ist das Kind? Durch diesen Bezug zum pädagogischen Angebot bekommen Erzieher/innen nicht nur differenzierte Informationen über das Sprachverhalten des Kindes, sondern auch relativ direkte Rückmeldungen zum Angebot sowie konkrete Anhaltspunkte für pädagogische Interventionen (Ulich & Mayr 2003). Die Arbeit mit dem Beobachtungsbogen Sismik wird vertieft und ergänzt durch den Videofilm (mit Arbeitsheft) „Lust auf Sprache" (Ulich, 2004).

Voraussetzungen für eine nachhaltige Literacy-Erziehung

Die unterschiedlichen Bildungschancen von Kindern sind offensichtlich. Nehmen wir als Beispiel die für die Sprachentwicklung so wichtige Bilderbuchbetrachtung. Eine Analyse verschiedener Untersuchungen in USA hat ermittelt, dass Kinder aus sozioökonomisch benachteiligten Familien durchschnittlich 25 Stunden Eins-zu-eins-Bilderbuchbetrachtung (ein Kind – ein Erwachsener) erlebt haben, wenn sie in die Schule kommen, Kinder aus einer „Mittelschichtsfamilie" dagegen 1000 bis 1700 Stunden (Adams 1990). Gleichzeitig konnte nachgewiesen werden, dass Kinder, die in ärmeren und weniger „akademisch" gebildeten Familien leben und die dennoch mit Bilderbüchern und Geschichten aufwachsen, sprachlich deutlich im Vorteil waren gegenüber anderen Kindern aus demselben sozialen Milieu.

Wenn die Bildungspolitik mit der Förderung von Literacy ernst machen will, dann müssen in Einrichtungen bestimmte Voraussetzungen dafür geschaffen werden. Bleiben wir bei dem Beispiel „Bilderbuchbetrachtung". Hier gibt es die meisten Forschungsergebnisse, mit sehr konkreten Hinweisen. Die Bilderbuchbetrachtung sollte a) mehrmals wöchentlich angeboten werden (mindestens 3-mal in der Woche), b) in einer kleinen Gruppe (höchstens 5 Kinder, besser 3 Kinder), c) sie muss als Dialog aufgebaut sein und d) sie muss das Kind interessieren und ihm Spaß machen. Der Sprachzuwachs ist noch deutlich größer, wenn die Eltern mit einbezogen werden.

Lassen sich solche Forderungen verwirklichen, angesichts von knappen Zeitbudgets und dem Personalmangel in vielen Einrichtungen? In aller Kürze ein paar Anmerkungen dazu:

- Gruppen mit einem hohen Anteil von sozial und sprachlich benachteiligten Kindern sollten einen deutlich günstigeren Personalschlüssel haben;
- wenn Bilderbücher und generell Literacy-Erziehung in einer Einrichtung zum erklärten Schwerpunkt werden, dann ist auch mehr Zeit dafür da;
- es gibt verschiedene Möglichkeiten, sich Unterstützung zu holen, z. B. mit „Vorlesepaten" – Eltern, ältere Geschwister, Großeltern, Senioren aus der Nachbarschaft, die regelmäßig extra zum Vorlesen in den Kindergarten kommen (dafür wäre auch ein Honorar denkbar) oder auch zusätzliche Fachkräfte.

Eine stärkere Gewichtung von Literacy-Erziehung im Elementarbereich – und zwar von Anfang an – ist in jedem Fall sinnvoller als ein eher isoliertes und sporadisches Sprach-Training im Vorschulalter. All dies erfordert grundsätzliche pädagogische und bildungspolitische Entscheidungen. Erstaunlicherweise gibt es jetzt auch in Deutschland vermehrt Publikationen zu Literacy im Vorschulalter (vgl. Literaturverzeichnis).

Literatur

Adams, M. J. (1990): Learning to read: thinking and learning about print. Cambridge, Mass: MIT Press

Apeltauer, E. (2003): Literalität und Spracherwerb. Flensburger Papiere zur Mehrsprachigkeit und Kulturenvielfalt im Unterricht, Heft 32. Flensburg: Universität Flensburg

Becker-Textor, I. & Michelfeit, G. (2000): Was Kindergeschichten erzählen. München: Don Bosco

Britto, P.R. & Brooks-Gunn, J., (2001): The Role of Family Literacy Environments in Promoting Young Children's Emerging Literary Skills. In: New Directions for Child and Adolescent Development, No. 92, San Francisco: Jossey-Bass

Bruner, J. (1986): Actual Minds, Possible Worlds. Cambridge, Mass.: Harvard Univ. Press

Hargrave, Anne C. & Sénéchal, Monique (2000): A book reading intervention with preschool children who have limited vocabularies: The benefits of regular reading and dialogic reading. In: Early Childhood Research Quarterly, 15. Jg., Nr. 1, S. 75–90

Heath, Sh.B. (1982): What no bedtime story means: Narrative skills at home and school. Language in Society, 11, S. 49–76.

Jugendamt der Stadt Nürnberg (Hrsg.) (2004): Praxishilfe zum Projekt Lesefreude. Spiki Sprachförderung in Kindertagesstätten. Bestelladresse: Monika.King@stadt.nuernberg.de

Laevers, Ferre (Hrsg.): Die Leuvener Engagiertheits-Skala für Kinder (LES-K). Handbuch zum Videoband. Leuven: Centre for Experiential Education. Bearbeitung der deutschen Ausgabe: Klara Schlömer, Fachschule für Sozialpädagogik, Erkelenz, 1997

Mayr, T. & Ulich, M. (2003): Die Engagiertheit von Kindern – zur systematischen Reflexion von Bildungsprozessen in Kindertageseinrichtungen. In: W.E. Fthenakis (Hrsg.), Elementarpädagogik nach PISA. Wie aus Kindertagesstätten Bildungseinrichtungen werden können. Freiburg i. Br.: Herder

Mayr, T. & Ulich, M. (1999): Kinder gezielt beobachten (Teil 3). Die Engagiertheit von Kindern in Tageseinrichtungen. Kita aktuell (BY), 11 Jg., H. 5, S. 100–105

Morrow, L.M. (o.J.): The Literacy Center. York, Maine: Stenthouse Publ.

Näger, S. (2005): Literacy – Kinder entdecken Buch-, Erzähl- und Schriftkultur. Freiburg i. Br.: Herder

Preussler, O. (1957): Die Kleine Hexe, Stuttgart: Thienemann

Purcell-Gates, V. (2001): Emergent Literacy is Emerging Knowledge of Written, not Oral Language. In: Britto, P.R. & Brooks-Gunn, J. (ed.). Directions For

Child and Adolescent Development. The Role of Family Literacy Environments in Promoting Young Children's Emerging Literary Skills, No. 92, San Francisco: Jossey-Bass, S. 7–22

Sénéchal, M.; LeFevre, J.; Hudson, E. & Lawson, E.P. (1996): Knowledge of Storybooks as a Predictor of Young Children's Vocabulary. Journal of Educational Psychology, 88, 3, S. 520–536

Sénéchal, M. & LeFevre, L.A. (2001): Storybook Reading and Parent Teaching: Links to Language and Literacy Development. In: Britto, P.R. & Brooks-Gunn, J. (ed.). Directions For Child and Adolescent Development. The Role of Family Literacy Environments in Promoting Young Children's Emerging Literary Skills, No. 92, Jossey-Bass, San Francisco, S. 40–51

Ulich, M. (2003): Literacy – sprachliche Bildung im Elementarbereich. kindergarten heute, 33, 3, S. 6–18

Ulich, M. & Mayr, T. (2003): Sismik – Sprachverhalten und Interesse an Sprache bei Migrantenkindern in Kindertageseinrichtungen. Ein Beobachtungsbogen. Freiburg i.Br.: Herder

Ulich, M. (2004): Lust auf Sprache. Sprachliche Bildung und Deutsch lernen in Kindertageseinrichtungen. Videofilm mit Arbeitsheft – für Praxis, Aus- und Fortbildung. Freiburg i. Br.: Herder

Ulich, M. & Ulich, D. (1994): Literarische Sozialisation: Wie kann das Lesen von Geschichten zur Persönlichkeitsentwicklung beitragen? Zeitschrift für Pädagogik, 40. Jg., 5, S. 821–834

Ulich, M.; Oberhuemer, P.; Soltendieck, M., Staatsinstitut für Frühpädagogik (IFP). (2. überarbeitete Auflage 2005): Die Welt trifft sich im Kindergarten. Interkulturelle Arbeit und Sprachförderung. Weinheim: Beltz

Wade, B. & Moore, M. (2000): A Sure Start with Books. Early Years, 20, 2, S. 39–46

Walter, G. (2003): Die Welt der Sprache entdecken. Wunderfitz – Arbeitsheft zur Sprachförderung. Freiburg i. Br.: Herder

Weinrebe, H. (2005). ABC – wohin ich seh. Wörter, Laute und Buchstaben entdecken. Freiburg i. Br.: Herder

Whitehead, Marion (im Druck): Literacy: Sprachliche Grundbildung und Schriftsprachkompetenz in der frühen Kindheit. In: Wassilios E. Fthenakis; Pamela Oberhuemer (Hrsg.): Frühpädagogik international. Bildungsqualität im Blickpunkt. Opladen: Leske und Budrich

Whitehurst, G.J. & Lonigan, C.J. (1998): Child Development and Emergent Literacy. Child Development, 69, 3, S. 848–872

Johannes Beck-Neckermann

Die Welt zum Klingen bringen – Das musikalische Spiel als Bildungserfahrung

Viele Menschen können zwar einen mitunter ausgesprochen starken Bezug zu Musik entwickeln, sich von ihr berühren und davontragen lassen. Gleichwohl würden sie sich selbst niemals als „musikalisch" bezeichnen. Musikalität wird oftmals von Leistungsvorstellungen („Können-müssen") her bestimmt und weniger als Erlebnisfeld („Erleben-wollen") betrachtet. Gerade darum geht es aber in der elementarpädagogischen Arbeit mit Musik. Hier zeichnet sich in den letzten Jahren ein erfreulicher Wandel in der Vorstellung von musikalischem Handeln ab, die stärker den spielerischen und erlebnisorientierten Charakter hervorhebt und von folgenden Grundannahmen ausgeht:

- Musikalisches Handeln ist Spielen.
- Kinder müssen nicht „musikalisiert" werden, sie und ihre Spiele sind bereits voller Musik.
- Das Spiel mit Musik muss vor allem und zuerst zugelassen werden, und in Folge davon kann es dann von der Erzieherin/dem Erzieher begleitet und (vor-)strukturiert werden.

Das Spiel mit Musik ist nach dieser Vorstellung eine allen Menschen zugängliche Form der spielerischen Auseinandersetzung mit der Lebenswelt und der ästhetischen Gestaltung. Wichtig ist jedoch auch die Erkenntnis, dass das Spiel mit Musik eine unerschöpfliche Quelle an Bildungserfahrungen bereithält.

Anliegen dieses Beitrages ist es aufzuzeigen, dass und wie das „Spiel mit Musik" Bildungsräume öffnen kann und wie Kinder bei diesen Prozessen unterstützt werden können. Dazu werde ich zunächst die mir wesentlich erscheinenden Aspekte von Bildungsprozessen skizzieren.

Persönlichkeitsentwicklung und Bildungsgeschehen

Das diesem Artikel zugrunde liegende Verständnis vom Bildungsgeschehen bezieht sich auf den untrennbaren Zusammenhang von Persönlichkeitsentwicklung und Bildung. Bildungsprozesse tragen immer zur Bildung einer Person und ihrer Identität bei. Vor diesem Hintergrund lassen sich zwei Grundannahmen benennen:

■ Bildung bewirkt das Zusammenspiel zweier Prozesse: Kompetenzen (Fähigkeiten) erwerben *und* Performanzen (Fertigkeiten) aneignen. Beide Prozesse beziehen sich aufeinander und unterstützen sich gegenseitig.[1] Bildung wird nicht auf die Anhäufung von Wissen reduziert, sondern als handlungsbezogener Prozess, als ein Aspekt der Lebensgestaltung verstanden.

■ Entwicklung und Differenzierung von „Wissen" und von „Können" findet in der aktiven Auseinandersetzung mit sich selbst und der Lebenswelt statt. Dies folgt der Vorstellung von einem aktiven, gestaltenden und dabei sich selbst bildenden Kind. Bildung kann dem Kind also nicht von außen eingetrichtert werden, sondern beginnt durch das aktive Handeln des Kindes von Geburt an.

Wichtig sind darüber hinaus die folgenden Aspekte:

■ *Entwicklungsbezug*
Wenn wir Kinder als sich aktiv bildende Wesen verstehen, dann müssen Bildungsprozesse immer vor dem Horizont ihrer jeweiligen individuellen Biografie/Entwicklungsgeschichte betrachtet werden. Hierfür stellen entwicklungstheoretische Konzepte Orientierungsmarken zur Verfügung, im Vordergrund jedoch steht immer das individuelle Erleben und die subjektive Bedeutungsbildung des einzelnen Kindes.

---

[1] „*Kompetenz* ist die Gesamtheit aller Fähigkeiten (Wissen, mental resources), die zum Erkennen von Problemen, zum Ausführen einer Aufgabe zum Erreichen von Zielen gebraucht werden. *Performanz* ist die Gesamtheit aller Fertigkeiten (Können, skills), die zum Umsetzen des Wissens, zur Realisierung der Ziele erforderlich sind." (Vgl. Petzold; Lemke; Rodriguez-Petzold 1994)

▪ *Lebensweltbezug*

Bildungsprozesse finden in einer konkreten Lebenswelt statt und hängen mit deren Anforderungen, Begrenzungen und Ressourcen zusammen. Einem mitteleuropäischen und einem nordafrikanischen Kind, einem Kind aus der Plattenbausiedlung und einem Kind im Fünf-Häuser-Dorf stellen sich ähnliche und gleichzeitig vollkommen unterschiedliche Bildungsherausforderungen. Daraus ergeben sich die Fragen: Wie wird im konkreten Umfeld eines Kindes Persönlichkeitsentwicklung angeregt und unterstützt? Welche Fähigkeiten/Fertigkeiten braucht es bzw. werden in seiner Familie, in seinem Lebensumfeld (Wohnumgebung, Region, Land) gefördert?

▪ *Bildungsprozesse brauchen Begleitung*

Bildung kann nicht als rein individueller Prozess verstanden werden, denn individuelles Wissen entsteht in der Auseinandersetzung mit dem vorgefundenen sozialen Wissen. Das sich aktiv bildende Kind ist daher auf den Kontakt und die Auseinandersetzung mit dem Wissen und Können anderer Personen angewiesen. Es braucht deren einfühlende Resonanz und die Kommunikation/Kooperation mit ihnen. Auf diese Weise zielt Bildung auf befriedigende Lebensgestaltung und mündet in sozialer Verantwortung.

Wie vollzieht sich nun Bildung bei Kindern im Vorschulalter und was bewirkt sie? Kinder im Vorschulalter be„greifen" die Welt. Sie müssen über ihre eigenen Sinne mit ihr in Kontakt treten, die „Welt anfassen", um ihr Bedeutungen und Sinn geben zu können. Was sie motiviert, ist eine scheinbar unstillbare Neugier; engagiertes Interesse, an dem, was sie umgibt, und der Reiz, sich selbst im Kontakt mit der Lebenswelt zu spüren und zu erleben. Die Methode, die Kinder für ihr „Weltbegreifen" und ihre Bedeutungsbildung nutzen, heißt „spielen, spielen und spielen". Dabei kommen zwei wiederum nicht voneinander trennbare Prozesse in Gang:

▨ *Sich selbst als handelnde und interagierende Person erleben und weiterentwickeln*

In ihrem Spiel erleben die Kinder sich selbst und die anderen. Auf ihr bisher entwickeltes Selbstkonzept und Konzept vom Anderen aufbauend, entwickeln sie immer differenzierter werdende Vorstellungen von sich als wahrnehmende, fühlende, verstehende, kommunizierende und gestaltende Person. Dies ermöglicht die Weiterentwicklung ihres Selbstwertgefühls und ihrer Wertschätzung für Andere und trägt dazu bei, ein Empfinden der Selbstregulation aufzubauen. Sie erleben, wie sie das eigene Handeln lenken können; spüren ihre Motivationen und Intentionen und lernen das Handeln der anderen Kinder zu erkennen und zu verstehen.

▨ *Die Lebenswelt entdecken und gestalten*

Die Kinder entdecken ihre Lebenswelt, erforschen deren Gesetzmäßigkeiten und lernen ihr Handeln auf diese abzustimmen. Außerdem kommen sie mit dem in der Lebenswelt vorhandenen Wissen und Können in Kontakt und eignen sich dieses durch den aktiven Umgang mit ihm an.

Welche Aufgaben resultieren aus diesem elementarpädagogischen Bildungsverständnis für die Erzieher/innen? In der Rolle als Begleiter/innen von Bildungsprozessen sollte es vor allem darum gehen,

- ▨ Kinder tun zu lassen, was sie von sich aus schon tun;
- ▨ aufmerksam und einfühlsam an ihrem Tun Anteil zu nehmen;
- ▨ aus der persönlichen, erwachsenen Sicht auf die Lebenswelt und ihre Erfordernisse Anregungen zu geben;
- ▨ die eigenen Bildungserfahrungen zur Verfügung zu stellen.

Was dies für die Gestaltung der elementarpädagogischen Arbeit mit Musik bedeutet, soll im Folgenden ausgeführt werden.

Musik in der elementarpädagogischen Arbeit

Musik kann nicht ohne ihren Kontext betrachtet werden. Der Zusammenhang, in dem sie erklingt oder gespielt wird, verleiht ihr in der Regel eine zusätzliche und nicht zu unterschätzende Bedeutung und Funktion. So wird Musik in Opernhäusern, Hotelbars, Therapieräumen, Kaufhäusern oder Diskotheken sicherlich unterschiedlich definiert werden. Daher ist es auch für die elementarpädagogische Arbeit notwendig, das Bild von Musik und musikalischem Handeln auf den Kontext „Kindertagesstätte" zu beziehen.

Formen musikalischen Handelns

Musikalisches Handeln wird hier als aktives Erleben und Gestalten von akustischen Ereignissen verstanden. Dabei beziehen sich die Kinder auf alles, was klingen kann und will. Dieses Bild von Musik schließt drei Perspektiven mit ein:

▪ *Prozess- und erlebnisorientierte Perspektive*
Die Musik erlebende Person rückt in den Vordergrund. Der „musizierende Mensch" (Suppan 1984) steht mit seinem Musikerleben im Zentrum der Aufmerksamkeit, d. h., die Wirkungen der Musik und des musikalischen Handelns auf ihn sind das Wesentliche. Die Musik wird in dieser Perspektive zum Spiel- und Handlungsfeld.

▪ *Persönlichkeits- und entwicklungsorientierte Perspektive*
Diese Perspektive fokussiert den sich entwickelnden Menschen. Im Zentrum der Aufmerksamkeit steht die Person mit ihren „special needs", ihren Fähigkeiten, Ressourcen und Defiziten. Die Musik wird dabei zum Erfahrungsfeld und das Spielen mit Musik zu einer Möglichkeit, sich in Beziehung zu sich selbst und zu den anderen zu erleben.

▪ *Werk- und ergebnisorientierte Perspektive*
Diese Perspektive rückt das Musikstück als einmaliges oder wiederholbares Produkt ins Zentrum der Aufmerksamkeit. Musik wird zum Ge-

staltungsfeld, in dem Kinder akustische „Objekte/Skulpturen" erschaffen können.

Das hier beschriebene Bild von Musik wurde aus Erwachsenensicht gezeichnet. Diese Perspektive wird im Folgenden durch die Beschreibung der musikalischen Erfahrungswelten der Kinder ergänzt.

Musikalische Vorerfahrungen der Kinder

Musikalische Erfahrung als aktives Erleben und Gestalten akustischer Ereignisse, beginnt schon vor der Geburt. Ab dem Moment, wenn über die Sinnesorgane Schwingungen gespürt bzw. gehört werden können, formt sich die musikalische Erfahrungswelt der Kinder.

■ *Gegenstände als Geräuschquellen*
Von ihrer Geburt an lernen Kinder Gegenstände als Geräusch- und Klangquellen kennen. Sie drehen sich beispielsweise in ihrem Bettchen und hören das Rascheln der Bettdecke, sie lassen Bausteine aufeinander klacken, den Löffel auf den Tisch fallen. Kinder sind sehr empfindsam für Geräuscherfahrungen. Diese helfen ihnen, sich in ihrer Umgebung zu orientieren und u. a. Materialeigenschaften kennen zu lernen.

■ *Klänge als Kommunikationsmedium*
Kinder nehmen die Stimme der Eltern und Geschwister wahr und erleben, wie deren Klänge sie ansprechen. Gleichzeitig erfahren sie mit der eigenen Stimme, dass sie rufen, ansprechen und antworten können. Im Spiel mit Klangwerkzeugen und Musikinstrumenten wird dieser Aspekt musikalischen Handelns ebenfalls bewusst. Das Kind schüttelt seine Rassel und die Erwachsenen geben eine verbale („Das klingt aber schön") oder auch nonverbale Resonanz (schütteln ihre Hände, imitieren den Klang mit der Stimme). In solchen Situationen erleben Kinder, dass Klänge Kontakt schaffen können.

■ *Klänge als emotionales Medium*
Zunächst erleben Säuglinge in den Stimmklängen der Bezugspersonen die emotionale Qualität von Musik. Der Klang der Stimme kann erre-

gen, beruhigen, trösten, verängstigen und auch die eigene Stimme ist immer mit Empfindungen und körperlichen Spannungs-/Entspannungszuständen verbunden. Im Lauf ihrer Entwicklung sammeln die Kinder im Kontakt mit sprechenden, singenden, musizierenden Menschen immer differenziertere Erfahrungen mit Musik als Sprache der Emotionen.

▨ *Durch andere Personen vermittelte Musik*
Viele Kinder kommen bis zum Kindergarteneintritt mit verschiedenen Musik vermittelnden Personen in Kontakt und erleben gemeinsames Experimentieren, Singen, Musizieren. Dabei lernen sie musikalische Formen und die kontakt- und beziehungsstiftende Wirkung von Musik kennen.

▨ *Durch Medien vermittelte Musik*
Viele Kinderzimmer sind mit CDs, Hörspielen etc. ausgestattet. Manche Dreijährige besitzen hohe Kompetenzen im Umgang mit Kassettenrekordern und erleben/konsumieren manchmal vollkommen eigenständig Musik. Darüber hinaus lernen sie unterschiedliche Hörgewohnheiten kennen: „Wenn wir uns unterhalten, dann schalten wir die Geräte aus." oder „Papa hört immer laute Musik. Mama braucht es still." und werden mit verschiedenen Musikstilen konfrontiert. Dabei lernen sie vielleicht hörend die Vielfalt der Musik kennen oder erleben reduziert nur einen Musikstil.

Die Ausführungen zeigen, dass Kinder von Geburt an in vielfältiger Weise mit Musik in Berührung kommen. Mit zunehmendem Alter wird die Musik dann immer stärker aktiv in die spielerischen Aktivitäten integriert.

Musikalisches Handeln im kindlichen Spiel

Musikalisches Handeln drückt sich in allen Spielformen aus, die im Kindergarten zu beobachten sind.

▪ *Im sensomotorischen Spiel*

In diesem Fall entstehen Klänge unmittelbar aus der Bewegung heraus (die Rassel klingt, weil die Hände sich bewegen wollen). Der dabei entstehende Klang ist die akustische Resonanz auf die Bewegung (das leise Rassel-Wispern und das rauschende Rassel-Rascheln beruhen auf entsprechenden Bewegungen). Gleichzeitig können gehörte Klänge wieder Bewegungsresonanzen auslösen (ein Kind trommelt und die anderen rennen dazu durch den Raum).

▪ *Im Experimentierspiel*

Vielfach entsteht aus einer zufälligen Geräusch-/Klangerzeugung eine Frage, die weitere Nachforschungen, Untersuchungen nach sich ziehen (z. B. in der Brotzeitdose klappern Apfelstücke. Wie verändert sich der Klang, wenn wir Karottenstücke/eine Plastiktüte hineinlegen?). Das Experimentierspiel wird geprägt durch das forschende Interesse an akustischen Phänomenen, an der klingenden „Welt". Dabei werden die eigenen Handlungsmöglichkeiten entdeckt, wie Gegenstände der unmittelbaren Lebenswelt zum Klingen gebracht werden können.

▪ *Im Konstruktionsspiel*

Immer wieder werden Musikinstrumente von Kindern zweckentfremdet, wenn beispielsweise Klanghölzer als Turm aufeinander gestapelt und anschließend, indem sie mit einem Tuch Wind machen, unter Geklapper zum Einsturz gebracht werden. Das Musikinstrument als Gegenstand animiert zum Bauen. Trommeln können so gestellt werden, dass mit einem Schlägel mehrere bespielt werden können, oder aus einem Xylophon kann eine Höhle gebaut werden.

▪ *Im Symbolspiel*

Wenn Musikinstrumente als Projektionsfläche für eigene Empfindungen, Erlebnisse dienen, dann werden sie beispielsweise immer wieder in „Figuren" verwandelt. Ein Kind deckt das Glockenspiel mit einem Tuch zu, weil es müde klingt. Ein weiteres Beispiel wären aus Musikinstrumenten aufgebaute „Landschaften", die mit Tieren, Figuren bespielt werden können (Der Bär wohnt in der Bongo und die Karawane zieht über eine Straße aus den Xylophonklangstäben).

■ *Im Rollenspiel*

Kinder versetzen sich immer wieder in andere Rollen hinein, hier entsteht „Musik" vielfach durch den gestaltenden Gebrauch der Stimme (den Löwen spielen). Mit Musikinstrumenten erzeugte Klangwelten können außerdem, wie die Tonspur eines Filmes, die Geschichten begleiten, das Spiel, seine Handlung unterstützen oder manchmal auch die Sprache der einzelnen Protagonisten ersetzen (das Brüllen, Seufzen, Summen des Löwen wird mit dem Metallophon gespielt).

■ *Im Regelspiel*

Ein Merkmal dieser Spielform ist die Vereinbarung und Einhaltung von Regeln („Wir spielen ganz laut, bis ein Kind die Klanghölzern dreimal hintereinander spielt, dann ist von jedem Instrument noch ein ganz leiser Ton zu hören"). Mit grafischen Zeichen, Worten oder Notenschrift notierte Musik stellt in diesem Sinn ebenfalls ein Regelsystem dar („Die Blauen Punkte auf dem Blatt spielen wir alle, die rote Wellenlinie spielen nur Jan, Leonie und Marius").

Diese Aufzählung macht deutlich, wie vielfältig Musik im Spiel der Kinder integriert werden kann und „öffnet die Tür" zu den folgenden Überlegungen in Bezug auf musikalisches Spiel als Bildungserfahrung.

Das Bildungsgeschehen beim Spiel mit Musik

Wenn wir Kinder im Spiel- und Bildungsraum „Musik" beobachten, dann sind mehrere Erlebnisfelder zu entdecken, in denen Kinder Fähigkeiten erwerben und sich Fertigkeiten aneignen können.

■ *Wahrnehmen*

Musikinstrumente, Klänge, die mitspielenden Kinder, die Spielthemen geben vielfältige Reize für die Sinnessysteme der Kinder. Sie werden angeregt, ihre Wahrnehmungen zu fokussieren, zu differenzieren; erneut und genau hinzuhören und hinzuschauen; die Schwingung, Vibration im Körper zu spüren; die körpereigenen Empfindungen (Gleichgewichtssinn, kinästhetischer Sinn) aufzunehmen; ganz „Ohr" zu werden.

Ich bin ein Musikinstrument, mein Körper hat viele Klangmöglichkeiten. Ich kann die Klänge hören, die entstehen, wenn wir uns bewegen. Ich kann eure Stimmen erkennen.

Jedes Material hat seinen Klang und ich kann diesen durch meine Spieltechnik verändern. Manche Klänge kann ich auch spüren. In meiner Umgebung kann ich viele Klänge entdecken und unterscheiden: der Kühlschrank, die Vögel, der Wind oder die Tür klingen verschieden. Meine Stimme/ein Instrument klingt im Keller anders als im Garten, in der Kirche …

■ *Empfinden*
Kinder erleben beim Spiel mit Musik, die Emotionen auslösende Wirkung von Klängen, Rhythmen und Melodien. Durch die beim Hören entstehenden Empfindungen, Assoziationen, Erinnerungen und Gefühle erfahren Kinder sich als Gefühlswesen.

Meine Gefühle kommen und gehen. Ich erkenne sie und kann sie unterscheiden. Musik kann mich/dich/uns trösten, aufmuntern, beruhigen, aufpeitschen, verwirren. Mit Musik können wir Assoziationen, Erinnerungen etc. wecken. Es gibt Geräusche, Klänge, die ich mag, interessant und lustig finde, und solche, die hässlich sind, Angst machen, weh tun, bei denen ich mir die Ohren zuhalte.

■ *Verstehen*
Das Spiel mit Musik ermöglicht Erkenntnisse. Es regt dazu an, aus dem eigenen Erleben heraus Bedeutungen und Theorien zu entwickeln, zu verwerfen und verändern. Diese können sich auf das Selbstbild und das Bild von den Anderen beziehen:

Ich bin mein klingender Körper, meine Ideen, meine Gefühle und mein Handeln. Ich kenne Worte/Namen für das, was ich höre, sehe, empfinde. Musik ist eine meiner Sprachen, ich kann über sie mit anderen in Kontakt treten. Am Klang deiner Stimme, deiner Musik kann ich deine Gefühle erahnen. Du klingst und ihr klingt ähnlich und auch anders als ich.

Ich/wir sind die Ursache von Klang. Ich kann Klänge erzeugen, verändern, beeinflussen und auch verhindern. Ich/du/wir können die „Welt" in Schwingungen versetzen.

Im selben Maß regt das Spiel mit Musik auch Erkenntnisse in Bezug auf die umgebende Welt und ihre Gesetze an.

Metall, mit Holz angeschlagen, klingt härter als mit Stoff, mit Filz, mit meinen Fingerspitzen. Je größer die Entfernung, um so leiser wird ein Klang; Schwingungen können sich durch die Luft von einem Material auf das andere übertragen; es gibt viele verschiedene Musikstile: Mozart, Blasmusik, No Angels etc. klingen sehr unterschiedlich.

▦ *Ausdrücken*

Das Erleben und die Erkenntnis von Musik als „Sprache" regt bei den Kindern vielfältige Ausdruckserfahrungen an und unterstützt sie im Weiterentwickeln ihres Ausdruckspotenzials.

Ich kann knurren, summen, murren, flüstern, schreien und noch mehr. Du auch. Ich kann mit Musik meine Ideen, Gefühle ausdrücken. Ich kann mich in eine „Rolle" hineinversetzen und meine Musik ärgerlich, müde, fröhlich … klingen lassen.

▦ *Kommunizieren/soziales Handeln*

Musik erzeugt immer ein Kommunikationsfeld. Da jeder Klang ein Kontaktangebot ist: „Hör mir zu!" oder „Kannst du mich hören?" oder „Ich lade dich ein, mir zuzuhören", erleben sich Kinder beim Spielen mit Musik immer als gestaltende Teilnehmer an Kommunikations-, Interaktions- und sozialen Prozessen:

Meine Klänge wecken bei anderen Empfindungen und lösen Reaktionen aus. Ich werde gehört, überhört, bekomme Antwort. Ich kann dir zuhören und antworten. Unsere Wahrnehmungen, Emotionen, Ideen etc. können sich entsprechen, ergänzen und widersprechen. Wir können etwas anderes heraushören, auch wenn wir dasselbe hören.

Wir können gemeinsam Musik erzeugen und uns dabei etwas mitteilen. Wir können/müssen aufeinander hören und uns aufeinander abstimmen. Wir können mit-, für-, neben- und gegeneinander spielen. Wir können unsere Klangwelten beschreiben und über unsere Musik(werke) sprechen.

■ *Kreatives Handeln*
Beim Spielen mit Musik gibt es immer eine Vielzahl an Möglichkeiten, d. h., Kinder wählen aus. Sie entscheiden, worauf sie ihre Wahrnehmung fokussieren; welche Bedeutungen sie entwickeln, verwerfen, verändern; was sie zu Ausdruck bringen; wie sie das Strömen ihrer Emotionen gestalten. Dies alles sind kreative Prozesse.

Wir können einen „Fluss" von Ideen entwickeln und zum Ausdruck bringen. Wir sind Erfinder von Musik und können Klänge, Rhythmen und Melodien selbst entwickeln, verändern und variieren.

Resümee

Im Spiel- und Bildungsraum Musik
- differenzieren Kinder ihre Fähig-/Fertigkeiten als wahrnehmende, empfindende, verstehende, interagierende und gestaltende Personen;
- formen Kinder ihr Selbstbild, ihr Bild vom „Anderen" und von ihrer Lebenswelt;
- entwickeln Kinder ihr Selbstwertgefühl, ein Empfinden der Selbstwirksamkeit, -regulation und die Wertschätzung des anderen weiter;
- beziehen sich Kinder handelnd aufeinander und (be-)achten sich als kreative Mitmenschen;
- lernen Kinder die Welt der Musik kennen und sich in ihr zu „bewegen".

Zur Begleitung von musikalischen Bildungsprozessen

Ob und in welcher Art und Weise Erzieher/innen Kinder in den „Spiel- und Bildungsraum" Musik begleiten können, hängt wesentlich mit ihrem ganz persönlichen, auch biografisch bedingten Zugang zu Musik zusammen. Welches Interesse an musikalischem Handeln können sie entwickeln? Welche Wertschätzung bringen sie musikalischen Situationen entgegen? Wie flexibel und experimentierfreudig können sie sich in den musikalischen Kontakt begeben? Ist die Musik Teil ihres Handlungsrepertoires und eine ihrer vertrauten „Sprachen"?

Ich denke mit Blick auf Musik als Bildungsbereich sollte sich die Erzieherin als „Spielerin" und als „Künstlerin" verstehen können.

■ *Mit Musik spielen*

In der Rolle der „Musikspielerin" ist es möglich, Geräusche, Klänge, Gegenstände, musikalische Situationen zweckfrei und lösungsoffen zu erleben und sich neugierig, forschend, gestaltend in musikalischen Situationen zu bewegen. Im Vordergrund steht das Interesse, musikalische Situationen in unterschiedlichsten Spielformen zu entdecken und einzubringen.

In dieser Rolle wird das kreative Potenzial genutzt, um Musik in der dargestellten Vielfalt in unterschiedlichsten Situationen zu entdecken und mit einzubringen (Gruppenraum, Morgenkreis, Einzelkontakt, Kleingruppenangebot, Bauecke, Bilderbuchbetrachtung, Begrüßung, Verabschiedung, beim Kochen, beim Spiel im Sand etc.).

■ *Mit Musik gestalten*

Sieht man das Spiel mit Musik aus einer künstlerischen Perspektive, dann steht das Gestalten von Klangwelten im Vordergrund und diese werden als eine Möglichkeit des persönlichen Ausdrucks genutzt. Dabei entsteht Musik in kreativen Prozessen durch Finden, Suchen, Verwerfen, Entwickeln, Gestalten – immer auf der Suche nach dem stimmigen Ausdruck.

Zwei Formen musikalisch-künstlerischer Gestaltung können benannt werden: die Improvisation und die Komposition. Bei der Improvisation entsteht die Musik spontan aus der Situation heraus (die Erzieherin oder der Erzieher spielt mit Instrumenten den Verlauf eines Streit-Gesprächs nach). Wenn Musik im Vorfeld geplant wird, findet eine Festschreibung statt, die Komposition „liegt auf dem Tisch" und wird dann aufgeführt („Mit der Trommel spiele ich, wie Marie laut geschimpft hat. Die Entschuldigung von Anna werde ich anschließend mit der Klangschale spielen.").

Künstlerische Arbeit mit Musik ist oftmals auch „mühsam": den ersten klingenden Versuch ein zweites Mal spielen; dabei zuhören, ob dieser stimmiger klingt; Ideen und musikalische Ergebnisse verwerfen; neu probieren, manchmal auch scheitern und sich zu einem späteren Zeitpunkt derselben Aufgabe nochmals stellen etc.

Wenn man sich als „Musikkünstler" versteht, dann schafft man „Werkstätten/Ateliers", sowohl im konkreten räumlichen Sinn als auch in der Bedeutung von Gestaltungs-Gelegenheiten. Dort können Kinder musikalische Werke entwerfen, spielen und aufführen und man kann sich hier auch selbst persönlich einbringen („Ich singe euch eine Melodie, die mir heute beim Herfahren so durch den Kopf ging" oder „Meine Abschiedsmusik heute heißt: ‚Als die Sonne baden ging' und klingt so …".)

Die Abgrenzung von *spielen* und *künstlerisch gestalten* will beides nicht trennen, denn wo „Spiel" aufhört und „Kunst" anfängt, kann für den Kontext Kindertagesstätte nicht festgelegt werden. Es geht vielmehr darum, das breite Rollenspektrum aufzuzeigen, in dem sich Erzieher/innen pädagogisch und musikalisch handelnd bewegen können.

Bildungsanregungen durch musikalische Aktivitäten

Mit der folgenden schematischen Übersicht benenne ich vier Themenfelder pädagogischer (Bildungs-)Arbeit mit Musik und konkretisiere diese anschließend anhand einiger Beispiele.

„Ich klinge"	Musik hören und Musik erzeugen
„Du klingst"	*Lauschen hinhören entdecken experimentieren gestalten*
„Wir klingen"	– die Klangmöglichkeiten des eigenen Körpers: klatschen, patschen, stampfen
	– die Ausdrucksmöglichkeiten der Stimme: summen, brummen, singen, tönen
	– klangauslösende Bewegungen: schleichen, laufen, hüpfen
	– der Klang der Emotionen: schreien, flüstern, jubeln, jammern

„Die Welt klingt"	Musik hören und Musik erzeugen
„Wir bringen die Welt zum Klingen"	*Lauschen hinhören entdecken experimentieren gestalten*
	– die Gegenstände der Umgebung als Klangquellen: Stühle, Flaschen, Stöcke, Becher, Folien, Papier
	– die Klangfarben unterschiedlicher Materialien: Holz, Metall, Wasser, Stoff, Kunststoff
	– Klangerzeugung durch Schütteln, Reiben, Schlagen, Zupfen, Streichen, Blasen, Schwingen
	– elementarer Musikinstrumentenbau aus Materialien der Umgebung
	– Musikinstrumente, ihre Spieltechniken und Klangvielfalt
	– die Parameter der Musik: Klangfarbe, Dynamik, Tonhöhe, Tempo, Raum

„Ich gestalte"	Musik hören und Musik erzeugen
„Du gestaltest"	*Erfinden variieren ergänzen bewerten präsentieren zuhören*
„Wir sind Musiker"	– Improvisation
	– erzählen mit Musik: Klangszenen, Klanggeschichten, Theatermusik ...
	– Liedbegleitung
	– Bewegungsbegleitung
	– Musik und Farben
	– Notation von Musik: grafisch, mit Gegenständen legen
	– Komposition, musikalische Spielregeln
	– Klang, Rhythmus und Melodie
	– über eigene Improvisationen, Kompositionen und Klangskulpturen sprechen

„Wir lernen die Musik anderer Menschen und Kulturen kennen"	Musik hören und Musik erzeugen *Zuhören erkennen verstehen wiederholen* – Lieder, Musikinstrumente und Musikstücke des eigenen Kulturkreises – Lieder, Musikinstrumente und Musikstücke anderer Kulturen – Musik und Feste – Musik und Religion – über Musik sprechen

„Ich klinge, du klingst, wir klingen"

Dieses Themenfeld stellt das einzelne Kind als „Nährboden" von Musik in den Vordergrund. Klänge „keimen" und „wachsen" im Körper, in den Bewegungen und den Empfindungen. Kinder erleben an sich und an anderen: „Ich klinge" – „Du klingst" – Wir klingen".

▪ *Stimme und Körper*

Die Stimme als das persönlichste Musikinstrument ermöglicht vielfältigen Ausdruck: singen, brummen, summen, tönen etc. Es ist möglich, Geräusche, Laute, Silben, Wörter auf der „Zunge zergehen zu lassen", sie zu „kauen", im Mund hin und herzuschieben, sich eine Zeit lang nur mit einer Silbe/einem Wort zu unterhalten und lustige, traurige, freche, geheime Melodien zu erfinden.

Außerdem kann der eigene Körper als Klangquelle entdeckt werden: Klatschen, Patschen, Stampfen und noch vieles mehr.

▪ *Bewegung und Gefühl*

Über den Klang des eigenen Körpers hinausgehend, kann Musik entstehen, wenn durch Bewegung Gegenstände in Schwingungen versetzt werden. Die Füße bringen den Boden zum Klingen, die Hände die Trommelfelle und Rasseln, das Zwerchfell die Luft in der Mundharmonika etc. Wenn Glöckchen an die Füße oder Hände gebunden werden, dann „verlängern" diese Bewegung in den Klang. Ebenso können Schlägel (chinesische Essstäbchen, Xylophonschlägel, Äste, Streichhölzer) die Bewegung der Arme und Hände auf Gegenstände übertragen und diese in Schwingung versetzen.

Musik entsteht durch „äußere" Bewegung und ist immer auch Ausdruck von „innerer" Bewegung. Klänge erzeugen bedeutet, sich zu zeigen und etwas von sich mitzuteilen. Schon am Klang der Stimme bei der Begrüßung kann ein momentanes Empfinden deutlich werden. „Weil viele von euch wirklich noch müde ausschauen, singen wir das Begrüßungslied heute so richtig verschlafen."

„Die Welt klingt und wir bringen die Welt zum Klingen"

Musik umgibt uns. Sie ist Teil unserer Umgebung und kann dort wahrgenommen und geweckt werden. Kinder erleben dabei, dass und wie sie Musik erzeugen können: „Wir bringen die Welt zum Klingen."

▪ *Klingende Materialien*
Alle uns umgebenden Gegenstände können Geräusch- und Klangquellen sein. Sie beginnen zu klingen, wenn sie geschüttelt, gerieben, gezupft, durch die Luft geschwungen und mit anderen Gegenständen angeschlagen oder gestrichen werden. Bei Klangexperimenten mit Gegenständen erforschen und entdecken Kinder Regeln des Klanges: Welche Materialien klingen nur kurz und welche nach? Mit welchen Materialien kann ich harte, weiche, helle, dunkle, warme, kalte Klänge erzeugen? Wie können die Geräusche/Klänge beeinflusst werden (Abdämpfen mit der Hand, verschiedene „Schlägel")?

▪ *Musikinstrumente*
Musikinstrumente als bewusst gebaute Klangwerkzeuge sind in diesem Zusammenhang ebenfalls Experimentierfeld. Das Spektrum an Klangfarben einer Rassel, Trommel oder Flöte kann erforscht werden. Die Klangqualitäten von Metall-, Holz-, Fellinstrumenten und unterschiedliche Spieltechniken zur Beeinflussung von Geräuschen/Klängen sind zu entdecken.

Hierbei finden vielfach Identifikationen mit Musikinstrumenten statt. Das Glockenspiel wird zu „meinem" Instrument erklärt, die tiefen

Klänge der großen Trommel als „Ich bin der gefährliche Löwe" empfunden und gespielt.

■ *Die Parameter der Musik*
Beim Spiel mit Klangwerkzeugen machen sich Kinder mit den Gesetzen der Klangerzeugung vertraut und entdecken die Parameter der Musik: Klangfarbe, Klangdauer, Lautstärke, Tonhöhe, Klangraum. Im experimentellen Spiel mit diesen entdecken sie eigene Möglichkeiten Klänge/ Musik zu beeinflussen und als aktive Gestalter an der Klang-Welt teilzunehmen.

„Ich erfinde, du erfindest, wir sind Musiker"

Musik hat ihre Gestalt und kann gestaltet werden. Die Kinder entwickeln sie mit ihren Händen, setzen ihre Ideen um und erzeugen Klangprodukte: „Wir sind Musiker."

■ *Improvisation*
Im spontanen musikalischen Spiel entsteht Musik aus den momentanen Bedürfnissen, Empfindungen, Ideen, Themen ... der Kinder. Die Musik erzählt dann, was die Kinder im Moment bewegt (möglichst laut sein; miteinander, gegeneinander spielen; Regenmusik erfinden).

■ *Komposition*
Neben dem improvisatorischen Spiel, gibt es die Möglichkeit, Regeln, Abläufe, Themen im Vorfeld des Spiels zu vereinbaren. Diese Vereinbarungen können evtl. mit grafischen Zeichen notiert werden. Die musikalische Umsetzung entspricht dann der Erarbeitung einer Komposition.

■ *Urheber sein*
Beim musikalischen Spiel entstehen „Klangprodukte". Dies kann ein einziger Ton sein, den ein Kind sich vor anderen zu spielen traut, oder auch eine mehrteilige Klanggeschichte. Die Kinder erleben sich dabei als Urheber von Musik. Sie können ihre Musik bewusst präsentieren („In

fünf Minuten gibt es in der Puppenecke ein Konzert") oder die Musik fällt als Nebenprodukt ihres Spiels ab („Lara singt ihre Puppe in den Schlaf"). Manche Musikstücke sind gespielt und sofort vergessen, andere bleiben in der Erinnerung („Heute nacht habe ich von unserer Gespenstermusik geträumt!").

„Wir lernen die Musik anderer Menschen und Kulturen kennen"

Musik hat so viele „Gesichter" wie die Menschen, die sie spielen, komponieren und hören. Jede Kultur und Zeit prägt ihre Musik. Dem zu lauschen regt die eigene Erfahrungs- und Vorstellungswelt an: „Wir lernen viele ‚Gesichter' der Musik kennen."

Hören
Das bewusste Hören von Musik aus verschiedenen Epochen und Kulturen kann Kindern die Vielfalt musikalischer „Sprachen" nahe bringen. Es erweitert ihr Verständnis von Musik (Klassik, indonesische Gamelanmusik, Freejazz, Flötensolo, Orchester, Rockband) und regt innere Bilder an.

Reproduzieren
Das aktive Spielen von Musik aus anderen Zeiten, Kulturen gelingt gut im Singen von (Kinder-)Liedern. Dabei blicken die Kinder über die Grenzen der unmittelbaren Lebenswelt hinaus, lernen den Klang anderer Sprachen kennen und je nach Nationalität, Religion der Kinder in der Kindertagesstätte können sie deren (musikalische) Traditionen miterleben.

Zur methodischen Gestaltung

Aus der Vielfalt der Handlungsmöglichkeiten wähle ich hier einige wesentliche Prinzipien aus.

Die Musik-Werkstatt oder das Atelier, Labor

Die Metapher der „Werkstatt" begreift musikalische Situationen als produktives Handeln: hier wird „gearbeitet". Da im musikalischen Prozess in der Regel eher lösungsoffen gestaltet als produktzentriert gedacht wird, finde ich persönlich die Metapher des „Musik-Ateliers" stimmiger, da sie den schöpferischen Aspekt des Spielens mit Musik deutlicher transportiert. In diesem Sinn ist mir die Vorstellung vom Kind als Musikkünstler sympathischer als die des Musikhandwerkers.

Die Erzieherin oder der Erzieher kann musikalische Situationen/ Räume multifunktional gestalten: mal Orchestergraben, Werkstatt, Atelier, Labor, Restaurant, Theaterbühne, Hexenküche etc., dadurch können die Kinder ihr gesamtes Potenzial an Wissen und Können entfalten.

Selbsttätigkeit zulassen und fördern

Es wird versucht, die musikalischen Eigenaktivitäten der Kinder zu entdecken und zu begleiten. Dabei bietet es sich an eher Fragen und „Problem"felder zu benennen, als die Lösung anzubieten.

Elementarer Musikinstrumentenbau
Die Musikinstrumente einer Einrichtung stehen für eine Zeit nicht zur Verfügung. Gemeinsam mit den Kindern wird überlegt, wie die Gruppe in dieser Zeit zu Musikinstrumenten kommen könnte. Beim Blättern in Instrumentenkatalogen erkennen die Kinder mehrere Möglichkeiten, Klänge zu erzeugen: blasen, streichen, zupfen, schütteln, reiben, schwingen und schlagen. Daraufhin beginnen die Kinder, aus den Gegenständen im Raum und aus von zu Hause mitgebrachten Materialien ihre persönlichen Blas-, Schlag- oder Streichinstrumente herzustellen und zu spielen.

Das Spiel mit Musik situations- und kindbezogen anbieten

Selbsttätigkeit kann sich entfalten, wenn die aktuellen „Themen" der Kinder von der Erzieherin wahrgenommen und aufgegriffen werden. Sie kann dann den Kindern „antworten", indem sie ihr Angebot an Fragen, Ideen, Materialien, Spielformen auf die Ideen, Fragen, Gedanken und Erlebnisse … der Kinder bezieht. Hierfür ist es wesentlich, aufmerksam im Kontakt mit dem Kind/den Kindern zu sein und zu ahnen, was die Kinder im Moment „bewegt".

Lärm und Stille
Die Erzieher/innen beobachten einen gesteigerten Lärmpegel in der Gruppe. Gleichzeitig nehmen sie wahr, wie einige der jüngeren Kinder müde und „planlos" herumstehen. Daraufhin bieten die Erzieher/innen den Kindern Spielräume für „Lärm-und-Stille-Erlebnisse" an. Es wird diskutiert, wie man seine Ohren vor Lärm schützen kann, woran man erkennt, dass es für jemanden zu laut ist. Es entstehen Experimentierzeiten und -räume: täglich 15 Minuten so still wie möglich spielen; im Rollenspiel wird flüsternd und schreiend gestritten, gelobt, gesungen etc.; für eine bestimmte Zeit wird ein „Krach-Raum" eingerichtet; Klangmaterialien werden auf ihre spezifischen Lautstärke-Potenziale getestet.

Symbolisierungsprozesse erkennen, anregen und „verstehen"

Situations- und kindbezogenes Handeln mit seinem Interesse an dem, was die Kinder bewegt, bezieht sich immer auch auf die Bedeutungsbildungen der Kinder: Wie verstehen sie sich und ihr Umfeld? Wie erklären sie, was sie wahrnehmen und erleben? Wenn Symbolisierungen der Kinder erkannt, angeregt und „verstanden" werden, dann wird es ihnen ermöglicht, Erlebnisse zu verarbeiten, ihre „Weltsicht" zu entwickeln und dadurch ihre Welt zu gestalten.

Improvisationen

Die Erzieherin/der Erzieher trifft sich jeden Nachmittag mit den Kindern, die gern musikalisch improvisieren möchten. Nach der Musik versuchen die Kinder zu beschreiben, was ihre Musik soeben erzählt haben könnte. Manchmal ist die Improvisation oder auch ihre „Deutung" so prägnant, dass sich daran weitere anschließen („Also, wenn unsere Musik vom wütenden Pikachu erzählt hat, dann sollten wir ihn mit einer neuen Musik besänftigen. Anschließend können wir dann überlegen, was ihn wohl so wütend gemacht hat.").

Kontakt und Kommunikation fördern

Musik stiftet immer Kontakt und kann in diesem Sinn auch angeboten werden: aufeinander hören, musikalisch aufeinander reagieren, sich gemeinsam musikalisch abstimmen und auch das eigene Empfinden, die subjektiven Bedeutungsbildungen mitteilen und austauschen.

Aufeinander hören

„Wenn einer ‚Los!' ruft, dann spielen wir alle. Bis jemand ‚Stopp!' ruft, dann hören wir gemeinsam auf" oder „Wir spielen so laut, dass alle Musikinstrumente zu hören sind." Diese Regeln für Klangspiele fokussieren das Zusammenklingen. Wenn wir die Ohren und Augen öffnen, dann können wir wahrnehmen, wie Klänge verschmelzen, sich reiben, gleichzeitig beginnen und enden, sich abwechseln und aufeinander antworten … jeder gespielte Klang kann von anderen Klängen unterstützt, verlängert, übertönt, abgelöst, ergänzt … werden, wenn wir aufeinander hören und reagieren.

Ausklang

Wenn dieser Artikel Sie anregt mit den Kindern die „Spiel- und Bildungswelt Musik" zu entdecken und zu nutzen, dann kann sich „stille" Theorie in „klingende" Praxis verwandeln. Mein Text will, auch wenn in diesem Rahmen nicht alle Themen angesprochen wurden (z. B. Musik und Sprache, Elternarbeit ...), vor allem Möglichkeiten, Planungs- und Reflexionsstrukturen benennen. Auf den Weg machen, können und müssen Sie sich mit Ihren Teams/Einrichtungen und Kindern jedoch selbst. Dazu will ich Sie gern ermutigen und eine erlebnisreiche Reise wünschen in der „Spiel- und Bildungswelt Musik".

Literatur

Beck-Neckermann, Johannes (2005): Zwi-zwa-Zwergenmatze. Lieder für Kinder, Briefträger, Zwerge und andere Luftkünstler. www.klagsamboo.de

Beck-Neckermann, Johannes (2002): Handbuch der musikalischen Früherziehung. Theorie und Praxis für die Arbeit in Kindertageseinrichtungen. Freiburg, Basel, Wien: Herder

Bruhn, Herbert/Oerter, Rolf/Rösing, Helmut (1993): Musikpsychologie. Ein Handbuch. Reinbek bei Hamburg: Rowohlt

Feudel, Elfriede (1965): Durchbruch zum rhythmischen in der Erziehung. Stuttgart: Klett

Frohne, Isabelle (1981): Das Rhythmische Prinzip. Grundlagen, Formen und Realisationsbeispiele in Therapie und Pädagogik. Lilienthal: Eres

Fthenakis, Wassilios E./Textor, Martin R. (2000): Pädagogische Ansätze im Kindergarten. Weinheim, Basel: Beltz

Fthenakis, Wassilios E. (Hrsg.) (2003): Elementarpädagogik nach PISA. Wie aus Kindertagesstätten Bildungseinrichtungen werden können. Freiburg, Basel, Wien: Herder

Hammershoj, Henny (1995): Die musikalische Entwicklung des Kindes. Grundlagen und Anregungen für Spielkreis, Krippe und Kindergarten. Weinheim, Basel: Beltz

Haselbach, Barbara/Nykrin, Rudolf/Regner Hermann (Hrsg.) (1985): Musik und Tanz für Kinder. Unterrichtswerk zur Früherziehung. (Band 1 und 2) Mainz, London, New York, Tokyo: Schott

Kreusch-Jakob, Dorothée (1999): Musikerziehung. Don München: Bosco

Kronberger Kreis für Qualitätsentwicklung in Kindertageseinrichtungen (1998): Qualität im Dialog entwickeln. Wie Kindertageseinrichtungen besser werden. Seelze: Kallmeyer'sche Verlagsbuchhandlung

Lenz, Martin (1995): Musik und Kontakt. Grundlagen und Modelle musiksozialtherapeutischer Gruppenimprovisationen. Frankfurt am Main: Europäischer Verlag der Wissenschaften

Küntzel-Hansen, Margrit (1996): Musikwerkstatt Sozialpädagogik. Neuwied, Kriftel, Berlin: Luchterhand

Miller, Patricia (1993): Theorien der Entwicklungspsychologie. Heidelberg, Berlin, Oxford: Spektrum

Mussen, Paul H./Conger, John J./Kagan, Jerome/Huston, Aletha C. (1993): Lehrbuch der Kinderpsychologie. Stuttgart: Klett-Cotta

Oerter, Rolf/Montada, Leo (1998): Entwicklungspsychologie. Ein Lehrbuch. Weinheim: Beltz

Oerter, Rolf (1999): Psychologie des Spiels. Weinheim, Basel: Beltz

Paynter, John/Aston, Peter (1972): Klang und Ausdruck. Modelle einer schöpferischen Schulmusikpraxis. Wien: Rote Reihe Universal Edition

Petzold, Hilarion/Lemke, J./Rodriguez-Petzold, F. (1994): Die Ausbildung von Lehrsupervisoren. In: Gestalt und Integration 1995/1

Rault, Lucie (2000): Vom Klang der Welt. Vom Echo der Vorfahren zu den Musikinstrumenten der Neuzeit. München: Frederking & Thaler

Ribke, Juliane (1995): Elementare Musikpädagogik. Persönlichkeitsbildung als musikerzieherisches Konzept. Regensburg: ConBrio

Schäfer, Gerd E. (1995): Bildungsprozesse im Kindesalter. Selbstbildung, Erfahrung und Lernen in der frühen Kindheit. Weinheim, München: Juventa

Suppan, Wolfgang (1984): Der musizierende Mensch. Eine Anthropologie der Musik. Mainz, London, New York, Tokyo: Schott

TPS Theorie und Praxis der Sozialpädagogik(1/2002): Kinder können Bildung. Seelze: Kallmeyer'sche Verlagsbuchhandlung

Wickel, Hans Hermann (1998): Musikpädagogik in der sozialen Arbeit. Münster: Waxmann

Widmer, Manuela (1997): Alles was klingt. Elementares Musizieren im Kindergarten. Freiburg, Basel, Wien: Herder

Zimmer, Renate (1995): Handbuch der Sinneswahrnehmung. Grundlagen einer ganzheitlichen Erziehung. Freiburg, Basel, Wien: Herder

Norbert Neuß

Orientierung an der kindlichen Lebenswelt – Medienbildung in der frühen Kindheit

Kinder benötigen eine Orientierung in der Medienwelt. Deshalb ist Medienpädagogik im Kindergarten kein Luxus, der im Rahmen einer einzelnen Projektwoche abzuhandeln ist, sie muss vielmehr Bestandteil des Bildungskonzeptes der Kindertageseinrichtungen sein. In der Praxis wird dies allerdings längst nicht umgesetzt, wie wissenschaftliche Studien belegen (Six 1998).

In Bezug auf den Umgang mit Medien sowie die Einstellungen der Erzieher/innen zu den Medienerlebnissen der Kinder lassen sich nach wie vor zwei Haltungen feststellen: Ausgehend von der Einstellung, dass Medieneinflüsse Kindern eher schaden als nutzen, versucht man, einen positiven Ausgleich zu den vielen vermuteten (meist negativen) Wirkungen zu schaffen. Der Kindergarten wird dabei als „Schutz- und Schonraum" verstanden, der ein Gegengewicht zu den vorgefertigten Erfahrungen aus zweiter Hand bilden soll. In der pädagogischen Praxis hat das zur Folge, dass vor allem die elektronischen Medien gemieden und die Medienerlebnisse der Kinder ignoriert oder verboten werden. Da aber die Medien zum Alltag der Familien und der Kinder dazugehören, entsteht schnell eine resignative Haltung gegenüber dem Einfluss der Medien und den geringen erzieherischen Handlungsmöglichkeiten.

Diese einseitige Sicht kann überwunden werden, wenn man aktuelle medienpädagogische Forschungen beachtet. Sie zeigen deutlich, das Kinder nicht ausschließlich von den Medien „eingewickelt" und „reizüberflutet" werden, sondern dass Kinder bewusst Inhalte auswählen und in ihren Alltag integrieren. Diese Studien haben also gezeigt, dass Kinder „aktive Rezipienten" sind, d. h., sie interpretieren viele Medieninhalte ganz anders als Erwachsene dies tun oder als es von den Filmemachern gedacht ist. Ein Film kann also für Kinder einen individuellen Nutzen haben, den Erwachsene als „schlecht" und „unpädagogisch" betrachten würden (z. B. Pokémon). Diese Tatsache macht Medienerziehung in der Familie und im Kindergarten nicht gerade leichter, denn die „Scheinsicherheit" von „pädagogisch gut" und „schlecht" ist in Frage gestellt. Ein kindorientiertes Urteil über eine Sendung lässt sich also ohne die Kinder und ihren Aussagen zu der Sendung kaum finden. Hierin liegt auch der Reiz von medienerzieherischer Arbeit im Kindergarten.

Eine weitaus produktivere Zugangsweise besteht also darin, die Medien als Teil der Lebenswelt der Kinder zu akzeptieren und eine Haltung einzunehmen, die anerkennt, dass Medien nicht nur Erfahrungen einschränken, z. B. weil sie nur über das Auge und das Ohr vermittelt werden, sondern Erfahrungen von Kindern auch erweitern können. Zu diesem Lernprozess kann der Kindergarten einiges beitragen, indem er Konzepte frühkindlicher Medienbildung umsetzt. Ich verwende ganz bewusst den Begriff „Medien*bildung*" und nicht den der „Medienerziehung", weil ich damit eine Nähe zur aktuellen Bildungsdebatte herstellen möchte. Medienbildung verstehe ich in diesem Zusammenhang als Teil der Allgemeinbildung, um zu verdeutlichen, dass eine konzeptionelle Basis für die medienpädagogische Arbeit im Kindergarten geschaffen werden muss.

Im Folgenden möchte ich sechs wesentliche Bereiche frühkindlicher Medienbildung vorstellen und jeweils an einem kurzen Beispiel erläutern.

Medien als Erfahrungsspiegel

Kinder verarbeiten aktiv die Erlebnisse, die sie beschäftigen, die sie emotional bewegen oder die sie ängstigen, indem sie darüber sprechen, fantasieren, zeichnen oder Rollenspiele machen. Dies gilt für all ihre wichtigen Lebensbereiche (Familie, Kindergarten, Medien usw.). Auch die Verarbeitung von Medienerlebnissen ist ein wichtiger Bestandteil der frühkindlichen Erfahrungsbildung, weil sich die Kinder dabei die Beziehung zwischen ihrem eigenen Erleben und dem Medienerlebnis vor Augen führen können. Darüber hinaus drücken Kinder durch ihre Medienerlebnisse ihre eigenen lebenswelt- oder entwicklungsbezogenen Themen aus. Ausgehend von den Medienerlebnissen der Kinder können Erzieher/innen spielerische Methoden der Verarbeitung anbieten (Situationsorientierung).

Auch wenn uns Erwachsenen die schnellen Bilder des Fernsehens, die ästhetische Gestaltung der Zeichentrickfiguren oder die schlichte Handlung entsetzen, so können wir doch beobachten, dass Kinder von den Figuren und Geschichten des Fernsehens oft fasziniert sind. Mehr noch: Kinder finden in solchen Geschichten ihre eigenen Gefühle gespiegelt und suchen darin ihre eigenen entwicklungsbedingten Themen. In den Sendungen sind es wiederholt die Angst überwindenden Helden, die aufgrund magischer und gewitzter Konfliktlösungen die Kinder ansprechen.

Acht Wochen, bevor ich den sechsjährigen Moritz im Rahmen einer medienpädagogischen Studie kennen lernte, war sein Vater gestorben. Im Rahmen dieser Studie zeichnete Moritz dann Bilder zu zwei Fernsehsendungen, die ihn gerade sehr beschäftigten: „Heidi" und „König der Löwen". Im Gespräch mit Moritz über diese Sendungen und aus seinen Zeichnungen wurde deutlich, dass er sich in beiden Geschichten mit dem Tod seines Vaters auseinander setzte und damit seine eigene emotionale Lage bearbeitete. Beide Filme boten ihm hierzu Material an, da die Themen Eltern-Kind-Beziehung, Trennung, Mut haben, Großwerden, Alleinsein, Trauern um den Verlust einer geliebten Person sowie die Bedürfnisse nach Nähe und Schutz Gegenstand der Handlung sind. Filme können also helfen, eigene emotionale Konflikte und Ängste symbolisch zu bearbeiten. Weitere Themen und Entwicklungsaufgaben, die Kinder auch mit Hilfe von Medienangeboten verarbeiten, sind Kleinsein und Großwerden, Gerechtigkeit und Moral, Alleinsein oder Trennung, Geschlechtlichkeit, Tod und Sterben, soziale Ängste und Beziehungen.

Um die Verarbeitung von Medienerlebnissen zu unterstützen, bieten sich Angebote wie Zeichnen, Malen oder andere Gestaltungsformen an. Die Erzieher/innen sollten den Kindern dazu konkrete Fragestellungen oder Aufgaben geben, wie z. B. „Was hat mir beim Fernsehen Spaß gemacht?" oder „Was hat mir beim Fernsehen Angst gemacht?" Bei der Verarbeitung von Medienerlebnissen in dieser Form kann viel über das Selbst- und das Weltverhältnis von Kindern deutlich werden. Oder anders gesagt: Wenn Erzieher/innen sich mit den geäußerten Medienerlebnissen der Kinder beschäftigen, sich mit ihren Lieblingssendungen auseinander setzen, dann können sie über die Kinder, die deren Medien-symbolik benutzen, sehr viel erfahren.

Medien zur Sensibilisierung der Sinne

Wer schon einmal mit Kindern ein Fotoprojekt durchgeführt oder eine Ton-Dia-Show erstellt hat, der weiß, wie diese Medien zum genauen Hinsehen und Hinhören auffordern. Indem Kinder in Medienprojekten (u. a. Trickfilm, Hörspiel, Video) selbst gestalterisch mit Medien umgehen, lernen sie, Medien zur Darstellung eigener Ideen und Themen produktiv zu nutzen (Handlungsorientierung). Die Projektarbeit mit Medien geschieht dabei immer in einer sozialen Gruppe und lässt sich hervorragend zur Sinnessensibilisierung (vor allem Auge und Ohr) und zur Fantasieförderung einsetzen.

So hat die medienpraktische Arbeit bereits im Kindergarten das Ziel, Medien als Gestaltungsmittel produktiv kennen zu lernen und dabei selbst aktiv und nicht rezeptiv tätig zu sein. Der Einstieg in die Medien-praxis kann z. B. mit einer Ton-Dia-Show beginnen. Es gibt unterschiedliche Gestaltungsmöglichkeiten:

- Farb-Glasdias: Dazu benötigt man Glasdias, Glasmalfarben, Zahnstocher und Uhu. Die Farbe wird mit Zahnstochern auf die aufgeklappten Gläschen geträufelt. Ein Tropfen Uhu lässt tolle Effekte entstehen.
- Ruß-Glasdias: Die aufgeklappten Dias werden über einer Kerze angerußt. Mit Zahnstochern können dann Muster oder Bilder in die geschwärzte Oberfläche geritzt werden.
- Natur-Glasdias: Die Kinder sammeln im Außengelände Gegenstände, die zwischen die Dias passen könnten: Sand, Blüten, Federn, Gräser, Blätter usw.

Natürlich können auch alle drei „Methoden" miteinander kombiniert werden. Meist sind die Bilder, die auf diese Weise entstehen, so außergewöhnlich, dass die Kinder spontan ihre Fantasien und Assoziationen artikulieren. Wenn nötig, können sie dazu auch von der Erzieherin/dem Erzieher angeregt werden. Wichtig ist, dass genügend Zeit zum Betrachten der Dias da ist. Ausgehend von ihren eigenen Assoziationen zu den Bildern, machen sich die Kinder in einem nächsten Schritt daran, aus den Dias diejenigen auszuwählen, die man zu einer Geschichte verknüpfen könnte. Bei der Auswahl wird bereits überlegt, welche Geräusche zu den Bildern gehören und wie man diese Geräusche herstellen könnte (z. B. ein Schiff fährt übers Meer = Wasserplätschern in einem Eimer). Ist die Geschichte fertig, wird sie einmal geprobt. Dabei hat jedes Kind die Aufgabe, ein Geräusch oder mehrere Geräusche „herzustellen" und an der entsprechenden Stelle zum Einsatz zu bringen. Ein zweiter Durchgang wird mit dem Tonband aufgenommen. Abschließend können sich alle die Ton-Dia-Show gemeinsam ansehen und -hören. Aus Begeisterung wollen die Kinder meistens ihr Produkt auch den anderen Gruppen oder den Eltern zeigen.

Medien als Erinnerungshilfe

Auch wir Erwachsenen fotografieren, schreiben oder erstellen Videofilme, um uns an Situationen, Erlebnisse oder Stimmungen zu erinnern. Medien sind Speicher von biographischen Erfahrungen. An einem Foto kann eine ganze Urlaubsgeschichte „hängen". Medien helfen uns, Gefühle wieder wachzurufen, vergessene Details wiederzuentdecken, Situationen zu beschreiben und Personen zuzuordnen. Diese Möglichkeiten lassen sich durchaus in pädagogischen Zusammenhängen – und auch im Kindergarten – nutzen. Lernen hat immer mit Erinnern und Vergessen, mit dem Auswählen von bedeutsamen Dingen und dem Vergessen von unwichtigen Informationen zu tun. Medien können bereits im Kindergarten eingesetzt werden, um aus den vielfältigen Erfahrungen, die die Kinder in ihrer Lebenswelt machen, auszuwählen und sich daran zu erinnern.

Jedes Kind hat im Kindergarten eine „Sammelkiste", in der selbst aufgenommene Fotos, Fundstücke, selbst aufgenommen Hörkassetten und Zeichnungen untergebracht sind. Kinder haben eine eigene Sicht auf die Welt. Das sieht man immer wieder, wenn Kinder mit dem Fotoapparat selbst Fotos schießen. Regelmäßig können die Kinder ihre Fotos von Unternehmungen außerhalb des Kindergartens (z. B. Besuch beim Förster oder der Feuerwehr) in die Sammelkiste legen (es empfiehlt sich, die Fotos zu laminieren). Die Sammelkiste wird so zur „Erinnerungs- und

Erzählkiste", die die Erzieher/innen im Stuhl- oder Morgenkreis einsetzen können, um die Kinder anzuregen, über ihren Erfahrungs- und Erlebnisschatz zu erzählen.

Die Medien durchschauen

Der Kindergarten hilft Kindern, sich in der Welt zu orientieren. Dabei werden die Medien noch weitgehend ausgeklammert. Muss man „Medien" wirklich schon im Kindergarten pädagogisch aufgreifen? Ich möchte zur Begründung einen Vergleich zwischen dem Autofahren und der Mediennutzung anstellen. Beide Bereiche (Auto und Medien) bieten sowohl große Vorzüge und Möglichkeiten als auch Gefahren und Probleme. In beiden Bereichen gibt es „Regeln" (Verkehrsregeln und Jugendmedienschutzgesetze) und in beiden Bereichen gibt es eine Form der erzieherischen Aufklärung (Verkehrserziehung und Medienerziehung). Dass Kinder sich im Straßenverkehr möglichst früh auskennen sollten, wird wohl auch der stärkste Autogegner zubilligen. Niemand käme deshalb auf die Idee, Kindern die Verkehrsregeln nicht zu erklären oder ihnen Tipps zur eigenen Sicherheit und Selbstständigkeit zu verwehren. Ebenso sieht es mit der Medien- und Konsumwelt aus. Kinder leben in einer Medien- und Konsumwelt, wachsen in ihr auf und müssen lernen, sich darin zurechtzufinden. Werden Kinder von dieser Welt abgeschirmt, schränkt das die Möglichkeiten einer Orientierung und sinnvollen Umgangsweise ein. Einfach nichts zu tun und die Kinder sich selbst zu überlassen, scheint ebenfalls nicht die richtige Strategie zu sein, denn Kinder brauchen bei der Orientierung in dieser komplexen Welt Hilfen und Erklärungen von Erwachsenen.

Es gibt Problemfelder im Bereich des Fernsehverständnisses und der Fernsehwirkungen, bei denen Kinder Hilfestellung und Interpretationshilfen von Erwachsenen benötigen (Problemorientierung). Solche Problembereiche sind z. B. das Verständnis von Gewaltdarstellungen in Zeichentrickfilmen oder die Unterscheidung zwischen Fernsehprogramm und Werbung. Eine Aufgabe der medienpädagogischen Arbeit besteht darin, Kindern beim Verstehen unterschiedlicher Formen der medialen Gestaltung zu helfen und auf diese Weise aktiv eine „Fernseh-Lesefähigkeit" zu fördern. Hierzu können Erzieher/innen Projekte anbieten, die nicht nur lehrreich sind, sondern auch Spaß machen. „Bereits als Kleinkinder reagieren unsere Kinder auf Schlüsselreize (Musik, Symbole, Slogans) und greifen sie z. T. in ihren Dialogen auf. Besonders störend finde ich die Verbindung von vertrauten Figuren aus der Kinderliteratur bzw. aus Kindersendungen mit Werbebotschaften. Beispiele: Pumuckel bei McDonald's, Dschungelbuch und Alete Kinderteller." So beschreibt eine Mutter die Wirkung der Werbung auf ihre Kinder. Während die Werbeindustrie bemüht ist, durch eigene Studien nachzuweisen, dass Kinder mit dem Werbeangebot angemessen umgehen können, kam eine zuverlässige medienpädagogische Studie (Charlton u. a. 1995) zu ganz anderen Ergebnissen: Es zeigte sich, dass die Vor- und Grundschulkinder (Vier- bis Sechsjährige) häufig Werbung und Programm verwechseln, etwa 37 % der Vierjährigen ist der Unterschied zwischen Werbung und Programm gänzlich unbekannt. Das Gleiche gilt noch für 21 % der fünfjährigen und 12 % der sechsjährigen Kinder (ebd., S. 58). D. h., die Kinder haben keine Orientierung und sind der Fernsehwerbung ohne Kontrollstrategien ausgeliefert. Die Studie zeigte, dass die besondere Problematik der Werbekompetenz in der Altersgruppe der Vor- und Grundschulkinder liegt, d. h., eine werbe- und konsumpädagogische Arbeit ist vor allem im Vor- und Grundschulbereich dringend notwendig. Um diese Forderung praktisch umzusetzen, habe ich mehrere Projekte und Materialien zum Thema „Kinder und Werbung" entwickelt, die im Kindergarten eingesetzt werden können. Zuletzt ist ein Baukasten erschienen (LfM Nordrhein-Westfalen 2003), der unterschiedlichste spielerische Materialien enthält (Bilderbücher, Lied, Handpuppe, Brettspiel, Bastelbögen usw.), mit denen Erzieher/innen das Thema „Werbung und Konsum" sach- und kindgerecht umsetzen können. Es geht nicht darum, das Thema mies zu machen oder zu verdammen, sondern darum, in einem medienpädagogischen Projekt Kindern eine Orientierung zu geben, indem sie lernen, wo Werbung vorkommt, was Werbung bezweckt, wie Werbung im Fernsehen zu erkennen ist (Unterscheidung zwischen Werbung und Programm) und warum beliebte Figuren des Kinderfernsehens auf verschiedenen Produkten abgebildet sind.

Medien als Bildungsmaterial

Sicher gibt es in jedem Kindergarten Bilderbücher, manchmal auch einen Kassettenrekorder, seltener einen Fernseher und kaum einen Computer. All diese Medien aber bieten Kindern auf unterschiedliche Weise Bildungsmöglichkeiten und sind Bestandteil kindlicher Primärerfahrung: Einerseits machen Kinder Erfahrungen mit dem Medium selbst, andererseits können sie sich mit Hilfe der Medien selbstständig Informationen oder Geschichten erschließen (Bildungsorientierung). Ihnen die Medien in der heutigen Zeit vorenthalten zu wollen bedeutet eine Einschränkung von Erfahrungs-, Erlebnis- und Informationsmöglichkeiten. Der Bildungsauftrag von Kindertageseinrichtungen kann mit Hilfe von unterschiedlichen Medien umgesetzt werden. So können Erzieher/innen Kinder z. B. bei ihren ersten Schritten am Computer pädagogisch begleiten und ihnen positive Lernerfahrungen vermitteln.

Im Rahmen eines Computerprojektes beobachtete ich zwei Jungen, die wegen Lernschwierigkeiten und Konzentrationsproblemen von der Erzieherin als insgesamt „etwas zurück" eingeschätzt wurden. Die beiden bereiteten ihr sogar etwas Sorgen, weil sie ja zu „den Großen" gehörten und im Sommer in die Schule gehen sollten. Im Laufe des Computerprojekts konnte die Erzieherin dann etwas Erstaunliches feststellen: Die Jungen spielten am Computer mit der Software „Zählen und Ordnen", und zwar über einen Zeitraum von mehr als einer Stunde, sie waren durchgängig sehr konzentriert und sie unterstützten sich beim Verstehen bzw. bei der Bewältigung der Aufgaben. Dass sie ohne zu streiten und ohne „Blödsinn zu machen" gemeinsam spielerisch und doch konzentriert lernten, verblüffte die Erzieherin.

Diese Szene muss vor dem Hintergrund eines Widerspruchs betrachtet werden. Zum einen werden die ersten Lebensjahre als grundlegend für den Erwerb unterschiedlichster Kompetenzen (sozial, kognitiv, emotional, motorisch usw.) aufgefasst, gleichzeitig wird aber das Bildungsverständnis des Kindergartens häufig auf das soziale Lernen reduziert. Denken wir an das Beispiel der beiden Jungen, so fällt es uns schwer einzuschätzen, ob sie sozial, emotional oder kognitiv gelernt haben. Statt also an starren pädagogischen Konzepten festzuhalten, sollten die Kindertageseinrichtungen überlegen, wie einseitige pädagogische Ausrichtungen erweitert werden können. Dabei sind die genannten Aspekte zur frühkindlichen Medienbildung einzubeziehen. Es geht aber nicht darum, aus dem Kindergarten eine Schule zu machen, sondern die bestehende Angebotsvielfalt des Kindergartens um lernintensive Bereiche (z. B. um einen Computerspielplatz) zu erweitern. Ein Allheilmittel ist der Computer nicht. Seine Multimedialität unterstützt jedoch die kindliche Motivation, sich mit Themen intensiv auseinander zu setzen. Ob sein Einsatz lernförderlich ist, hängt von der Qualität der Software, der pädagogischen Einbindung und der individuellen Begleitung durch die Erzieher/innen ab. Damit das Lernen mit dem Computer im Kindergarten sinnvoll und begründet gestaltet werden kann, ist noch einiges in der Erzieher/innen-Aus- und Fortbildung nach- bzw. aufzuholen.

Medienbildung als kooperative Erziehungsaufgabe

Der letzte Aspekt betrifft die Eltern von Kindergartenkindern. Die Rede von den „schlimmen Einflüssen der Medien" ruft bei Eltern häufig Fragen und nicht selten Sorgen und Verunsicherungen hervor. Der Kindergarten sollte diese Fragen aufgreifen und als Ausgangspunkt für tiefere Diskussionen über die Medienauswahl, familiäre (Medien-)Erziehungsgrundsätze sowie Chancen und Gefahren der Mediennutzung machen. Hier bietet es sich an, kooperative Formen der Zusammenarbeit mit Eltern (Elternabend, Familienwochenende, Elternnachmittage o. Ä.) mit den Medienprojekten der Kinder zu verknüpfen. Dabei treten die Erzieher/innen nicht als „Belehrende" auf, die den „unwissenden Eltern" den richtigen „Erziehungspfad" zeigen (Kooperationsorientierung).

Eine Mutter schildert auf einem Elternabend folgende Szene: „Mein Mann hat abends noch spät Fernsehen geguckt, da ist unser Sohn irgendwann nachts aufgestanden, es war wohl dreiviertel zwölf, und hat sich in die Tür gestellt. Mein Mann sagte, bis er das mitgekriegt habe, dass er da gestanden sei, habe er wohl schon genug gesehen. Ich weiß nicht, ein brennendes Haus oder was da war. Mein Mann war mit der Situation überfordert und wusste auch gar nicht, wie er sich verhalten sollte. Er hat ihn dann neben sich gesetzt, den Fernseher ausgemacht und Jens hat gefragt, warum es da gebrannt habe, in dem Haus, wer das gewesen sei. Mein Mann hat ihm dann erklärt: ‚Da hat ein Mann eine Kerze brennen lassen, die wurde nicht richtig ausgepustet und dann hat das Häuschen angefangen zu brennen.' Das hat Jens tagelang beschäftigt. Heute Nachmittag hat er gespielt. Er hat auch immer wieder das Häuschen mit der brennenden Kerze erwähnt. Mein Mann sagte, er wusste auch gar nicht, wie er ihm das erklären sollte. Es war halt so dreiviertel zwölf, da rechnet man ja nicht damit, dass er noch nicht schläft. Das ist nicht immer so einfach."

Behutsam fragt der Moderator dieses Elternabends nach, ob das Kind möglicherweise etwas Ähnliches selbst schon erlebt hat. Daraufhin unterbricht die Mutter den Moderator und erzählt weiter: „Es hat vor nicht so langer Zeit bei uns oben in den Gartenanlagen furchtbar gebrannt. Da ist ein Gartenhäuschen abgebrannt, das konnten wir also vom Fenster aus recht gut sehen. Das Feuer und die Feuerwehr." Auf die Frage, ob das Kind diesen Brand gesehen habe, sagt die Mutter: „Ja, es hat ja am Fenster gestanden. Alles war voller Rauch und wir konnten kein Fenster aufmachen. Und er wollte auch sehen, wo das gewesen ist mit dem Feuer, was da passiert ist. Ich bin mit ihm da auch hingegangen." Im Verlauf des Gespräches wird die Verbindung des Fernseherlebnisses mit dem realen Erlebnis des Kindes deutlich. Der Moderator vermutet eine tiefer liegende Bedeutung des Hauses als Symbol für Geborgenheit, Schutz und die Angst, diesen Schutz zu verlieren. Jetzt fällt der Mutter ein weiteres Detail ein: „Ja, seine Frage war sofort, ob da Leute drin wohnen, ob da Kinder sind und wo die nun hin sind. Deswegen habe ich mir gedacht, ich zeige ihm das Gartenhaus, wo das abgebrannt war. Er hat sich das auch alles angeguckt und ich habe ihm gesagt, da wohnt niemand drin. Das hat ihn schon sehr beschäftigt. Das fällt mir auch gerade jetzt ein, wo Sie das sagen, dass er das schon mal erlebt hatte."

An diesem Beispiel wird der Zusammenhang zwischen der lebensweltlichen Erfahrung des Kindes und den Szenen im Fernsehen deutlich. Die Mutter hatte zunächst nur das Angst machende Fernseherlebnis ihres Kindes vor Augen. Die gute Gesprächsatmosphäre des Elternabends machte es möglich, von diesem Ereignis zu erzählen. Durch das Gespräch hat die Mutter ein Aha-Erlebnis, da sie zwei für sie bisher unabhängige Ereignisse miteinander verbinden konnte. Zusammen mit den anderen Eltern wird nun überlegt, welches Thema für das Kind von Bedeutung sein könnte. In diesem Beispiel steht das Haus für den familiären Schutz, Geborgenheit und Wärme. Das Kind hat erlebt, dass ein brennendes Haus eine Bedrohung für die Bewohner darstellt. Durch die Reaktion des Kindes können die Eltern etwas über ihr Kind erfahren. Für die Eltern ist es wichtig, die symbolische Botschaft, die hinter diesen Erlebnissen steckt, zu verstehen und behutsam darauf zu reagieren. Dieses Beispiel zeigt auch, wie Eltern mit Hilfe von neuem Wissen eine Umbewertung des Vergangenen vornehmen und zu neuen medienerzieherischen Perspektiven gelangen können. Vor dem Gespräch dominierte die schreckliche Filmszene die Problemsicht der Eltern und die Frage, wie so etwas zu vermeiden sei. Nach der medienpädagogischen Auseinandersetzung mit den Erlebnissen des Kindes steht vor allem dessen Bedürfnis nach Geborgenheit, Sicherheit und „Nestwärme" im Vordergrund. Die betreffenden Eltern können sich nun gemeinsam überlegen, welche Faktoren zur Verunsicherung des Kindes geführt haben und wie sie diesem Bedürfnis ihres Kindes begegnen.

Solche offenen Gespräche über die Mediennutzung auf einem Elternabend zu führen ist sicherlich nicht einfach, aber so werden die Beobachtungs- und Deutungskompetenzen der Eltern erhöht, eine wichtige Grundlage für verantwortungsvolle Medienerziehung.

Fazit

Medien sind integraler Bestandteil der Lebenswelt von Kindern und sie sollten auch integraler Bestandteil frühkindlicher pädagogischer Projekte und pädagogischer Ziele sein. Die oben dargestellten sechs medienpädagogischen Perspektiven haben verdeutlicht, dass Medienpädagogik mit anderen pädagogischen Ansätzen der frühkindlichen Bildung verknüpft werden kann. Medienpädagogik und Spielpädagogik, Medienpädagogik und Situationsansatz, Medienpädagogik und Psychomotorik schließen sich keineswegs aus, sondern bilden bei entsprechenden Themen ein „gutes Team".

Im Hinblick auf die Formulierung eines Bildungskonzeptes für den Kindergarten lassen sich daraus folgende Erkenntnisse ableiten: Angesichts der Vielfalt von Themen, Angeboten und Möglichkeiten, mit denen Kinder heute aufwachsen, sowie der unterschiedlichen kindlichen Aneignungsweisen, erscheint eine konzeptionelle Eindimensionalität (z. B. Waldkindergarten, spielzeugfreier Kindergarten, Internetkindergarten) fragwürdig. Vielmehr kommt es bei der Formulierung eines Bildungskonzeptes für den Kindergarten auf die Sicherung vielfältiger Bildungsmöglichkeiten an. Darin eingeschlossen ist ein medienpädagogisches Konzept zur frühkindlichen Medienbildung.

Literatur

Aufenanger, Stefan/Neuß, Norbert (999): Alles Werbung, oder was? Medienpädagogische Ansätze zur Vermittlung von Werbekompetenz im Kindergarten. Kiel: Schriftenreihe der Unabhängigen Landesanstalt für das Rundfunkwesen, Bd. 13

Aufenanger, Stefan/Six, Ulrike (Hrsg.) (2001): Handbuch: Medienerziehung – früh beginnen. Bonn: Bundeszentrale für politische Bildung, www.bpb.de

Charlton, Michael u. a. (1995): Fernsehwerbung und Kinder. Band 1 und 2. Opladen: Leske & Budrich, Bd. II

Deutsches Jugendinstitut (1994/1995): Medienerziehung im Kindergarten. Teil 1 + 2. Opladen: Leske & Budrich

Eder, Sabine/Lauffer, Jürgen/Michaelis, Carola (Hrsg.) (1999): „Bleiben Sie dran!" Medienpädagogische Zusammenarbeit mit Eltern. Ein Handbuch für PädagogInnen. Bielefeld: Gesellschaft für Medienpädagogik und Kommunikationskultur in der BRD

Eder, Sabine/Neuß, Norbert/Zipf, Jürgen (1999): Medienprojekte in Kindergarten und Hort. Berlin

Hille, Astrid/Schäfer, Diana (Hrsg.) (2000): Medienpädagogik für Sozialpädagogen und Erzieher. Freiburg: Lambertus

LfM Nordrhein-Westfalen u. a. (Hrsg.) (2003): Kinder und Werbung. Bausteine für den Kindergarten (Konzept N. Neuß), München

Lill, Gerlinde (2000): Bildung im Kindergarten – neue Mode oder alter Hut? In: klein&groß 2/2000, S. 6–12

Neuß, Norbert (Hrsg.) (2001): Phantasiegefährten. Warum Kinder unsichtbare Freunde erfinden. Psychologie – Ursachen – Umgang. Weinheim: Beltz

Neuß, Norbert/Koch, Claus (Hrsg.) (2001): Teletubbies & Co. Schadet Fernsehen unseren Kindern? Weinheim: Beltz

Neuß, Norbert/Michaelis, Carola (2002): Neue Medien im Kindergarten. Spielen und Lernen mit dem Computer. Offenbach: GABAL

Neuß, Norbert u. a. (1997): Erlebnisland Fernsehen. Medienerlebnisse im Kindergarten aufgreifen, gestalten, reflektieren. München: kopaed

Neuß, Norbert: Kinderzeichnungen als Methode zur Reflexion von Medienerlebnissen. In: Aufenanger, Stefan/Six, Ulrike (Hrsg.) (2001): Handbuch: Medienerziehung – früh beginnen. Bonn: Bundeszentrale für politische Bildung, www.bpb.de, S. 97–113

Six, Ulrike u. a. (1998): Medienerziehung im Kindergarten. Theoretische Grundlagen und empirische Befunde. Opladen: Leske & Budrich

Gisela Lück

Warum ist der Himmel blau? Naturwissenschaftliche Bildung und Erziehung

Ein altes Thema: Naturwissenschaftsvermittlung für Kinder

Auch wenn es überraschen mag, Naturphänomenen im Kindergarten einen festen Platz einzuräumen: die Vermittlung biologischer, vor allem aber auch physikalischer und chemischer Erscheinungen, hat bereits eine lange Tradition und gehörte in früheren Zeiten bereits zum selbstverständlichen Bildungskanon auch von jüngeren Kindern. Nachdem im 18. Jahrhundert die Naturwissenschaften eine nie zuvor gekannte Blüte erlebten, entwickelte sich im viktorianischen England geradezu eine Naturwissenschaftseuphorie, die in der Mitte und der zweiten Hälfte des 19. Jahrhunderts die Menschen erfasste: Das Interesse an Chemie und Physik war so sehr verbreitet, dass viele Haushalte ihre eigenen kleinen Labors einrichteten, um die neuen Entdeckungen im Kleinen ins eigene Haus zu holen.

Entsprechend groß war auch das öffentliche Interesse an naturwissenschaftlichen Vorlesungen. Wenn Humphrey Davy, einer der Begründer der Elektrochemie und Entdecker zahlreicher chemischer Elemente, Vorträge an der *Londoner Royal Institution* hielt, versammelten sich große Menschenmengen vor den Sälen und versperrten sogar die Albemarle Street, sodass diese im Jahre 1808 zur ersten Einbahnstraße Londons ausgewiesen wurde, um ein Verkehrschaos zu vermeiden (Day 1994, S. 409).[1] Es ist überliefert, dass auch Kinder an diesen Ereignissen teilnahmen und noch viele Jahre später nachhaltig beeindruckt waren!

---

[1] … eine aus heutiger Sicht unvorstellbare Konsequenz, da nicht nur das Verkehrschaos vor den chemischen Instituten ausbleibt, sondern noch nicht einmal die chemischen Hörsäle gefüllt werden können.

Eine weitere Welle der Naturwissenschaftseuphorie liegt weniger lange zurück. Als mit dem so genannten „Sputnikschock" in Folge der ersten Weltraumerkundungen die damals allgemein mangelnden Kenntnisse in den Naturwissenschaften aufgedeckt wurden, hatte dies in den 70er Jahren des letzten Jahrhunderts eine Neuformulierung der Unterrichtslehrpläne zur Folge. Gerade auch jüngeren Kindern wurde das Lernen von Chemie und Physik nahezu „verordnet". Dabei wurde allerdings ein Extrem angestrebt, das an den Interessen und den kognitiven Möglichkeiten der Kinder vorbeiging. Durch Mathematisierung der Naturphänomene und unnötigen Formeldrill wurde das aufkeimende kindliche Naturinteresse schon bald nachhaltig erstickt. Die Reaktionen blieben nicht aus: Desinteresse, ja sogar Ressentiments machten sich gegen die Naturwissenschaften breit, unter deren Auswirkungen wir samt unserem Bildungssystem noch heute leiden. Das Pendel schlug erwartungsgemäß in genau die entgegengesetzte Richtung um und verharrt dort nun schon seit über 30 Jahren: späte Einführung der Naturwissenschaften und resolutes Herausnehmen aller naturwissenschaftlichen Inhalte aus den Lehrplänen der Fachschulen für Sozialpädagogik waren die Folgen.

Erst allmählich wird wieder offensichtlich, dass Kinder sogar schon im Vorschulalter mit großem Interesse die Vorgänge ihrer Umgebung verfolgen. Während sie durch ihre „Warum-Fragen" Antworten auf Neuentdeckungen einfordern, etwa wissen wollen, warum es nachts dunkel wird; warum die Sonne heiß ist oder woher die Farben eigentlich kommen, sind wir als Pädagogen verunsichert. Die Älteren von uns, weil sie durch eine überzogene Naturwissenschaftspaukerei in den 70er Jahren abgeschreckt wurden, und die anderen, weil ihre Schul- und Berufsausbildung in einer Zeit lag, in der die Naturwissenschaftsvermittlung schon wieder ausgemerzt war. Gerade im letzten Fall haben wir es dann schwer, die richtige Antwort auf die kindlichen „Warum-Fragen" zu geben, liegen doch für uns selbst die Antworten im Verborgenen. Verständlich ist auch, dass sich nach den naturwissenschaftlichen Auf- und Abwärtsbewegungen eine Skepsis über das richtige Maß breit gemacht hat, mit dem Kinder an die Naturphänomene herangeführt werden sollen. Es besteht eine berechtigte Sorge, die Fehler von damals zu wiederholen. Daher werden heute Fragen diskutiert, die in den früheren Naturwissenschaftswellen keine Rolle spielten: „Ist die Vorschule aus Sicht der

Entwicklungspsychologie überhaupt schon in der Lage, Naturphänomene begreiflich zu machen, ohne das Kind zu überfordern?" oder „Welche Konsequenzen hat es, ein Kind schon so früh in Kognitionsprozesse einzubinden?" Ist die von Donata Elschenbroich kritisierte „wissensfreie Kindheit" nicht doch ein Privileg, das wir den Kindern erhalten sollten?

Diese Fragen gewinnen derzeit an Brisanz, denn wir befinden uns – nicht zuletzt durch die so häufig zitierten internationalen naturwissenschaftlichen Vergleichsstudien – in der bildungspolitisch bemerkenswerten Situation, dass gerade für das frühe Kindesalter wieder mehr Bildung eingefordert wird. Bei allen Reformbemühungen sollte man jedoch gerade im Hinblick auf die Naturwissenschaften Besonnenheit und Behutsamkeit walten lassen. Diese Behutsamkeit ist aber auch gegenüber den Pädagoginnen und Pädagogen selbst angebracht. Denn sie sind gefordert, sich vor Ort im Kindergartenalltag auf die neue Situation umzustellen, obgleich in ihrer eigenen Ausbildung das Thema „Naturwissenschaftsvermittlung" oftmals deutlich zu kurz gekommen ist. Nicht alle naturwissenschaftlichen Experimente sind kindergartentauglich und bieten sich für eine Deutung an. Aber schon eine Auswahl einiger weniger Versuche ist ein lohnenswerter Anfang, doch bislang führt insbesondere die unbelebte Natur in unserem Bildungssystem – ganz besonders in Vor- und Grundschule – ein Schattendasein.

Warum die Phänomene der unbelebten Natur in den elementarpädagogischen Bildungsauftrag gehören

Im allgemeinen Bewusstsein gilt es als unbestritten, dass geisteswissenschaftliche Kenntnisse, sei es über Philosophie, Literatur oder Geschichte, eindeutig zur Bildung gehören. Einen Menschen, der bei diesen Themen „mitreden" kann, würden wir ohne zu zögern als „gebildet" bezeichnen. Wenn jedoch jemand die Elemente des Periodensystems aufzuzählen vermag, mit der Nachweisreaktion von Zucker oder Eiweiß vertraut ist oder erklären kann, warum es nachts dunkel ist, so würden wir diesen Menschen nicht unbedingt als „gebildet" wahrnehmen. Bei naturwissenschaftlicher Kompetenz wird eher von „Wissen" gesprochen.

Dies überrascht angesichts der Tatsache, dass in Deutschland seit dem Beginn der modernen Naturwissenschaften vor rund 250 Jahren eine große Anzahl von naturwissenschaftlichen Entdeckungen gemacht wurden, im deutschen Nationalmythos aber nur vom Volk der „Dichter und Denker" gesprochen wird, die „Forscher und Tüftler", die den Weg für volkswirtschaftlichen Wohlstand und zivilisatorischen Komfort geebnet haben, hingegen außen vor gelassen werden.

Ob Chemie, Physik oder Astronomie – sämtliche Naturwissenschaftsdisziplinen haben es schwer in der Anerkennung ihrer Inhalte als Bildungsgüter. Das hat sicherlich auch etwas mit der Selbstdarstellung dieser Disziplinen zu tun. Einzelfakten scheinen im Vordergrund zu stehen, in der Forschung eine extreme Spezialisierung, die kaum mehr soziale oder ökologische Faktoren in den Blick nimmt, sodass die Kenntnisse nur wenig zu einer Werteorientierung oder ganzheitlichen Sichtweise der Mitwelt beizutragen scheinen.

Tatsächlich können aber gerade die Naturwissenschaften neben diesem Einzelfaktenwissen viele Erkenntnisse im Hinblick auf Vernetzung und Zusammenhänge hervorbringen, die uns eine differenzierte Einsicht in die Prozesse unserer Umwelt vermitteln, die uns helfen, selbstverantwortlich und eigeninitiativ an der Gestaltung unserer zukünftigen Lebensbedingungen teilzuhaben und die uns erfahren lassen, wie wir unsere Umwelt nutzen können und wann wir sie schützen müssen. Zu diesen Einsichten zählt sicherlich u. a. die Tatsache, dass Stoffe nicht einfach spurlos verschwinden können (Gesetz von der Erhaltung der Masse), auch wenn wir dies umgangssprachlich mit Formulierungen wie „Mein Schlüsselbund ist weg" vorgeben. Wie der Schlüsselbund ganz sicherlich nicht weg, sondern nur an einem anderen Ort ist, so ist ein Stoff niemals ganz verschwunden. Er hat sich lediglich chemisch umgewandelt, etwa im Falle von Wachs, aus dem beim Abbrennen einer Kerze Kohlenstoffdioxid und Wasser entstanden ist. Aus einem derartigen Beziehungsgeflecht von Erkenntnissen, zu deren Grundlage sicherlich auch Faktenwissen gehört, erwächst eben nicht allein naturwissenschaftliches *Wissen*, sondern naturwissenschaftliche *Bildung*. Nun ist der Bildungsbegriff, seitdem Wilhelm von Humboldt ihn vor ca. 200 Jahren für unseren Kulturraum prägte, mit sehr vielen widersprüchlichen Inhalten belegt worden. Hier sei deshalb nur ein Aspekt in Bezug auf unser

Thema herausgehoben: Naturwissenschaftliche Grundkenntnisse stellen eine der wesentlichen Kompetenzen für eine *Teilhabe* an unsere Gesellschaft dar und eröffnen neben beruflichen Perspektiven vor allem auch den Weg zu einer eigenständigen Meinungsbildung in Bezug auf technische bzw. naturwissenschaftliche Entwicklungen.

Warum aber sollte naturwissenschaftliche Bildung Bestandteil der Elementarpädagogik sein? Zu den Kernaufgaben des Elementarbereichs zählen nach dem Bundessozialgesetzbuch VIII die drei Säulen Bildung, Erziehung und Wissensvermittlung. Gerade dem Bildungsaspekt kommt in den letzten Jahren eine zunehmend größere Rolle zu. So heißt es etwa in der Empfehlung des „Forum Bildung": „Weichen für Bildungschancen und damit für Lebenschancen werden bereits früh gestellt. Insbesondere die Motivation und die Fähigkeit zu kontinuierlichem und selbstgesteuertem Lernen sind früh zu wecken. Neben dem wichtigen Lernen in der Familie sind die Möglichkeiten der Kindertageseinrichtungen zur Unterstützung früher Bildungsprozesse deutlich besser zu nutzen" (Arbeitsstab Forum Bildung 2001, S. 9).

Die Schlüsselqualifikationen, die durch Bildung vermittelt werden, sind in einem langen Katalog durch die Bund-Länder-Kommission zusammengefasst, von denen hier nur drei hervorgehoben werden sollen:

- *System- und Problemlöseorientierung:* Darunter wird das Verstehen komplexer Situationen sowie die Fähigkeit zum Perspektivwechsel zusammengefasst. Ebenso zählen dazu die Urteilsfähigkeit, zukunftsgerichtetes Denken, Fantasie, Kreativität, Forschungsgeist u. a. m.
- *Situations-, Handlungs- und Partizipationsorientierung:* Sie sollen u. a. zur Entscheidungsfähigkeit beitragen, Mitbestimmung ermöglichen und Handlungskompetenzen fördern.
- *Ganzheitlichkeit:* Sie umfasst u. a. eine möglichst umfassende Wahrnehmungs- und Erfahrungsfähigkeit (vgl. Bund-Länder-Kommission für Bildungsplanung und Forschungsförderung 1998).

Dass naturwissenschaftliche Bildung einen Beitrag zu diesen genannten Schlüsselqualifikationen leisten kann, liegt auf der Hand. Mehr noch: Naturwissenschaftliche Erfahrungen und insbesondere die Deutung naturwissenschaftlicher Phänomene bieten sich geradezu dazu an, Qualifikationen wie Problemlöseorientierung und Ganzheitlichkeit zu erwerben.

Betrachtet man Bildung nicht im Sinne von Bildungs*ziel*, sondern als Aktivität, die *vom Kind ausgeht*, so kann man diese auch als „Aneignung von Welt" im Sinne von Selbstbildung verstehen, wobei dem Elementarbereich die Aufgabe zukommt, bei diesem Prozess helfend die Hand auszustrecken (vgl. hierzu auch Laewen, Andres 2002; Schäfer 1995).

Auch aus diesem Blickwinkel des Bildungsbegriffs kommt der naturwissenschaftlichen Bildung im Vorschulbereich ein fester Platz zu, bedenkt man einmal, mit welchem Eigenantrieb und Interesse Kinder Antworten auf Fragen zu Naturphänomenen geradezu „einklagen".

Trotz aller Bildungsrelevanz der Naturphänomene zur unbelebten Natur im Vorschulbereich und trotz der in der Regel interessierten Grundhaltung der Kinder gibt es allerdings noch eine Vielzahl von Aspekten zu bedenken, bevor die Jüngsten unseres Bildungssystems an naturwissenschaftliche Fragestellungen herangeführt werden können. Eine ganz zentrale Rolle spielt dabei die Methode – in diesem Fall das naturwissenschaftliche Experiment.

Die Rolle des Experiments zur frühkindlichen Heranführung an Themen der unbelebten Natur

Nicht allein die Beobachtung, sondern vor allem die eigene experimentelle Erfahrung hat sich bei Kindern für einen ersten Zugang zu Naturphänomenen bewährt. Zugleich enthält das Experimentieren einige Bildungsfassetten: Neben dem Experimentieren, das schon ein wenig Geschicklichkeit erfordert, kommen der Gesichtssinn, der akustische Sinn, aber auch die taktile Wahrnehmung zum Einsatz und werden geschult. Gleichzeitig muss ganz genau beobachtet werden, und zwar zu einem vorgegebenen Zeitpunkt, denn ein wenig später ist vielleicht schon alles vorbei. Damit auch die anderen Kinder der Experimentiergruppe alles mitbekommen können, müssen sich alle für die Zeit des Experimentierens so ruhig wie möglich verhalten und dürfen den anderen nicht die Sicht nehmen. Damit spielen also auch soziale Komponenten eine Rolle. Werden die Kinder aufgefordert, das Beobachtete zu formulieren, sind auch sprachliche Kompetenzen gefordert bzw. wird die sprachliche Ausdrucksfähigkeit gefördert. Schon allein das Aufzählen der zum Experimentieren erforderlichen Gegenstände, die in der Regel bereits auf dem Experimentiertisch vorbereitet sind, bereitet manchem Kind Schwierigkeiten, wenn es den genauen Begriff „Glas" anstelle von „Becher" oder den Begriff „Teelicht" anstelle von „Kerze" wählen soll.

Das Experimentieren hat neben der sinnlichen Erfahrung sowie der sozialen und der sprachlichen Kompetenz zudem vor allem auch noch einen kognitiven Aspekt: Das Experiment bedarf nämlich einer Deutung – vor allem dann, wenn das Ergebnis verblüfft und Anlass zum Hinterfragen gibt. Genau dieses Hinterfragen entspricht dem großen Wissensdrang der Vorschulkinder, den sie mit zahlreichen „Warum-Fragen" zum Ausdruck bringen. Gerade Naturphänomene der unbelebten Natur lassen sich durch Kausalbeziehungen, also Wenn-dann-Bezüge deuten. So etwa: „Immer, wenn einer Kerze Luft entzogen wird, dann erlischt sie" oder „Wenn Luft aus einem Gefäß nicht entweichen kann, dann kann auch kein anderer Stoff – etwa Wasser – nachströmen".

Kriterien für die Auswahl der Experimente

Gerade weil das Experiment eine so entscheidende Rolle bei der Hinführung zu Naturphänomenen spielt, sind bei der Auswahl geeigneter Versuche eine Reihe von Aspekten zu berücksichtigen:

- Der Umgang mit den für die Durchführung der Experimente erforderlichen Materialien *muss völlig ungefährlich* sein.
- Die Experimente sollten *immer* gelingen, um die Kinder mit dem Phänomen vertraut zu machen.
- Die für die Durchführung der Experimente erforderlichen Materialien müssen *preiswert zu erwerben* und *leicht erhältlich* oder sogar ohnehin in jeder Kindertagesstätte vorhanden sein, so z. B. Luft, Wasser, Salz, Zucker, Essig, Teelichter etc.
- Sämtliche Versuche sollten einen *Alltagsbezug* zum Leben der Kinder haben, um ihnen durch die Begegnung mit den Gegenständen eine Erinnerungsstütze zu bieten.
- Die naturwissenschaftlichen Hintergründe der Versuche sollten für Kinder im Kindergarten- und Vorschulalter *verständlich vermittelbar* sein, um den Eindruck von „Zauberei" zu vermeiden.

▓ Die Versuche sollten alle *von den Kindern selbst durchgeführt* werden können.

▓ Die Experimente sollten – einschließlich der Versuchsdurchführung durch die Kinder – innerhalb einer überschaubaren Zeit von ca. *20 bis 25 Minuten* abgeschlossen sein, um die Konzentrationsfähigkeit nicht zu sehr zu „strapazieren".

▓ Schließlich sollten die Experimente in großen Teilen *aufeinander aufbauen*, sodass das folgende Experiment eine Wiederholung des zuvor durchgeführten Experiments darstellt.

Eine solche Kriterienliste, auf die hier im Einzelnen nicht eingegangen werden soll (vgl. Lück 2000 a, S. 129 ff.; 2000 b, S. 20 ff; 2003, S. 104 ff.), grenzt die Auswahl der Experimente deutlich ein; dennoch konnten inzwischen rund 30 Versuche zusammengestellt werden, die diese Voraussetzungen erfüllen.

Beispiele für naturwissenschaftliches Experimentieren im Elementarbereich

Exemplarisch sollen an zwei Beispielen sowohl Konzeption als auch inhaltliche Auswahl der Experimente verdeutlicht werden.

▓ *Luft begreifen – ein Beispiel für einen ersten Schritt zur naturwissenschaftlichen Bildung*
Umgangssprachlich ist der Begriff „Nichts" auch bei Vorschulkindern bereits fest etabliert. Da werden Formulierungen verwendet wie: „In der Spielecke ist nichts", wenn eigentlich gemeint ist, dass sich dort nicht die gewünschten Spielsachen befinden, wohl aber ein Teppich, eine Kiste, möglicherweise auch ein Stuhl und ein Tisch ... und eben auch Luft. Letztere kommt in unserem Sprachgebrauch nur selten unter naturwissenschaftlicher Perspektive vor. Meistens wird sie mit dem Begriff „nichts" gleichgesetzt. So ist beispielsweise ein Glas leer, obwohl es eigentlich randvoll mit Luft gefüllt ist. Ohne Frage zählt Luft zu den lebenswichtigsten Stoffen, die uns umgeben. Trotzdem findet sie kaum eine Berücksichtigung – allenfalls umgangssprachlich durch einen Satz wie: „Wir gehen nach draußen an die frische Luft", was bei Kindern zu

der Vorstellung führt, dass sich Luft eben nur draußen im Freien befindet. In einem einfachen Experiment kann das Phänomen „Luft" Vorschulkindern näher gebracht werden: Ein leeres Glas wird mit der Öffnung nach unten in eine mit Wasser gefüllte Salatschüssel getaucht und leicht schräg gehalten. Dabei entweichen mit einem blubbernden Geräusch Luftblasen nach oben. Luftblasen oder Nichtsblasen? Das Kind schließt schnell darauf, dass es sich hier um mehr als nur „nichts" handeln muss. Blasen sind auch im Innern mit etwas gefüllt – nämlich mit Luft, die aus dem schräg gehaltenen Glas entweicht.

In einem anschließenden Experiment kann den Kindern verdeutlicht werden, dass Luft, wenn sie nicht entweichen kann, in einem Behälter „gefangen" bleibt. Dieser Luftraum kann beispielsweise von Gummibärchen als ideale Taucherglocke genutzt werden. Dazu wird ein „leeres" Glas mit der Öffnung nach unten über eine mit Wasser gefüllte Salatschüssel gehalten. Die Gummibärchen, die sich beispielsweise auf einem „Bötchen" aus dem Aluminiumbehälter eines Teelichts befinden, können dann mit dem Glas in das Wasser gedrückt werden. Das für Kinder verblüffende Ergebnis: Die Gummibärchen bleiben trocken!

▪ In der Natur verschwindet nichts

Umgangssprachlich ist auch der Begriff „verschwinden" für Dinge, die unserer Wahrnehmung entzogen sind, fest verankert – das gilt auch schon für die ganz Kleinen. Wir sagen „Unsere Brille ist weg", wo es doch genauer heißen müsste „Unsere Brille ist nicht an dem von uns vermuteten Platz", denn irgendwo wird sie schon noch sein. Auch das nicht mehr auffindbare Spielzeug des Kindes ist nicht einfach auf und davon und spurlos verschwunden, sondern irgendwo an einem anderen Ort. Was uns sprachlich so leicht als „weg" über die Lippen geht, bleibt nicht ohne Konsequenzen für unser Bild von der Natur: Wenn tatsächlich Dinge verschwinden, ist ja deren Entsorgung erst gar kein Thema mehr. Auch das Sorge-Tragen für Dinge, die weg sind, entfällt. Mit folgendem einfachen Experiment kann ein erster Zugang zu der Erkenntnis gelegt werden, dass Stoffe nicht einfach verschwinden: Dazu löst man einfach etwas Zucker oder Salz in Wasser – ein alltägliches Experiment, bei dem die wässrige Lösung scheinbar frei von Salz bzw. Zucker zu sein scheint. Dieser Lösevorgang kann noch variiert werden, indem die Wassertemperatur erhöht wird. Dabei kann beobachtete werden, wie diese uns so vertrauten Lebensmittel in heißem Wasser – besonders im Fall von Zucker – deutlich schneller „verschwinden" als in kaltem. In einem folgenden Experiment kann dann gezeigt werden, dass das Salz nach Verdunsten des Wassers wieder als Feststoff gewonnen werden kann.[2]

Nachdem bislang das Experiment und seine Deutung für eine Heranführung an Naturphänomene ausführlich diskutiert wurden, stellt sich nun die entscheidende Frage, ob denn das Vorschulalter aus entwicklungspsychologischer Sicht überhaupt geeignet ist, Kinder an die vermeintlich komplexe Materie der Naturphänomene heranzuführen – oder kurz formuliert: Sind die Kinder dazu nicht noch zu klein?

Können Kinder Naturphänomene verstehen?
Entwicklungs- und kognitionspsychologische Konzepte

Wenn heutzutage Naturphänomene der unbelebten Natur und vor allem ihre Deutung in Kindergärten zu kurz kommen, so wird häufig das Argument vorgebracht, dass Vorschulkinder kognitiv überfordert seien, kausale Zusammenhänge zu verstehen. Dieses Argument stützt sich im Wesentlichen auf den Entwicklungspsychologen Jean Piaget, dessen Stadientheorie und Konzept der Äquilibration wesentlichen Einfluss auf die Entwicklung von Bildungskonzepten für alle Altersstufen hatten. Im Kindergartenalter – so das Ergebnis seiner empirischen Untersuchungen – befänden sich die Kinder noch in einer so genannten „räoperationalen", d. h. „vorlogischen Entwicklungsstufe", in der kausale Zusammenhänge, also die für die Naturwissenschaften so grundlegenden Wenn-dann-Beziehungen, unverständlich blieben. Dass die naturwissenschaftlichen Fächer Chemie und Physik in vielen Ländern erst in der 7. oder 8. Klasse eingeführt werden, geht auf Piagets

---

[2] Mit Zuckerwasser sollte dieses Experiment nicht durchgeführt werden, da Zucker schnell karamellisiert.

Untersuchungsergebnisse zurück, nach denen die formal-operationale Phase erst im Alter von 12 bis 13 Jahren erreicht werde und deren Erlangen eben für das Verständnis subatomarer Zusammenhänge oder abstrakter mathematischer Formeln vorausgesetzt werden müsse. Inzwischen sind Zweifel an der Gültigkeit der Piagetschen Untersuchungen, die mehr als ein halbes Jahrhundert zurückliegen, laut geworden: Zum einen geht man davon aus, dass im Unterschied zu früher eine Akzelerierung der kognitiven Phasen einsetzt. Zu den Vertretern dieser Auffassung zählen beispielsweise Nowak oder Collins, der gezeigt hat, dass sogar schon Vierjährige die konkret-operationale Stufe erreichen, in der Wenn-dann-Beziehungen nachvollzogen werden können (Novak 1990, S. 941; Collins 1984, S. 73 f.). Auch im Hinblick auf den Zeitpunkt für das Erreichen der formal-operationalen Phase gibt es Kritiker, zeigen doch heutige Untersuchungen, dass diese Phase erst von einem Viertel der 15- bis 16-jährigen Gymnasialschüler erlangt wird (Gräber 1984, S. 257 f.). Und schließlich gibt es handfeste Kritik am Untersuchungsdesign selbst, etwa von Donaldson in ihrem Buch „Wie Kinder denken" (Donaldson 1982).

Ganz anders als Piaget sieht der Entwicklungspsychologe Erik Erikson im Vorschulalter die günstigste Zeit in der Entwicklung eines Menschen, um das Kind mit den Dingen seiner Umgebung vertraut zu machen und an eine Deutung der Phänomene heranzuführen. In der Entwicklungsphase des Spielalters, in der die motorischen Fähigkeiten bereits gut ausgebildet sind und das Sprachvermögen so weit entwickelt ist, dass auch differenzierte Aussagen formuliert werden können, besteht das wohl charakteristischste Merkmal in dem Wunsch des Kindes, am Erwachsenenleben teilzunehmen – häufig begleitet von „Warum-Fragen". Verbunden damit ist die Bereitschaft, sich mit den Erwachsenen zu messen, vor allem natürlich mit den Eltern. Entsprechend groß ist die Wissbegier und Hinwendung zu den Dingen.

Die Weisheit des Grundplans will es, dass das Individuum gerade zu dieser Zeit mehr als zu jeder anderen bereit ist, schnell und begierig zu lernen, „groß" zu werden in dem Sinne, dass es an Pflichten und Leistung mehr noch als an Macht teilhaben möchte, und zwar so, dass es

*sich jetzt nicht mehr nur den Menschen, sondern auch der Dingwelt zu-
wendet. Jetzt (…) ist es imstande und willig, sich dem Lehrer oder anderen Idealgestalten anzuschließen.* (Erikson 1994, S. 96).

Mit der Hinführung der Kinder an naturwissenschaftliche Themen
wird ihnen ein Teil der „Dingwelt" präsentiert, an dem sie in besonde-
rem Maße interessiert sind, und zwar aufgrund einer Psychodynamik,
die mit ihrem Wunsch zusammenhängt, initiativ die Welt zu erkunden
und erwachsen zu werden. Es geht um ein Sach- und Handlungswis-
sen, das dem Kind in seiner „Rivalität" und Konkurrenz zu Erwachsenen das Gefühl vermittelt, den Erwachsenen ihren Platz streitig machen zu können.

Der von Erikson verwendete Begriff der „Dingwelt" bezieht sich auf
alle Phänomene. Das rekonstruierbare naturwissenschaftliche Experiment und seine Deutung betrifft die Bedürfnisse des Kindes jedoch
gleich in mehrfacher Weise. Es bietet ihm die Möglichkeit, zunächst unter Anleitung und dann selbstständig etwas zu tun, um eine neue Erkenntnis zu gewinnen und die Dingwelt in den Griff zu bekommen. Ist
die Durchführbarkeit des naturwissenschaftlichen Experiments (wegen
der Verfügbarkeit der einzusetzenden Materialien) auch zu Hause ge-
währleistet, dann kann das Kind etwas demonstrieren, was diesen selbst
vermutlich noch nicht bekannt ist. Nicht zuletzt vermitteln das Experiment und seine Deutung dem Kind das Gefühl der Beherrschbarkeit der
Situation. Es spricht also vieles dafür, die psychoanalytisch begründete
Phase der Wissbegier des Vorschulkindes durch die Heranführung an
naturwissenschaftliche Phänomene zu fördern, auch wenn in dieser
Zeit die kognitiven Fähigkeiten nicht immer genügend ausgebildet sind,
um die jeweilige Deutung der Phänomene naturwissenschaftlich völlig
nachvollziehen zu können. Bei den 13- bis 14-Jährigen, die heutzutage
in die Fächer Chemie und Physik eingeführt werden, scheint der beste
Zeitpunkt dagegen verpasst zu sein, denn für sie stehen – auf der
Schwelle zum Erwachsenwerden – eher soziologische Fragestellungen
im Mittelpunkt – auch wenn bei einigen schon die formal-operationale
Phase erreicht wurde.

Was Kinder über Naturphänomene bereits wissen: intuitive Zugänge

Ein weiteres Argument für eine frühzeitige Heranführung an Phänomene der unbelebten Natur liegt in der Tatsache, dass Kinder ohnehin schon sehr früh einen intuitiven Zugang zu physikalischem Wissen entwickeln (vgl. Sodian 1995, S. 623 ff.). Selbst wenn zu diesem früh angelegten Wissen – auch bereichsspezifisches Wissen genannt – noch viele Fragen offen sind und beispielsweise zu chemischem Wissen bislang noch überhaupt keine empirischen Untersuchungen vorliegen, so kann doch davon ausgegangen werden, dass dieses Wissen durch gezielte Förderung vertieft und ausgebaut werden könnte.

Da die bereichsspezifische Forschung bislang nur eine Fülle von sehr genauen Untersuchungen zu Einzelaspekten hervorgebracht hat, kann hier keine zusammenhänge Darstellung der Forschungsergebnisse erfolgen, sondern lediglich an wenigen Beispielen das Phänomen des intuitiven Wissens aufgezeigt werden.

Jüngere Ergebnisse aus der Säuglingsforschung belegen, dass schon drei bis vier Monate alte Kinder ein physikalisch unmögliches Ereignis (ein Ball sinkt durch eine Tischplatte) länger betrachten als ein physikalisch mögliches (Ball bleibt auf der Tischplatte liegen) (vgl. Baillargeon 1991; Spelke 1994). Auch ein *elementares Verständnis von Kausalität* lässt sich nach Untersuchungen von Leslie und Keeble schon bei Säuglingen nachweisen. So wie es für Erwachsene kausallogisch ist, dass eine Billardkugel, die auf eine zweite trifft, diese in Bewegung versetzt, erwarten auch schon Kinder im Alter von sechs Monaten, dass ein Klötzchen, das ein zweites mit Schwung berührt, letztes zur Fortbewegung veranlasst. Wird nun die Versuchsanordnung so modifiziert, dass das Klötzchen stattdessen ein zweites Klötzchen anzieht, also die kausale Beziehung umgekehrt wird, verfolgen die Kinder diesen Versuchsablauf mit verstärkter Aufmerksamkeit, woraus die Autoren auf eine Überraschung der Kinder über den unerwarteten Verlauf schließen (Leslie, Keebel 1987, S. 265 ff.).

Bereits im Alter ab vier Jahren sind Kinder in der Lage, zwischen *materiell und immateriell* zu unterscheiden (Estes et al. 1989, S. 41 ff.). Nach empirischen Untersuchungen wissen Vorschulkinder bereits, dass Gegenstände nicht allein durch Gedanken eine Veränderung erfahren können und andere keinen Einblick in eigene Träume und Phantasiebilder haben. Mit vier Jahren können Kinder auch schon die Aggregatzustände *fest* und *flüssig* richtig unterscheiden. Sechsjährige können eine Flüssigkeit identifizieren, indem sie prüfen, ob die Substanz fließen kann oder mit Wasser vergleichbar ist. Demnach stellt Wasser den Prototyp für alle Flüssigkeiten dar.

Wenn es sich bei den hier ausgewählten Beispielen auch nur um basale Zugänge zu Naturphänomenen handelt, so geben sie doch einen Hinweis darauf, dass Kinder schon sehr früh eine Annäherung an die Deutung von Naturphänomenen suchen, sodass eine Förderung auf fruchtbaren Boden fällt.

Zum kindlichen Interesse an Naturphänomenen

Die Etablierung der naturwissenschaftlichen Bildung im Elementarbereich steht und fällt mit der Resonanz der Kinder auf die Hinführung zu Experimenten der unbelebten Natur. Die Darstellungen zur Entwicklungspsychologie sowie zu den intuitiven Zugängen zu Naturphänomenen haben gezeigt, dass Kinder naturwissenschaftliche Phänomene verstehen können und sich auch dafür interessieren. Dies ist insbesondere unter motivationalen Gesichtspunkten von großer Bedeutung.

Die Bedeutung der intrinsischen Motivation

Grundsätzlich wird zwischen zwei Formen der Motivation unterschieden: der intrinsischen und der extrinsischen (vgl. Deci, Ryan 1993, S. 225; Krapp 1999, S. 388). Die intrinsische Motivation ist durch einen von „innen" gesteuerten Lernantrieb gekennzeichnet. Kindliches Neugierverhalten, Spontaneität und Interesse an den unmittelbaren Gegebenheiten der Umwelt gelten geradezu als Prototypen der intrinsischen Motivation. Sie ist frei von äußeren Anstößen wie Versprechungen oder Drohungen und nach Csikszentmihalyi, einem amerikanischen Psychologen, durch die spontane Erfahrung, die durch freudvolles Tun hervorgerufen wird, gekennzeichnet (Csikszentmihalyi 1992, S. 20 ff.). Dagegen wird die extrinsische Motivation durch äußere Faktoren wie Leistungsbeurteilung oder Lob und Tadel beeinflusst. Sie tritt in der Regel nicht spontan auf und wird in der Absicht durchgeführt, eine von der Handlung getrennte Konsequenz zu erzielen, eben Lob oder Bestätigung. Ob nun die Anregungen vom Kind selbst oder von außen kommen, ist für den „Lernerfolg" gravierend.

Im Hinblick auf naturwissenschaftliche Phänomene finden wir beim Vorschulkind eine intrinsische Motivation vor. In der Elementarpädagogik sollte deshalb auf dieses natürliche Interesse eingegangen werden, da wir damit dem Kind optimale und nachhaltige Bildungsprozesse für den Moment und für seine Zukunft ermöglichen.

Die Psychologen Schiefele und Schreyer haben 1994 Untersuchungen durchgeführt, in denen der Zusammenhang zwischen Motivation und Erfolg im Mittelpunkt stand. Sie kommen dabei zu dem eindeutigen Ergebnis, dass intrinsische Orientierung im Durchschnitt mit höherer Leistung korreliert als extrinsische Motivation (Schiefele, Schreyer 1994, S. 8 f.). Dieses Phänomen, das auch im späteren Berufsleben, in dem Eigenmotivation allzu oft durch Leistungsbeurteilungen und Gehaltsanpassungen verschüttet wird, bleibt nicht ohne Folgen auf die Leistungsqualität.

Obwohl Experimente zu Physik und Chemie schon hin und wieder in Kindergärten durchgeführt wurden und im Saarland die Ausbildungsinhalte an den Sozialfachschulen schon seit langem hohe Anteile an Naturwissenschaftsvermittlung vorsehen, wurden systematische Untersuchungen zur Akzeptanz, Erinnerungsfähigkeit und Langzeitwirkung bislang nicht durchgeführt. Eigene empirische Untersuchungen haben die Nachhaltigkeit dieser frühen Bildungsprozesse im Hinblick auf die Naturwissenschaften bestätigt.

Akzeptanz

Eine der ganz entscheidenden Fragestellungen ist das Interesse der Kindergartenkinder an den Experimenten und ihren Deutungen, denn sollten die Kinder kein Interesse an diesen Dingen zeigen, wäre sicherlich die nachfolgenden Fragen – Erinnerungsfähigkeit und Langzeitwirkung – ohne überzeugende Ergebnisse. Als Hinweis für eine positive Akzeptanz bzw. ein erstes aufkeimendes Interesse für Naturphänomene wurde die freiwillige Teilnahme der Kindergartenkinder an naturwissenschaftlichen Experimentierangeboten gewählt, nachdem sie bereits an ein erstes Experiment herangeführt wurden. Trotz konkurrierender Angebote, mit deren Hilfe ausgeschlossen werden konnte, dass die Kinder nur aus Gründen der Abwechslung an den Experimentierangeboten teilnahmen, nahmen rund 70 Prozent der Kinder ab fünf Jahren teil (Lück 2000a, S. 153 ff.).

Erinnerungsfähigkeit

Die Kinder wurden ein halbes Jahr nach Beginn der Experimentierreihen in Einzelinterviews zu Aufbau, Durchführung und Deutung des Experiments befragt. Rund 30 Prozent der Experimente konnte von den Kindern ohne Hilfestellung nicht nur in der Durchführung, sondern einschließlich der naturwissenschaftlichen Deutung erinnert werden. Weitere 20 Prozent der Experimente wurden erinnert, wenn kleine Hilfestellungen gegeben wurden. Diese Ergebnisse zeigten sich quer durch alle sozialen Schichten, was ein Hinweis darauf ist, dass eine frühzeitige Heranführung an die Naturphänomene von *allen* Kindern gleichermaßen möglich ist und Sprachbarrieren oder geringe Förderung seitens des Elternhauses kein Hinderungsgrund sind, einen ersten Zugang zu Naturphänomenen zu erhalten.

Dafür sprechen auch langjährige Beobachtungen, die mit verhaltensauffälligen und zahlreichen behinderten Kindern unterschiedlicher Behinderung gemacht wurden. Stets fallen freudiges Interesse, große Aufmerksamkeit und Konzentration im Hinblick auf das Naturphänomen auf, sodass diesem Thema derzeit im Rahmen von empirischen Untersuchungen besondere Aufmerksamkeit gewidmet wird.

Langzeitwirkung

Bislang konnten noch keine eigenen Longitudinalstudien durchgeführt werden, da diese nicht nur – wie der Name sagt – zeitaufwändig sind, sondern zudem auch hohe Forschungskosten verursachen. Indirekt konnten über Bewerbungsunterlagen von Abiturienten, die sich für ein Chemiestudium entschieden haben, Informationen über die Langzeitwirkung frühkindlichen naturwissenschaftlichen Einflusses ermittelt werden. Die 1345 Bewerber für ein Stipendium des Fonds der chemischen Industrie wurden aufgefordert, die Wahl ihres zukünftigen Studiums zu begründen. 22 Prozent der Bewerberinnen und Bewerber gaben an, bereits in der frühen Kindheit, insbesondere durch Familienmitglieder, für die Naturwissenschaften interessiert worden zu sein. Dies war nach der Angabe „Einführung des Fachs Chemie in der Sekundarstufe I" (45 Prozent) die mit Abstand häufigste Nennung!

Die Untersuchungen zeigen, dass neben der Freude, die bei den Kindern durch das Experimentieren ausgelöst wird, dem hohen Interesse, das sie den Naturphänomenen entgegenbringen, auch der Aspekt des nachhaltigen Eindrucks für eine frühe Naturwissenschaftsvermittlung spricht.

Fazit

Eine Vielzahl von Indikatoren weist darauf hin, dass Kinder schon im frühen Kindesalter an Phänomene der unbelebten Natur interessiert sind. Nicht nur die „Warum-Fragen", sondern auch die hohe Akzeptanz von Medien mit naturwissenschaftlichen Inhalten zeigen, dass vom Kind ausgehend ein Interesse an der Beantwortung seiner Fragen zu Naturphänomenen besteht. Auch entwicklungspsychologische Aspekte sowie jüngste empirische Untersuchungen stützen diese These.

Derzeit steht in vielen Fällen einer Umsetzung der Naturwissenschaften als Bildungsinhalt im Elementarbereich noch vieles im Wege, weil Sozialfachschulen in der Ausbildung zukünftiger Erzieherinnen und Erzieher bislang Naturwissenschaften und deren Vermittlung – insbesondere Physik und Chemie – nicht vorsehen.

Daher ist eine Neuorientierung der Curricula für Sozialfachschulen erforderlich, die übergangsweise von Fortbildungsmaßnahmen für derzeitig im Beruf befindliche Pädagoginnen und Pädagogen begleitet werden sollten.

Literatur

Baillargeon, Renée; Vos de, Julie (1991): Object permanence in young infants. Further evidence. In: Child development. 62. Jg., S. 1227–1246

Collins, Andrew (Hrsg.) (1984): Development during middle childhood. The years from six to twelve. Washington D.C.: National Academic Press

Csikszentmihalyi, Mihaly (1992): Flow: Die sieben Elemente des Glücks. In: Psychologie heute. 1. Jg., S. 20–29

Day, Peter (1994): The Royal Institution – creating and communicating science. In: Physics world. 6, S. 409

Deci, Edward L.; Ryan, Richard, M. (1993): Die Selbstbestimmungstheorie der Motivation und ihre Bedeutung für die Pädagogik. In: Zeitschrift für Pädagogik. 39. Jg., Nr. 2, S. 223–238

Donaldson, Margaret (1982): Wie Kinder denken. Intelligenz und Schulversagen. Bern: Huber

Elschenbroich, Donata (2001): Weltwissen der Siebenjährigen. Wie Kinder die Welt entdecken können. München: Kunstmann

Erikson, H. Erik (1994): Identität und Lebenszyklus. (Titel der Originalausgabe: Identity and the Life Cycle; erstmals 1959 im Englischen erschienen) Frankfurt a.M.: Suhrkamp

Estes, D.; Wellman, H. M.; Woodley, J. D. (1989): Children's understanding of mental phenomena. In: H. Reese (Hrsg.): Advances in child development and behavior. Vol. 21. New York: Academic Press, S. 41–87

Faraday, Michael (1980): Naturgeschichte einer Kerze. Mit einer Einleitung und Biographie von Peter Buck. Bad Salzdetfurth: Verlag Barbara Franzbecker

Feierabend, Sabine; Klingler, Walter (2002): Was Kinder sehen. Eine Analyse der Fernsehnutzung von Drei- bis Dreizehnjährigen 2001. Media Perspektiven 5, S. 221 ff.

Gräber, Wolfgang; Stork, Heinrich (1984): Die Entwicklungspsychologie Jean Piagets als Mahnerin und Helferin des Lehrens im naturwissenschaftlichen Unterricht. Teil 2. In: MNU. 37 Jg., Nr. 5, S. 257–269

Jean Piaget (1996): Gesammelte Werke. Studienausgabe in 10 Bänden. Stuttgart: Klett-Cotta/J.G. Cotta'sche Buchhandlung Nachfolger

Leslee, A. M.; Keeble, S. (1987): Do six-month-old infants perceive causality? In: Cognition, 25. Jg., S. 265–288

Lück, Gisela (2000a): Naturwissenschaften im frühen Kindesalter. Untersuchungen zur Primärbegegnung von Vorschulkindern mit Phänomenen der unbelebten Natur. In: Naturwissenschaften und Technik – Didaktik im Gespräch. Bd. 33., LIT: Münster

Lück, Gisela (2000b): Leichte Experimente für Eltern und Kinder. Freiburg: Herder

Lück, Gisela (2003): Handbuch der naturwissenschaftlichen Bildung. Theorie und Praxis für die Arbeit in Kindertageseinrichtungen. Freiburg: Herder

Pfeifer, Peter; Lutz, Bernd; Bader, Hans Joachim (Hrsg.) (2002): Konkrete Fachdidaktik Chemie. München: Oldenbourg Schulbuchverlag GmbH

Piaget, Jean (1978): Das Weltbild des Kindes. Klett-Cotta/J.G. Stuttgart: Cotta'sche Buchhandlung Nachfolger, (Ersterscheinung 1926)

Sachs, Oliver (2002): Onkel Wolfram. Erinnerungen. Reinbek/Hamburg: Rowolt

Schiefele, Ulrich; Schreyer, Inge (1994): Intrinsische Lernmotivation und Lernen. Ein Überblick zu Ergebnissen der Forschung. In: Zeitschrift für Pädagogische Psychologie. 8. Jg., Nr. 1, S. 1–13

Sodian, Beate (1995): Entwicklung bereichsspezifischen Wissens. In: Rolf Oerter; Leo Montada (Hrsg.): Entwicklungspsychologie. Weinheim: Beltz

Spelke, Elizabeth S.; Katz Gary; Prucell, Susan E.; Ehrlich, Sheryl M.; Breinlinger, Karen (1994): Early knowledge of object motion: Continuity and inertia. In: Cognition. 51. Jg., S. 131–176

Klaus Hasemann

Ordnen, Zählen, Experimentieren – Mathematische Bildung im Kindergarten

Auch wenn es uns nicht immer bewusst ist: Die Mathematik spielt in unserem Leben eine wichtige Rolle. Viele Dinge, mit denen wir tagtäglich umgehen, würden ohne Mathematik nicht funktionieren; dies gilt z. B. für die CD und das Handy ebenso wie für die Wettervorhersage. So undurchschaubar die Mathematik manchmal auch erscheinen mag, von ihr geht auch eine starke Faszination aus, sie gehört zu den menschlichen Grunderfahrungen. Diese Erfahrungen beziehen sich nicht nur auf Zahlen. Wir orientieren uns z. B. in unserer Umwelt, indem wir sie mit geometrischen Begriffen wie Abstand, Länge und Winkel beschreiben.

Kinder machen diese Erfahrungen, wenn sie mit den Dingen umgehen, wenn sie mit ihnen experimentieren: Manche Dinge stehen fest, andere fallen leicht um; ein Ball rollt weg, wenn man ihn anstößt, andere Gegenstände, wie z. B. Kegel, vollführen taumelnde Bewegungen. Kinder staunen über diese Phänomene und werden neugierig. Sie wollen wissen, warum sich der eine Gegenstand so verhält und der andere anders.

Die Faszination an der Mathematik lässt sich bei vielen Kindern aber auch in ganz anderer Weise beobachten: Manche Kinder können Stunden damit verbringen, Gegenstände zu ordnen, zu reihen, abzuzählen, die Eigenschaften von geometrischen Formen zu erproben etc. Vielleicht ist es auch die Verlässlichkeit und Ordnung der mathematischen Erfahrungen, die diese Kinder so begeistert.

Für viele Erwachsene ist Mathematik hingegen oftmals mit Abneigung verbunden. Sie rührt häufig von negativen Erfahrungen aus der Schulzeit her, in der Mathematik als trocken, abstrakt, langweilig oder als Drill empfunden wurde. Offenbar verstehen es nur wenige Lehrer/innen, die Faszination dieses Faches zu vermitteln. Stattdessen wird der Mathematikunterricht oft als Instrument zur Disziplinierung benutzt.

Diese Erfahrungen führen nicht zuletzt zu einer Haltung vieler Pädagoginnen und Pädagogen, wenigstens Kindern im Kindergartenalter die Mathematik vom Leib zu halten. Dass Vorschulkinder aber durchaus ein Interesse an mathematischen Themen zeigen und in dieser Zeit auch die Grundlagen für das spätere mathematische Verständnis gelegt werden, will der vorliegende Beitrag vermitteln.

Wie sich das mathematische Verständnis entwickelt – entwicklungspsychologische Überlegungen

Bereits in ihren ersten Lebensjahren erfahren Kinder, was Zahlen bedeuten und wie man sie verwendet. Kinder machen diese Erfahrungen selbstverständlich und in spielerischer Form, sie sind Teil ihrer kognitiven Entwicklung. Im Folgenden sollen die wesentlichen entwicklungspsychologischen Aspekte in Bezug auf das mathematische Verständnis herausgearbeitet werden. Pionierarbeit auf diesem Gebiet hat Jean Piaget geleistet.

Im Werk Piagets nehmen Untersuchungen über die natürliche Geometrie des Kindes (Piaget, Inhelder und Szeminska 1975) und die Entwicklung des räumlichen Denkens (Piaget und Inhelder 1971) einen wichtigen Platz ein. Piaget und seine Mitarbeiterinnen haben unter anderem erkannt, dass das Denken von Vorschulkindern sehr stark auf die eigene Perspektive bezogen ist; die gesamte Periode des vor-operativen Denkens ist vom Egozentrismus geprägt. Dieser Begriff verweist aber nicht nur auf die Tatsache, dass die Kinder (noch) nicht fähig sind, den Blickwinkel anderer einzunehmen, sondern schließt auch die verschiedenen Methoden ein, wie Kinder Naturphänomene erklären. Da gibt es zum einen die „finalistische" Haltung, die Naturerscheinungen aus ihrem Zweck – „Bäume sind da, um Schatten zu spenden" – erklärt, zum anderen die „animistische" Haltung, die Naturphänomene als Wesen mit einem Willen deutet: „Der Wind ist böse, er heult, damit wir Angst haben." Zum dritten erklären Kinder Phänomene „artifiziell", d. h., Menschen oder höhere Mächten haben sie hervorgerufen.

Wie sich das Denken der Kinder weiterentwickelt, kann an ganz konkreten Beispielen und Beobachtungen deutlich gemacht werden.

Die Entwicklung des räumlichen Denkens, geometrischer Vorstellungen

Die von Piaget angelegten Versuche zur Entwicklung des räumlichen Denkens und geometrischer Vorstellungen sind vielfach wiederholt und in den wesentlichen Punkten bestätigt worden. Ausgedrückt in Piagets Terminologie, erkennen die Kinder zunächst topologische und später projektive und euklidische Beziehungen und Begriffe.

Unter topologischen Beziehungen sind solche zu verstehen, die sich bei Linien auf Aspekte wie „haben gemeinsame Punkte – keine gemeinsamen Punkte" beziehen oder sich mit Begriffen wie „innen – außen" oder „offen – geschlossen" kennzeichnen lassen. Gradlinigkeit, Winkel oder Parallelität werden also noch nicht berücksichtigt.

Ein Beispiel: Unter anderem sollten Kinder im Alter von drei bis vier Jahren vorgegebene Figuren abzeichnen, so z. B. den in Abb. 1 links gezeichneten Kreis sowie das Rechteck und das Quadrat. In Abb. 2 sind zwei Zeichnungen von dreijährigen Kindern wiedergegeben. Die Vorlage waren hier jeweils zwei unterschiedlich große geschlossene Figuren, von denen die kleinere im Innern, außerhalb (aber sie berührend) bzw. auf dem Rand der größeren Figur lag. Kinder dieses Alters können sicher offene und geschlossen Figuren sowie „innen" und „außen" unterscheiden. Ihre Nachzeichnungen des Quadrats und des Kreises sehen hingegen fast gleich aus. Erst ab etwa knapp vier Jahren beginnen die Kinder, euklidische Eigenschaften wie rechte Winkel, Parallelität und Länge zu berücksichtigen.

Unter „projektiven" Eigenschaften versteht Piaget solche, die sich auf die jeweilige Perspektive des Beobachters beziehen. Man kann beispielsweise Folgendes ausprobieren: Die Kinder sehen von der Tür aus in ein

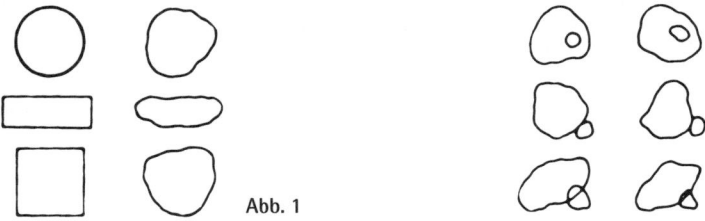

Abb. 1   Abb. 2

Zimmer mit Möbeln und sollen beschreiben, wie ihr Teddy diese Möbel sieht, wenn er statt durch die Tür durch ein Fenster in der gegenüberliegenden Wand blickt. Vorschulkinder bleiben meist bei ihrer eigenen Perspektive und können sich nicht in die Perspektive des Teddys hineinversetzen. Dies zu tun erfordert nicht nur, den Standpunkt eines anderen einzunehmen, sondern auch, das Zimmer in Gedanken so zu drehen, dass es aus der Perspektive des Teddys gesehen wird. Es ist also eine mentale Operation erforderlich.

Das Prinzip der Invarianz

Das Prinzip der Invarianz (oder „Erhaltung") ist in der Theorie Piagets nicht nur Grundlage für die Zahlbegriffsentwicklung, sondern für das Denken ganz allgemein (vgl. dazu Piaget/Szeminska 1975, oder zur Oeveste 1987, S. 27–42). Schon in der Phase der sensomotorischen Intelligenz (bis zum 2. Lebensjahr) macht das Kind Erfahrungen mit der Unveränderlichkeit der Form fester Gegenstände. Piaget untersuchte, wie sich die Einsicht in das Invarianzprinzip bei physikalischen Größen wie Volumina und Gewichten und bei Mengen von Perlen entwickelt.

In den berühmten Umschüttversuchen (z. B. von Flüssigkeit aus einem Gefäß mit einem kleineren Durchmesser in ein solches mit einem größeren Durchmesser, vgl. Abb. 3,) zeigte sich, dass Kinder erst mit ca. siebeneinhalb Jahren (nach neueren Untersuchungen zwischen sechs und sieben Jahren) sicher sind, dass sich die Flüssigkeitsmenge beim Umfüllen nicht verändert. Als Grund nennt Piaget, dass das Denken der Kinder erst in diesem Alter *reversibel* geworden ist. D. h. erst jetzt erkennen sie, dass sich zum einen die Handlung des Umfüllens *umkehren* lässt (möglicherweise auch nur in Gedanken) und dass zum anderen beim Flüssigkeitsstand in den Gefäßen ein Ausgleich zwischen Höhe und Breite stattfindet. Dementsprechend muss ein Kind bei ei-

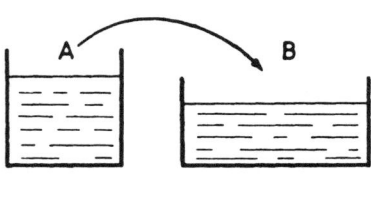

Abb. 3

ner Aufgabe zur Invarianz der Zahl in der Lage sein zu verstehen, dass sich Aussagen wie „mehr als" oder „weniger als" auf die Anzahl der Elemente in einer Menge beziehen.

Zahlbegriff und Zählen

Die Einsicht in die Korrespondenz und insbesondere in Eins-zu-eins-Zuordnungen zwischen Elementen von Mengen wird von Piaget als *die* zentrale Grundlage für den Zahlbegriff gesehen. Bei den Versuchen zur Eins-zu-eins-Zuordnung wird den Kindern z. B. eine Reihe von Vasen und eine bestimmte Anzahl von Blumen (mehr Blumen als Vasen) vorgelegt; die Kinder sollen die Korrespondenz herstellen, indem sie für jede Vase eine Blume bereitlegen. Im zweiten Teil des Versuchs wird die Reihe der Blumen zusammen- oder auseinander gerückt,

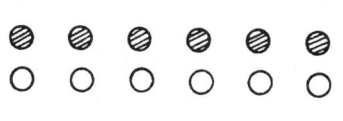

Abb. 4

sodass sich die räumlichen Anordnungen der Blumen und Vasen nicht mehr entsprechen. Die Kinder werden gefragt, ob immer noch genau so viele Blumen wie Vasen vorhanden sind (vgl. Abb. 4).

Jüngere Kinder (vier bis viereinhalb Jahre) können die Eins-zu-eins-Zuordnung noch nicht selbstständig herstellen. Außerdem bewerten sie die Mengen im Sinne von „mehr – weniger – gleich viele" allein nach dem optischen Vergleich der Reihenlängen. Die etwas älteren Kinder (fünfeinhalb bis sechs Jahre) können ohne weiteres selbst die Eins-zu-eins-Zuordnung herstellen. Aber auch sie schließen noch nicht unabhängig von der räumlichen Verteilung der Elemente auf die Gleichwertigkeit der Mengen, d. h., Zuordnung und Äquivalenzurteil bleiben weiterhin an die Anschauung gebunden. Erst ab etwa sechs Jahren wird die Äquivalenz der Mengen auch bei einer räumlichen Verschiebung erkannt. Kinder auf dieser Stufe der Entwicklung sind in der Lage, die räumliche Verschiebung durch umgekehrte Operationen (Reversibilität) wettzumachen.

Piaget ging davon aus, dass sich die Fähigkeiten der Kinder zur Klassifikation (Sortieren von Objekten nach einem oder mehreren Merkmalen) und zum Herstellen von Reihenfolgen, die ebenfalls grundlegend für den Erwerb des Zahlbegriffs sind, parallel zur Einsicht in die Invarianz entwickeln. Um die Einsicht der Kinder in Reihenfolgen zu überprüfen, werden ihnen verschiedene Objekte dargeboten, die sich z. B. in der Länge oder im Gewicht voneinander unterscheiden. Sie werden aufgefordert, die Objekte nach ihrer Länge oder ihrem Gewicht in einer Reihe anzuordnen. Die schwierigste Ordungsoperation ist dabei der transitive Schluss, wenn das Kind (im Kopf ohne Anschauungsobjekt) z. B. von „A ist kürzer als B" und „B ist kürzer als C" auf „A ist kürzer als C" schließen muss.

In eigenen Untersuchungen mit Kindergartenkindern (Hasemann 2001, 2003) konnten einige Ergebnisse von Piaget sehr gut bestätigt werden. Es gab aber auch deutliche Hinweise darauf, dass die *Zählkompetenz*, die in Piagets entwicklungspsychologischen Arbeiten keine Rolle spielt, von ihm sogar als irrelevant für den Zahlbegriff ignoriert wird, für die Zahlbegriffsentwicklung der Kinder von fundamentaler Bedeutung ist.

Ein typischer Fehler, der beim Vergleich zweier Reihen auftritt, ist in Abb. 5 zu sehen; hier hat das Kind jeweils nur unmittelbare Nachbarn, nicht aber *alle* Hunde bzw. Stäbe verglichen.

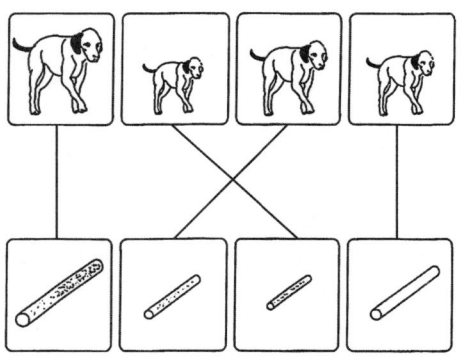

Abb. 5

Bei einer der Zuordungsaufgaben ließen sich sehr viele Kinder vom optischen Eindruck der angebotenen Bilder dazu verleiten, eine Lösung wie in Abb. 6 anzufertigen.

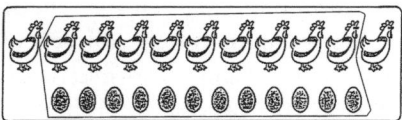

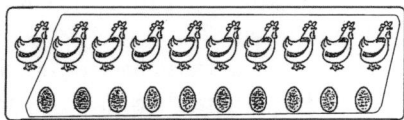

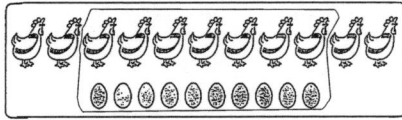

Abb. 6

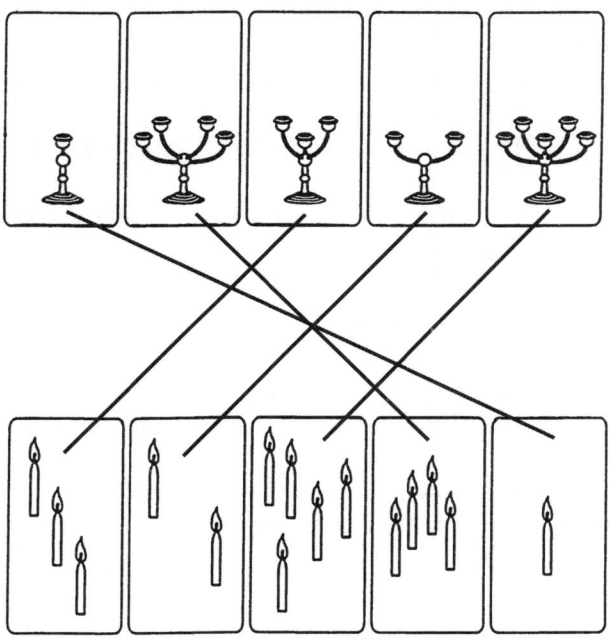

Abb. 7

Wenn eine Aufgabe zur Eins-zu-eins-Zuordnung hingegen (wie die in Abb. 7) so beschaffen ist, dass die Zuordnungen durch „Hinsehen" oder durch Zählen hergestellt werden können, dann fällt Kindern die Lösung deutlich leichter. Es scheint also so zu sein, dass die Fähigkeit, Eins-zu-eins-Zuordnungen herzustellen und zu erkennen, wann zwei Mengen gleich mächtig sind, und die Entwicklung der Zählfertigkeiten parallel verlaufen und sich gegenseitig beeinflussen.

Mit der Eins-zu-eins-Zuordnung lässt sich nur feststellen, ob zwei Mengen *gleich viele* Elemente enthalten. Zweifellos hat das Zählen für die Ermittlung der tatsächlichen *Anzahl der Objekte* in einer Menge die größte Bedeutung.

Die Zählfähigkeit

Wenn wir hier vom „Zählen" sprechen, dann meinen wir diese Art, eine Anzahl zu bestimmen, und nicht das Aufsagen der Zahlwortreihe, das man ja auch als „Zählen" bezeichnet. Dieses Zählen beruht auf einer Reihe von Prinzipien, auf die bereits Kruckenberg (1935) hingewiesen hat:

1. Das Eindeutigkeitsprinzip: Jedem der zu zählenden Objekte wird genau ein Zahlwort zugeordnet.
2. Das Prinzip der stabilen Ordnung: Die Reihe der Zahlwörter hat eine feste Ordnung.
3. Das Kardinalprinzip: Das zuletzt genannte Zahlwort gibt die Anzahl der Objekte in einer Menge an.
4. Das Abstraktionsprinzip: Es kann jede beliebige Menge ausgezählt werden, d. h., es kommt nicht darauf an, welcher Art die Objekte sind, die gezählt werden.
5. Das Prinzip von der Irrelevanz der Anordnung: Die jeweilige Anordnung der zu zählenden Objekte ist für das Zählergebnis nicht von Bedeutung.

Die drei ersten Prinzipien beziehen sich darauf, *wie* gezählt wird, die beiden letzten sind übergeordnete Prinzipien und besagen, *was* gezählt werden kann.

Der Weg der Kinder hin zur Einsicht in diese Prinzipien und damit zum sicheren Zählen soll noch etwas genauer beschrieben werden. Im Alter von etwa zwei Jahren beginnen die Kinder, sich mit der Zahlwortreihe auseinander zu setzen. Sie können die ersten Zahlwörter „eins, zwei" aufsagen und lernen bald, dass mit Zahlwörtern eine Anzahl bezeichnet wird: „zwei Bonbons", „drei Blumen" usw. Die Kinder unterscheiden bei der Anzahl zunächst meist nur zwischen „eins" und „zwei" und „viele", im Laufe der Zeit differenzieren sich die Zahlen immer mehr. Auch wenn der Unterschied zwischen Zahlwörtern und Eigenschaftswörtern zunächst noch nicht immer ganz klar zu sein braucht (d. h., wenn es für die jüngeren Kinder noch keinen bedeutsamen Unterschied zwischen Aussagen wie „drei Blumen" und „rote Blumen" zu geben braucht), so lässt sich doch zeigen, dass sie diesen Unterschied sehr schnell erfassen. Dabei hilft ihnen vor allem der sprachliche Kontext, beispielsweise Formulierungen mit und ohne Artikel („Gib mir drei Bauklötze" im Gegensatz zu „Gib mir *die* roten Blumen"). Die weitere Zählentwicklung bei den Kindern kann dann mit drei zentralen Begriffen gekennzeichnet werden: Sequenz, Zählen und kardinale Bedeutung (Moser Opitz 2000).

▪ *Sequenz*
Gemeint ist die Beherrschung der Zahlwortreihe. Deren Kenntnis wird in der ersten Phase durch Nachahmung Älterer und durch Auswendiglernen erworben. Zuerst lernen die Kinder dabei die Zahlwortreihe noch unstrukturiert („einszweidreivier …"), in dieser Form kann sie noch nicht zum Zählen eingesetzt werden. Im nächsten Schritt werden die einzelnen Zahlwörter unterschieden. Bei etwa dreieinhalbjährigen Kindern gibt es laut Fuson (1984) dann eine deutliche Dreiteilung in dem bereits gelernten Bereich der Zahlwortreihe: Am Anfang steht eine stabile, korrekte Zahlwortfolge, z. B. 1, 2, 3, 4; es folgt eine ebenfalls stabile, aber nicht korrekte Folge von Zahlwörtern, die häufig durch das Auslassen von Zahlwörtern gekennzeichnet ist (z. B. 6, 8, 9), und schließlich folgen Zahlwörter, die bei jedem neuen Zählversuch unterschiedlich ausfallen können (z. B. einmal 14, 16, 13, 5 und bei nächsten Mal 12, 15, 16, 13).

■ *Zählen*

Gemeint sind die Beherrschung der Zahlwortreihe und die korrekte Eins-zu-Eins-Zuordnung, zunächst in einem begrenzten Bereich, der durch „Hinsehen" (durch „simultane Zahlerfassung") überschaubar ist, später darüber hinausgehend. Beobachtungen bei Kindern zeigen, dass dieser Lernprozess durchaus nicht „logisch" ablaufen muss. Wir sind in eigenen Untersuchungen auf Kinder gestoßen, die bei der Aufforderung, die Zahlwortreihe aufzusagen, nur bis zur 13 sicher waren, aber unmittelbar danach problemlos 20 Holzwürfel abzählen und dabei auch die Zahlwortreihe sicher verwenden konnten.

■ *Kardinale Bedeutung*

Hierbei geht es um die Beherrschung der fünf oben genannten Zählprinzipien. Erste Einsichten in das Kardinalitätsprinzip, wonach das zuletzt genannte Zahlwort die Mächtigkeit der Menge angibt, sind bei den Kindern schon mit etwa dreieinhalb Jahren zu erwarten und mit etwa vier Jahren auch in die Prinzipien „Abstraktion" und „Irrelevanz der Reihenfolge". Dies bedeutet aber nicht notwendigerweise, dass die Kinder diese Prinzipien nun auch bereits uneingeschränkt und sicher verwenden können.

Ein Test zur Zahlbegriffsentwicklung

Zur Überprüfung der Zahlbegriffsentwicklung bei Kindern zwischen viereinhalb und sieben Jahren kann der „Osnabrücker Test zur Zahlbegriffsentwicklung (OTZ)" eingesetzt werden (Van Luit, van de Rijt & Hasemann 2001). Der Test ist insbesondere dafür geeignet, bereits vor dem Schulbeginn oder zu Beginn der Schulzeit herauszufinden, bei welchen Kindern die Zahlbegriffsentwicklung relativ zu der ihrer Altersgenossen verzögert ist. Außerdem lässt sich feststellen, in welchen Bereichen gegebenenfalls besondere Stärken oder Defizite vorliegen. Der OTZ umfaßt 40 Aufgaben, die mündlich gestellt und von den Kindern anhand von Bildern oder unter Verwendung von Material gelöst werden. Von den 40 Aufgaben des Tests lassen sich je fünf folgenden acht Bereichen zuordnen:

(1) Qualitatives Vergleichen
(2) Klassifizieren
(3) Eins-zu-eins-Zuordnungen herstellen
(4) Reihenfolge erkennen

(5) Zahlwörter gebrauchen
(6) Zählen mit Zeigen
(7) Zählen ohne Zeigen
(8) Einfaches Rechnen

In den ersten vier Teilbereichen werden Fähigkeiten getestet, die in den Arbeiten Piagets als wesentlich für die Zahlbegriffsentwicklung der Kinder genannt sind, während es im fünften bis siebten Teilbereich um die Zählfertigkeiten geht. Allerdings ist den Kindern bei allen Aufgaben die Vorgehensweise bei der Lösung ausdrücklich freigestellt, d. h., sie dürfen zählen, wann immer sie wollen, auch z. B. bei Aufgaben zur Eins-zu-eins-Zuordnung.

Wir haben in diesem Abschnitt gesehen, dass Vorstellungen über Zahlen und Größen ebenso wie erste geometrische Einsichten bei allen Kindern bereits in der Vorschulzeit heranreifen. Es ist klar, dass es zwischen den einzelnen Kindern erhebliche Unterschiede in der Art und im Tempo dieser Entwicklung gibt. In keinem Fall aber kann man sich darauf beschränken, diese natürliche Entwicklung einfach nur zu beobachten und abzuwarten. Im Folgenden wird deshalb genauer auf Begründungen und Zielsetzungen einer mathematischen Bildung im Vorschulalter eingegangen.

Zur Begründung und Zielsetzung der mathematischen Bildung

In den meisten Kindergärten wird mit dem „Situationsansatz" gearbeitet. Ausgehend von den Lebenssituationen der Kinder ermitteln die Erzieher/innen erforderliche Qualifikationen und entwerfen dazu mit großem Engagement passende Lernsituationen. Den Kinder wird Zeit und Muße gewährt zum Staunen, Üben, Wiederholen und Versinken; sie werden Ernst genommen und auf ihre Gefühle und Bedürfnisse wird so gut als möglich eingegangen. Aktivitäten zur Förderung kognitiver Fähigkeiten, speziell Aktivitäten, die sich im weitesten Sinne auf prä-mathematische Inhalte beziehen, finden sich jedoch nur in ganz wenigen Kindergärten. Nach einer Untersuchung von Naumann wird vor allem das letzte Kindergartenjahr dem „nur wenig eingeschränkten ‚Genuss der Gegenwart' gewidmet, damit die Kinder Erinnerungen mitnehmen, die sie stark machen für den Neuanfang" in der Schule (Faust-Siehl 2001, S. 73). Wie wir in den entwicklungspsychologischen Ausführungen gesehen haben, sind mathematische Inhalte für Kinder jedoch durchaus relevant und es stellt sich die Frage, inwieweit nicht Pädagoginnen und Pädagogen aufgrund negativer biografischer Erfahrungen mit Denken, Wissen und Lernen den kognitiven Interessen von Kindern im Weg stehen. Dies ist umso fataler, als dass zur Entwicklung der Persönlichkeit der Kinder und insbesondere des Selbstwertgefühls auch das Ansprechen ihrer kognitiven Fähigkeiten gehört. Außerdem „ist inzwischen im Blick, dass sich die Kompetenzen der Heranwachsenden in Zeiträumen entfalten, die in der frühen Kindheit beginnen und weit über die Grundschule hinausreichen. Dies gilt sowohl für Basiskompetenzen, z. B. die metakognitive Steuerung des eigenen Lernens, als auch für die spezifischen Lernvoraussetzungen ... Während der Kindergartenzeit entwickeln sich die entscheidenden Vorläuferfähigkeiten für die schulischen Lernprozesse." (Faust-Siehl 2001, S. 74)

Damit ist jedoch keineswegs gemeint, dass durch die Einführung oder vertiefende Behandlung neuer Inhalte und Methoden im Kindergarten die Schule vorverlegt wird oder die Kinder für die Schule getrimmt werden. Mathematische Bildung im Kindergarten kann nur gelingen, wenn diese nicht im Widerspruch zu wohl begründeten elementarpädagogischen Ansätzen steht, sondern sie ergänzen und erweitern. Außerdem muss nicht notwendig ein „Mehr" an Stoff bearbeitet werden, vielmehr wird ein bewussterer Umgang mit den einzelnen Situationen angestrebt, denn vieles, mit dem die Kinder spielen und was sie bearbeiten, beinhaltet mathematische Vorerfahrungen, die möglicherweise nicht als solche wahrgenommen werden. Gleichzeitig ist bei den Aktivitäten im Kindergarten zu berücksichtigen, dass die Kinder die mathematische Sprache nicht sozusagen „nebenbei" lernen wie ihre Muttersprache. Der Zugang zur Mathematik öffnet sich nur dann, wenn entsprechende Erfahrungs- und Lernmöglichkeiten angeboten werden. Den Zeitpunkt, wann sie sich mit mathematischen Materialien beschäftigen wollen, bestimmen dabei die Kinder selbst. Nur sie wissen, wann für sie der richtige Zeitpunkt ist, neues Wissen aufzunehmen.

Dem Alter der Kinder entsprechend sollten sich die mathematischen Inhalte den Kindern praktisch und konkret darbieten, d. h., es besteht die Notwendigkeit, die Mathematik für Kinder sinnlich erfahrbar zu gestalten. Die Gegenstände und Situationen, mit denen sich die Kinder bei einer mathematischen Frühförderung beschäftigen, müssen dabei nicht unbedingt der unmittelbaren Lebenswelt der Kinder entnommen sein: Vielmehr sollen die Spiele die Kinder zur aktiven Auseinandersetzung mit mathematischen Gegenständen anregen. Dabei ist darauf zu achten, dass Kinder mit unterschiedlichen Kompetenzniveaus miteinander spielen, damit sie voneinander profitieren können. Grundsätzlich gilt, dass die Kinder die Welt der Zahlen mit guten Gefühlen verbinden, aber sie sollen auch lernen, sich ihr gezielt und mit Ausdauer zuzuwenden (vgl. Preiß 2002; Müller und Wittmann 2002).

Welche Ziele ergeben sich daraus für die mathematische Bildung im Kindergarten? Sie lassen sich zum einen aus der skizzierten natürlichen Entwicklung geometrischer Vorstellungen und der Zahlbegriffsentwicklung ableiten, zum anderen aus dem eben kurz umrissenen elementarpädagogischen Bildungskonzept. Die *Ziele* können wie folgt zusammengefasst werden:

Bei Kindern im Alter bis etwa drei Jahren geht es im Wesentlichen darum, dass sie eigene, sinnliche Erfahrungen sammeln können

- in Bezug auf den eigenen Körper z. B. im Hinblick auf die Reichweite der Arme („Körperschema") bzw. auf die Position im Raum (z. B. auf den Stuhl klettern und die Welt „von oben" anschauen) sowie bei Bewegungsspielen;
- mit Gegenständen sowohl im Raum als auch in Bezug auf deren Eigenschaften (z. B. dass der Ball wegrollt);
- mit geometrischen Formen von Spielmaterialien und mit deren Benennungen;
- mit Zahlen in Spielen und in sprachlicher Form, z. B. in Abzählreimen.

Für Kindern im Kindergartenalter ist es wichtig, dass ihnen entsprechende Möglichkeiten gegeben werden, um die oben angesprochenen Erfahrungsbereiche zu erweitern und zu vertiefen, sodass ihre natürliche Entwicklung gefördert wird im Hinblick auf:

- den Umgang mit Raum- und Lagebeziehungen (lang, kurz, oben, unten, vorn, hinten, dazwischen, daneben, innen, außen, rechts, links);
- das Kennen und Benennen von räumlichen Körpern (Kugeln, Würfeln, Quadern, Säulen) und ebenen Figuren (Kreisen, Quadraten, Rechtecken, Dreiecken) anhand von konkreten Gegenständen oder geeignetem Material;
- das Erkennen von Figuren und Körpern nicht nur an ihrer äußeren Gestalt, sondern zunehmend auch an den Merkmalen und Eigenschaften (rund, eckig, Anzahl der Ecken und Kanten);
- das Vergleichen, Klassifizieren und Ordnen von Objekten und Materialien nach unterschiedlichen Kriterien;
- die Einsicht in die Invarianz von Größen und Mengen;
- das Erfassen der Anzahl von Objekten (von Gegenständen, aber z. B. auch von Tönen) „mit allen Sinnen";
- den Gebrauch von Zahlwörtern und das Ab- und Auszählen von Objekten;
- das Erkennen von Zahlen in der alltäglichen Umwelt der Kinder;
- das Zusammenfassen und Gliedern von Mengen von Objekten im Sinne eines gegenständlichen Rechnens (z. B. drei Bonbons und zwei Bonbons sind zusammen fünf Bonbons);
- das Erkennen von Mustern (z. B. der Zahlbilder auf dem Würfel oder das Fortsetzen von Reihen);
- das Erfassen und Wahrnehmen von Größen (Längen und Längenmessung, Gewichte und Abwägen, Volumina, Zeit, Umgang mit Geld).

Wesentlich ist dabei, dass die Kinder lernen, ihre Erkenntnisse über Sachverhalte und ihre Einsichten in Zusammenhänge, Gemeinsamkeiten und Unterschiede *sprachlich* auszudrücken, dass sie auch *mentale* Bilder aufbauen (z. B. von Situationen oder Objekten, die nicht direkt zu sehen sind) und dass sie ihre Erkenntnisse und Einsichten in andere inhaltliche Bereiche oder andere Darstellungsformen zu übertragen lernen.

Auf den engen Zusammenhang zwischen Denken und Sprechen hat schon Vygotsky (1969) hingewiesen. Wir benutzen die Sprache nicht nur, um uns mit anderen zu verständigen, sondern auch in der Form eines „inneren Sprechens", um geistige (mentale) Vorstellungen über die Sachverhalte und deren Beziehungen aufzubauen. Das *verbale Beschreiben* von Sachverhalten, Gemeinsamkeiten, Unterschieden usw. dient sowohl der Verständigung miteinander als auch der individuellen Entwicklung von Sprachkompetenz und der Präzisierung von Erfahrungen und Einsichten, die zuvor „mit allen Sinnen" gemacht wurden.

Die Entwicklung und das Training *motorischer Fertigkeiten* sind selbstverständliche Inhalte der Arbeit im Kindergarten. Mittlerweile gibt es darüber hinaus eine Reihe neuer Erkenntnisse über den Zusammenhang zwischen der physischen Beweglichkeit der Kinder und dem Erwerb der Kulturtechniken Lesen, Schreiben und Rechnen. Nahe liegend ist beispielsweise der Zusammenhang zwischen der Entwicklung des so genannten „Körperschemas" bei den Kindern (also ihrer Vorstellung von den Ausmaßen des eigenen Körpers wie z. B. der Armlänge) und der Entwicklung von Größenvorstellungen in der alltäglichen Umwelt, aber auch von Maßen wie „1 m". Auch erscheint plausibel, dass Kinder, die nicht rückwärts laufen können, Schwierigkeiten haben beim Rückwärtszählen (vgl. dazu z. B. Eggert und Bertrand 2002 und den Beitrag von Gärtner in Milz 1994, S. 127 ff.).

Die Entwicklung der Kinder, elementarpädagogisches Bildungskonzept und Ziele der frühen mathematischen Bildung bedingen sich wechselseitig. Die Ziele müssen dabei klar sein, um zu erreichen, was Müller und Wittmann (2002) fordern: Die Kinder sollen nicht nur dort abgeholt werden, wo sie sind, sondern man muss sie auch dort hinführen, wo sie noch nicht sind.

Zur praktischen Umsetzung mathematischer Bildung

Wie diese Umsetzung im Kindergarten geschehen kann, soll an konkreten Beispielen beschrieben werden. Die Anregungen am Anfang dieses Abschnitts beziehen sich auf die oben genannten Aspekte des Zahlbegriffs und auf geometrische Einsichten. Anschließend werden einige Projekte und praktische Maßnahmen vorgestellt.

Vergleichen

Hier geht es insbesondere darum, Kindern sinnliche Erfahrungen zu ermöglichen, um Unterschiedlichkeiten ins Verhältnis setzen zu können. Man *sieht*, dass ein Kind *größer* ist *als* das andere, ein Stab *länger als* der andere oder ein Indianer *mehr* Federn hat *als* der andere; man *fühlt*, dass eine Kugel *schwerer* ist *als* die andere; man *hört*, dass ein Ton *lauter* ist *als* der andere usw. Auch sieht, fühlt oder hört man, welches Kind das größte oder das kleinste ist, welche Stab der längste oder der kürzeste, welche Indianer die meisten oder die wenigsten Federn hat und welcher Ton der lauteste und der leiseste ist. Im zweiten Schritt ist es wichtig, diesen Erfahrungen einen sprachlichen Ausdruck zu verleihen.

Klassifizieren

Beim Klassifizieren geht es zunächst um die Klassifikation von Gegenständen nach einem Merkmal, z. B. sind aus einer Menge von Gegenständen die herauszufinden, die rot sind, oder in einem Bild mit Tieren die, die nicht fliegen können. Diese Übung lässt sich sehr gut auch spielerisch inszenieren. Die multiple Klassifikation nach mehr als einem Merkmal fällt den Kindern deutlich schwerer, wenn beispielsweise aus einer Schachtel die Plättchen herausgesucht werden sollen, die rund und blau sind.

Ordnen

Einige Stäbe sollen der Länge nach geordnet werden: Wie geht man vor? Sucht man zuerst den kleinsten und unter den übrig gebliebenen wieder den kleinsten usw.? Oder nimmt man zwei Stäbe und vergleicht und ordnet sie, und nimmt dann einen weiteren Stab und prüft, ob er kürzer ist als die beiden oder länger als die beiden, ob er in die Mitte bzw. wo er in die Reihe gehört? Wir haben oben schon angesprochen, dass der Schluss: Wenn A kürzer ist als B und B kürzer als C, dann ist auch A kürzer als C von Kindergartenkindern noch nicht erwartet werden kann.

Mit Aktivitäten dieser Art kann man den Kindern die Erfahrungsgrundlage für solche Einsichten geben. Auch deshalb ist es erforderlich, die Handlungen zunehmend sprachlich zu begleiten und erklären zu lassen. Dies gilt entsprechend für Aktivitäten zum Vergleich zweier Reihen mit unterschiedlich großen Objekten, die einander zugeordnet werden sollen (vgl. Abb. 5).

Invarianz und Eins-zu-eins-Zuordnungen

Einige der Experimente, die von Piaget angeregt wurden, haben wir oben beschrieben (vgl. Abb. 3 und 4), sie können in vielen Variationen wiederholt und mit den Kinder durchgeführt werden. Interessant ist es dabei zu prüfen, inwieweit bei einzelnen Kindern die Fähigkeit zur Eins-zu-eins-Zuordnung tatsächlich von der Anzahl (oder auch von der Art) der Objekte abhängt, die einander zugeordnet werden sollen (vgl. Abb. 6 und 7). Es ist zu erwarten, dass bei Anzahlen, die die Kinder „simultan erfassen" können, sehr viel früher Sicherheit beim Erkennen der Invarianz der Mengen vorhanden ist als bei größeren Mengen, die nicht unmittelbar überschaut werden können; bei diesen Mengen verlassen sich die Kinder häufig auf ihren optischen Eindruck.

Mengen erfassen

Zum einen geht es darum, konkrete Mengen zu bilden, also sowohl Objekte zu einem Ganzen zusammenzufassen und diese Ganzheit als ein neues Objekt zu erkennen, als auch darum, die einzelnen Objekte in dieser Menge zu sehen, aussondern und entscheiden zu können, welche Objekte dazu gehören und welche nicht. Dabei ist es hilfreich, zunächst Mengen mit gleichartigen Elementen zu bilden (z. B. Mengen von Äpfeln *oder* von Birnen und nicht Mengen mit Äpfeln *und* Birnen im Sinne von „Obst"). Zum anderen geht es darum, die Mächtigkeit solcher Mengen im Sinne von „enthält mehr/weniger/gleich viele Objekte" zu vergleichen bzw. durch simultane Zahlerfassung oder durch Zählen die Anzahl der Objekte zu bestimmen. Hilfreich sind geordnete oder strukturierte Mengen wie z. B. die Punktemuster auf dem Spielwürfel oder andere Zahlbilder, die den Kinder vertraut sind oder vertraut werden und ihre Fähigkeiten zum Mustererkennen fördern (siehe unter „Mathematische Materialien").

Arbeiten mit Montessori-Material

Erwähnt werden soll das in einigen Kindergarten vorhandene Montessori-Material, mit dem sich eine große Zahl von Aktivitäten nicht nur zu den Grundlagen des Zahlbegriffs, sondern auch zum Aufbau geometrischer Vorstellungen durchführen lässt. Eine detaillierte und anschauliche Beschreibung des Materials und möglicher Aktivitäten findet man z. B. bei Milz (1994, S. 158 ff.).

Projekt zum Aufbau des Zahlbegriffs

G. Preiß (2002) hat an der PH Freiburg einen Vorschlag zum Aufbau des Zahlbegriffs entwickelt und in Kindergärten praktisch erprobt. Der Prozess soll durch vier Erfahrungs- und Handlungsfelder angeregt und unterstützt werden: das „Zahlenhaus", den „Zahlenweg", „Zahlenländer" und den „Zahlengarten".

Im Zahlenhaus hat jede Zahl ihre feste Wohnung mit einer Nummer, z. B. der Vier, und diese Wohnung ist mit entsprechenden Bildern und Objekten zur Vier ausgestattet. Die Ausstattungen der einzelnen Wohnungen werden im Laufe der Zeit natürlich immer reichhaltiger; auf diese Weise lernen die Kinder die einzelnen Zahlen „als Freunde" kennen. Auf dem Zahlenweg nähert man sich den Zahlen Schritt für Schritt; hier ist das Zählen das wichtigste Hilfsmittel. Als Material können z. B. Teppichfliesen verwendet werden, auf denen die Zahlen von 1 bis 10 bzw. von 1 bis 20 aufgemalt wurden; die 5, 10, 15 und 20 sind farblich hervorgehoben. Man kann den Weg vorwärts und rückwärts gehen, und man kann an markanten Stellen verweilen.

Die Zahlenländer sollen Sinne und Gedanken der Kinder anregen: Was gibt es nur einmal, was kommt immer doppelt vor? Wie viele Beine hat ein Stuhl, eine Katze, ein Vogel, eine Spinne? Zu den Aktivitäten im Zahlenland gehören auch Abzählreime und Zahlenrätsel. Der Zahlengarten schließlich dient der geometrischen Darstellung von Zahlen und dem ganzheitlichen Lernen in der Natur. Der Zahlengarten ist eingebettet in die Umgebung des Kindergartens, in ihm werden Zusammenhänge zwischen Zahlen, geometrischen Formen und der Natur hergestellt, hier „sieht man sich um"; der Zahlengarten fördert auf diese Weise auch die differenzierte Wahrnehmung.

Mathematische Projektwerkstatt

Caluori (2004) beschreibt die mathematische Förderung von Kindern in einer „Werkstatt" zum Thema „Ostern", die in einem Kindergarten in der Schweiz von den Erzieherinnen selbst eingerichtet wurde. Die Kinder arbeiten in den einzelnen Stationen der Werkstatt in Gruppen weitgehend selbstständig und in Eigenverantwortung miteinander; alle erhalten einen „Werkstattpass", auf dem ihre Aktivitäten festgehalten werden. Beispielsweise sind in einer Station der Werkstatt Eierpaare mit unterschiedlicher Oberflächenstruktur in einer Wanne unter Spreu versteckt. Ein Kind zieht aus der Wanne ein Ei, es selbst oder ein anderes Kind ertastet unter der Spreu das dazu passende Ei; die Kinder klassifizieren auf diese Weise Eier mit taktil gleicher Oberflächenstruktur. In der „Eierfabrik" sind Knetmasse, Kärtchen mit Bildern verschieden vieler Eier sowie Kärtchen mit Ziffern vorgegeben. Die Kinder suchen verschiedene Eierkärtchen aus und formen entsprechend viele Eier aus der Knetmasse, anschließend legen sie die passenden Ziffernkärtchen dazu; oder sie wählen zwei Eierkärtchen und formen die Summe der dort abgebildeten Eier aus dem Knetmaterial. In dieser Station lernen die Kinder die Mächtigkeit einer Menge in unterschiedlichen Darstellungsformen kennen und sie dem Zahlzeichen zuzuordnen, außerdem erfahren sie handelnd die Addition. Caluori beschreibt, wie sich die Kinder bei ihren Tätigkeiten gegenseitig halfen und unterstützten: „Als Gesamteindruck erweckte die Schar der Kinder einen fröhlichen und entspannten, aber immer konzentrierten Eindruck bei der Bearbeitung dieser Werkstatt zum Thema Ostern."

Es ist offensichtlich, dass die Aktivitäten der Kinder in einer solchen „Werkstatt" reflektiert werden müssen. Wenn die Kinder gemeinsam arbeiten und sich gegenseitig helfen, können sie sich gegebenenfalls korrigieren oder um Rat bitten. Wichtig ist aber auch der „Werkstattpass", in den die Aktivitäten eingetragen und auch von den Eltern kommentiert werden können. Dadurch ist ein Rückbezug auf verschiedenen Ebenen möglich: Die Kinder lernen, über das Erlebte und Erfahrene zu sprechen, es erfolgt ein bewusster Umgang mit den einzelnen Situationen; darüber hinaus ist die Erzieherin/der Erzieher gefordert, vorhandene Schwierigkeiten zu klären, die Erfahrungen zu systematisieren und die Tätigkeiten zu strukturieren.

Mathematische Materialien

Das „kleine Zahlenbuch" (das kein „Buch", sondern ein Kasten mit Materialien ist) wurde von Müller und Wittmann (2002) „bewusst so gestaltet, dass Kinder bereits mit geringen Zahlvorkenntnissen zählen oder mitspielen und dabei von Kindern, die schon weiter sind, lernen können. Ganz kleine oder schüchterne Kinder können zuerst auch nur zuschauen, wie andere Kinder spielen, und sich durch „Abgucken" Kenntnisse aneignen, die sie in die Lage versetzen, sich zu einem späteren Zeitpunkt, den sie selbst bestimmen können, aktiv zu beteiligen" (Begleitheft, Allgemeine Hinweise).

Beispielsweise das *Erkennen und Herstellen von Figuren und Mustern* erfolgt experimentell und spielerisch. Dabei können die Kinder vorgegebenen Muster nachlegen, sie können Reihen fortsetzen oder Fehler in solchen Reihen finden, sie können aus einigen ähnlichen Figuren die zur Vorlage genau gleiche herausfinden sowie „Schau genau"-Spiele durchführen, Melodien und Rhythmen (wieder-) erkennen und nachspielen usw.

Zum Beispiel sind lineare und flächige Muster aus roten und blauen Plättchen zu sehen, die die Kinder sinngemäß fortsetzen sollen. Verwenden können sie dabei Streifen bzw. Quadrate aus Pappe sowie Plättchen, die ebenfalls mitgeliefert werden, sie können die Muster aber auch frei auf dem Tisch legen. Dabei sind die vorgegebenen Muster als Anregungen für die Kinder gedacht, selbst Muster zu erfinden. Ein Kind kann sich etwa eine Regel zur Erzeugung eines Musters ausdenken und den Anfang legen, die anderen sollen das Muster erraten; dies wird umso einfacher, je weiter das Muster fortgesetzt wird. Dabei ist es auch möglich, dass die Kinder die Regel sprachlich ausdrücken. Spannend wird dies vor allem dann, wenn die begonnenen Muster sich auf unterschiedliche Weisen fortsetzen lassen, sodass neben der handelnden Darstellung der Muster auch Begründungen (Argumente) auf unterschiedlichem Niveau möglich oder sogar erforderlich sind.

Gezieltes Förderprogramm

Zum Abschluss soll noch das Programm „Rekenhulp voor kleuters (Van Luit und Van de Rijt 1995) angesprochen werden, das in der Niederlanden zur gezielten Förderung von Kindern eingesetzt, die in ihrer Zahlbegriffsentwicklung deutlich hinter der ihrer Kameraden zurückbleiben; es ist also nicht – wie die bisher genannten Beispiele – als Anregung für die reguläre Arbeit im Kindergarten zu verstehen. Das Programm ist in Lektionen unterteilt und wird in Kleingruppen mit höchstens fünf Kindern eingesetzt; eine Lektion dauert etwa 30 bis 40 Minuten. Es soll hier am Beispiel einer Lektion zum Thema „Familie: Menschen in der Familie" kurz vorgestellt werden.

Ziel dieser Lektion ist es, dass die Kinder ihre Fertigkeiten im Umgang mit den Zahlen von 1 bis 5 verbessern, insbesondere im Hinblick auf

- das Zählen,
- den Gebrauch der Zahlen als Kardinal- und als Ordnungszahlen,
- den Vergleich von Mächtigkeiten von Mengen,
- das Rückwärtszählen,
- das Bilden von Reihenfolgen,
- das Erkennen der Zahlbilder auf dem Würfel,
- das Erkennen der Ziffern von 1 bis 5.

Verwendet werden die in Abb. 8 abgebildeten Kärtchen, aber auch konkrete Objekte, von denen jeweils fünf gleichartige vorhanden sein sollen.

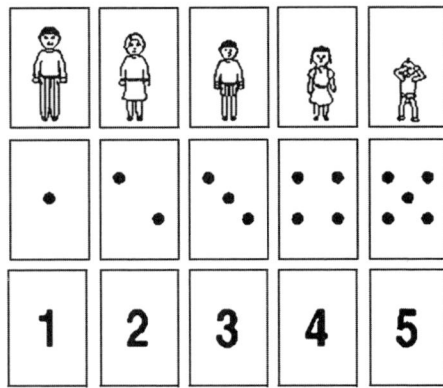

Abb. 8

Die Erzieherin/der Erzieher sagt den Kindern, dass es heute um die Familie geht; sie sollen erzählen, wer bei ihnen zu Haus in der Familie wohnt: Vater, Mutter, Brüder, Schwestern? Dann wird auf die Kärtchen verwiesen (Abb. 8): Wie viele Personen gibt es in *dieser* Familie? Das Kind soll sagen, wie es die Anzahl festgestellt hat. Anhand der Kärtchen, die vor den Kindern auf dem Tisch liegen, wird besprochen, auf welche Weisen man sie abzählen kann (z. B. in einer Reihe hinlegen, beim Zählen die Kärtchen berühren, beiseite schieben oder gezählte umdrehen). Falls Kinder Schwierigkeiten beim Zählen haben, legt die Erzieherin/der Erzieher die Kärtchen in eine Reihe, nimmt die erste, sagt das Zahlwort „eins" und legt das Kärtchen beiseite, dann das zweite Kärtchen, sagt „zwei" usw.; anschließend sollen die Kinder selbstständig genauso vorgehen.

Im nächsten Schritt werden die Kärtchen geordnet. Zum Beispiel gibt es auf den Kärtchen große und kleine Leute. Man kann die Kärtchen so hinlegen, dass die abgebildeten Personen von groß nach klein geordnet sind: Welches ist die größte Person? Wie kann man erkennen, welches die größte Person ist? (Etwa indem man die Kärtchen so hinlegt, dass ihre Unterkanten gleich hoch liegen, gegebenenfalls kann dann die Größe der Personen mit einem Stift oder Lineal verglichen werden.) Eine weitere Übung: Man legt die Kärtchen mit der größten Person als erstes in die Reihe usw. und fragt, an welcher Stelle ein bestimmtes Kind liegt. An der geordneten Reihe der Kärtchen kann außerdem die Zuordnung der Zahlbilder auf dem Würfel zu den Gliedern dieser Reihe vorgenommen werden (vgl. Abb. 8). Weitere Übungen bestehen darin, die Reihe rückwärts zu betrachten bzw. Zahlbilder, Zahlzeichen (Ziffern) sowie Mengen (gleichartiger) Objekte einander zuzuordnen.

Insgesamt haben alle Lektionen im Wesentlichen den gleichen Aufbau: Sie haben ein Thema und eine Ausgangssituation, die den Kindern vertraut ist, in der aber auch gewisse Fertigkeiten genannt werden, die die Kinder zu Beginn dieser Lektion bereits beherrschen sollen (wenn dies nicht der Fall ist, muss zunächst auf vorhergehende Lektionen zurückgegriffen werden). Genannt werden für die Erzieherin/den Erzieher die Ziele, die die Kinder in den jeweiligen Lektionen erreichen sollen. Diese beziehen sich stets auf konkrete Handlungen in einem bestimmten Zahlenraum. Im ersten Schritt werden die Kinder jeweils angeregt, die Einstiegsfragen selbstständig zu beantworten. Sind sie dazu noch nicht in der Lage, so werden weitere (offene) Fragen gestellt, die die Kinder zu einer Lösung hinführen sollen; gelingt auch dies nicht, werden weitere Anleitungen gegeben (wie etwa in dem Beispiel oben, wo vorgemacht wird, wie man zählt). Ziel ist es immer, dass die Kinder die Struktur der jeweiligen Aufgaben bzw. der Handlungen erfassen (die Autoren sprechen deshalb von „strukurvermittelnden Unterweisungen").

Resümee

Kinder haben Interesse an mathematischen Themen – daran kann gar kein Zweifel bestehen. Sie beschäftigen sich mit Formen, Mustern, Zahlen und Größen, weil sie Freude daran haben, weil sie neugierig sind und weil sie etwas erkunden und entdecken wollen. Diese Vorerfahrungen bewusst zu machen und damit mathematische Denkweisen vorzubereiten, das Interesse und die Lernfreude aufzunehmen und in dem angesprochenen Sinne behutsam zu lenken ist ein wichtiger Teil der Förderung der kognitiven Entwicklung und damit auch der Persönlichkeitsentwicklung der Kinder.

Der formale Mathematikunterricht in der Grundschule setzt bei den Kindern bestimmte Vorkenntnisse und Erfahrungen, aber auch einen gewissen Entwicklungsstand voraus. Wie oben schon betont, kann es im Kindergarten nicht darum gehen, die Kinder auf den Schulanfang hinzu-„trimmen". Ein Leitgedanke sollte vielmehr sein, dass Bildungsprozesse anschlussfähig sein müssen; dies gilt insbesondere für den Übergang vom Kindergarten in die Grundschule. Bei der Arbeit mit den Kindern in der Vorschulzeit sollte deshalb berücksichtigt werden, wie der systematische Unterricht in der Schule aufgebaut ist, und die Lehrerinnen und Lehrer sollten wissen, welche Aktivitäten in den Kindergärten üblich sind.

Literatur

Caluori, Franco (2004): Die numerische Kompetenz von Vorschulkindern – Theoretische Modelle und empirische Befunde. Hamburg: Dr. Kovač

Eggert, Dietrich/Bertrand, Lucien (2002): RZI – Raum-Zeit-Inventar. Dortmund: Borgmann

Faust-Siehl, Gabriele (2001): Konzept und Qualität im Kindergarten. In: Faust-Siehl, Gabriele/Speck-Hamdan, Angelika (Hrsg.): Schulanfang ohne Umwege. Frankfurt: Arbeitskreis Grundschule, Bd. 111, S. 53–79

Fuson, Karen C. (1988): Children's counting and concepts of numbers. New York: Springer

Hasemann, Klaus (2001): „Zähl' doch mal!" – Die nummerische Kompetenz von Schulanfängern. In: Sache-Wort-Zahl, 29, H. 1, S. 53–58

Hasemann, Klaus (2003): Anfangsunterricht Mathematik. Heidelberg: Spektrum Akademischer Verlag

Kruckenberg, Adolf (1935): Handbuch für den Rechenunterricht der Volksschule. Halle/Saale: Schroedel

Milz, Ingrid (1993): Rechenschwächen erkennen und behandeln. Dortmund: Borgmann

Moser Opitz, Elisabeth (2001): Zählen, Zahlbegriff, Rechnen. Bern usw.: Haupt

Müller, Günter N./Wittmann, Erich C. (2002): Das kleine Zahlenbuch, Bd. 1: Spielen und Zählen. Seelze: Kallmeyer

Piaget, Jean; Inhelder, Bärbel (1971): Die Entwicklung des räumlichen Denkens beim Kinde. Stuttgart: Klett

Piaget, Jean/Inhelder, Bärbel/Szeminska, Anna (1975): Die natürliche Geometrie des Kindes. Stuttgart: Klett

Piaget, Jean/Szeminska, Anna (1975): Die Entwicklung des Zahlbegriffs beim Kinde. Stuttgart: Klett

Preiß, Gerhard (2002): Entdeckungen im Zahlenland (unveröffentlicht)

Radatz, Hendrik/Rickmeyer, Knut (1991): Handbuch für den Geometrieunterricht an Grundschulen. Hannover: Schroedel

Van Luit/Hans; van de Rijt, Bernadette (1995): Rekenhulp voor kleuters. Doetichem: Graviant

Van Luit, Hans/van de Rijt, Bernadette/Hasemann, Klaus (2001): Osnabrücker Test zur Zahlbegriffsentwicklung. Göttingen: Hogrefe

Vygotsky Lev Semenovic (1969): Denken und Sprechen. Berlin: Akademie-Verlag

Zur Oeveste, Hans (1987): Kognitive Entwicklung im Vor- und Grundschulalter. Göttingen: Hogrefe

Angaben zu den Autorinnen und Autoren

Johannes Beck-Neckermann, geb. 1964, Dipl. Musik- und Bewegungs-pädagoge, Musiktherapeut (BVM). Er arbeitete mehrere Jahre in der Kinder- und Jugendpsychatrie, derzeit unterrichtet er an Fachschulen und Hochschulen für Musik und soziale Berufe und ist freiberuflich als Fortbildner für Erzieher/innen tätig.

Sigrid Ebert, geb. 1941, Diplompsychologin und Erzieherin. Sie ist Leiterin der Abteilung Aus- und Weiterbildung des Pestalozzi-Fröbel-Hauses in Berlin und lehrt an der Fachschule für Sozialpädagogik und der Fachhochschule für Sozialarbeit und Sozialpädagogik. Ihre Arbeitsschwerpunkte liegen in der curricularen Weiterentwicklung der Erzieherausbildung und der Erprobung innovativer Ausbildungskonzepte in der Aus- und Fortbildung sozialpädagogischer Fachkräfte.

Prof. Dr. Klaus Hasemann, geb. 1944, Professor für die Didaktik der Mathematik an der Universität Hannover. Seine Forschungsschwerpunkte sind die frühe Zahlbegriffsentwicklung sowie mathematische Lern- und Verstehensprozesse. Er ist Mitherausgeber des „Journals für Mathematik-Didaktik".

Prof. Dr. Gisela Lück, geb. 1957, Professorin für Chemiedidaktik an der Universität Bielefeld. Sie befasst sich seit vielen Jahren mit Fragen der naturwissenschaftlichen Frühförderung. Für ihre wissenschaftlichen Untersuchungen zur Naturwissenschaftsvermittlung im frühen Kindesalter erhielt sie 1999 den Friedrich-Gmelin-Preis der „Gesellschaft Deutscher Chemiker" (GDCh). Weitere Forschungsgebiete: Naturwissenschaft und Philosophie, außerschulische Medien sowie Sprache und naturwissenschaftliche Vermittlung.

Dr. Norbert Neuß, geb. 1966, Medienpädagoge und Erziehungswissenschaftler an der Pädagogischen Hochschule Heidelberg. Seine Arbeitsschwerpunkte liegen in den Bereichen Medienpädagogik, ästhetische Bildung, Bildungsgangforschung, akteursbezogene Kindheitsforschung, Lernen mit Neuen Medien. Er ist Gründungsmitglied von „Blickwechsel e.v.", einem Verein zur Förderung der praktischen Umsetzung medien- und kulturpädagogischer Konzepte.

Dr. Christa Preissing, geb. 1952, Diplom-Soziologin, ist seit 1992 im Arbeitsbereich Interkulturelle Erziehungswissenschaften an der FU Berlin tätig und leitet seit 1996 Projekte innerhalb der Internationalen Akademie an der FU Berlin, wie z. B. „Kindersituationen", „KINDERWEL-TEN", „fair-Bindungen", „Demokratie leben". Sie ist Geschäftsführerin des Instituts für den Situationsansatz in der Internationalen Akademie, seit 2001 Koordinatorin des europäischen Netzwerkes DECET – „Diversity in Early Childhood Education and Training".

Prof. Dr. Gerd E. Schäfer, geb. 1942, Professor für allgemeine Erziehungswissenschaft und Pädagogik der frühen Kindheit, Familie und Jugend an der Universität Köln. Seine Forschungsinteressen sind die Bildungsprozesse im frühen Kindesalter, Spielforschung, psychoanalytische Pädagogik und systematische Fragen der Pädagogik der frühen Kindheit. Derzeit ist er auf Länderebene (in NRW und in Thüringen) an Projekten zur Entwicklung von verbindlichen Bildungskonzepten für die frühe Kindheit beteiligt.

Julia Schneewind, geb. 1977, Diplompädagogin, promoviert derzeit an der Freien Universität Berlin im Bereich Erziehungswissenschaften. Sie war von April 2002 bis April 2003 Projektleiterin von „Kindergarten plus", einem Projekt der „Deutschen Liga für das Kind e.V.", bei dem es um die Entwicklung eines Programms zur Förderung der sozialen und emotionalen Kompetenzen von Kindergartenkindern ging.

Dr. Michaela Ulich, geb. 1943, ist seit 1981 wissenschaftliche Referentin am „Staatsinstitut für Frühpädagogik" in München. Ihr Forschungsinteresse gilt den Bereichen Kinderbetreuung in Europa, interkulturelle Erziehung und Sprachförderung von Migrantenkindern. Ihr Arbeitsschwerpunkt ist derzeit die Beobachtung und Dokumentation der Sprachentwicklung von Migrantenkindern mit dem Beobachtungsverfahren *sismik*.

Prof. Dr. Renate Zimmer, geb. 1947, Professorin für Sportwissenschaft und Sportpädagogik an der Universität Osnabrück. Sie ist Diplompädagogin mit dem Schwerpunkt Frühe Kindheit und befasst sich neben ihren sportwissenschaftlichen Lehr- und Forschungstätigkeiten seit Jahren mit Konzepten der Bewegungserziehung für den Elementarbereich. Weitere Arbeitsschwerpunkte: Psychomotorik, Diagnostik der motorischen Entwicklung, Bewegte Schule.